"十三五"国家重点图书出版规划项目

列国志

GUIDE TO THE WORLD NATIONS

新版

杨翠柏　胡柳映　刘成琼

编著

PAKISTAN

巴基斯坦

社会科学文献出版社
SOCIAL SCIENCES ACADEMIC PRESS (CHINA)

巴基斯坦国旗

巴基斯坦国徽

白沙瓦博物馆

拉合尔博物馆

白沙瓦大学

拉合尔的公共图书馆

清真寺

金色清真寺

斯瓦特佛教遗址

巴德夏希清真寺

锡亚尔科特钟塔

古堡

白沙瓦历史遗址

考古遗址

拉合尔古堡

城镇风光

出版说明

《列国志》编撰出版工作自1999年正式启动，截至目前，已出版144卷，涵盖世界五大洲163个国家和国际组织，成为中国出版史上第一套百科全书式的大型国际知识参考书。该套丛书自出版以来，受到社会各界的广泛好评，被誉为“21世纪的《海国图志》”，中国人了解外部世界的全景式“窗口”。

这项凝聚着近千学人、出版人心血与期盼的工程，前后历时十多年，作为此项工作的组织实施者，我们为这皇皇144卷《列国志》的出版深感欣慰。与此同时，我们也深刻认识到当今国际形势风云变幻，国家发展日新月异，人们了解世界各国最新动态的需要也更为迫切。鉴于此，为使《列国志》丛书能够不断补充最新资料，更好地服务于社会各界，我们决定启动新版《列国志》编撰出版工作。

与已出版的144卷《列国志》相比，新版《列国志》无论是形式还是内容都有新的调整。国际组织卷次将单独作为一个系列编撰出版，原来合并出版的国家将独立成书，而之前尚未出版的国家都将增补齐全。新版《列国志》的封面设计、版面设计更加新颖，力求带给读者更好的阅读享受。内容上的调整主要体现在数据的更新、最新情况的增补以及章节设置的变化等方面，目的在于进一步加强该套丛书将基础研究和应用对策研究相结合，将基础研究成果应用于实践的特色。例如，增加了各国有关资源开发、环境治理的内容；特设“社会”一章，介绍各国的国民生活情况、社会管理经验以及存在的社会问题，等等；增设“大事纪年”，方便读者在短时间内熟悉各国的发展线索；增设“索引”，便于读者根据人名、地名、关键词查找所需相关信息。

顺应时代发展的要求，新版《列国志》将以纸质书为基础，全面整合国别国际问题研究资源，构建列国志数据库。这是《列国志》在新时期发展的一个重大突破，由此形成的国别国际问题研究与知识服务平台，必将更好地服务于中央和地方政府部门应对日益繁杂的国际事务的决策需要，促进国别国际问题研究领域的学术交流，拓宽中国民众的国际视野。

新版《列国志》的编撰出版工作得到了各方的支持：国家主管部门高度重视，将其列入“‘十二五’国家重点图书出版规划项目”；中国社会科学院将其列为创新工程学术出版资助项目，王伟光院长亲自担任编辑委员会主任，指导相关工作的开展；国内各高校和研究机构鼎力相助，国别国际问题研究领域的知名学者相继加入编辑委员会，提供优质的学术指导。相信在各方的通力合作之下，新版《列国志》必将更上一层楼，以崭新的面貌呈现给读者，在中国改革开放的新征程中更好地发挥其作为“知识向导”、“资政参考”和“文化桥梁”的作用！

新版《列国志》编辑委员会

2013 年 9 月

前　言

自1840年前后中国被迫开关、步入世界以来，对外国舆地政情的了解即应时而起。还在第一次鸦片战争期间，受林则徐之托，1842年魏源编辑刊刻了近代中国首部介绍当时世界主要国家舆地政情的大型志书《海国图志》。林、魏之目的是为长期生活在闭关锁国之中、对外部世界知之甚少的国人"睁眼看世界"，提供一部基本的参考资料，尤其是让当时中国的各级统治者知道"天朝上国"之外的天地，学习西方的科学技术，"师夷之长技以制夷"。这部著作，在当时乃至其后相当长一段时间内，产生过巨大影响，对国人了解外部世界起到了积极的作用。

自那时起中国认识世界、融入世界的步伐就再也没有停止过。中华人民共和国成立以后，尤其是1978年改革开放以来，中国更以主动的自信自强的积极姿态，加速融入世界的步伐。与之相适应，不同时期先后出版过相当数量的不同层次的有关国际问题、列国政情、异域风俗等方面的著作，数量之多，可谓汗牛充栋。它们对时人了解外部世界起到了积极的作用。

当今世界，资本与现代科技正以前所未有的速度与广度在国际流动和传播，"全球化"浪潮席卷世界各地，极大地影响着世界历史进程，对中国的发展也产生极其深刻的影响。面临不同以往的"大变局"，中国已经并将继续以更开放的姿态、更快的步伐全面步入世界，迎接时代的挑战。不同的是，我们所面临的已不是林则徐、魏源时代要不要“睁眼看世界”、要不要“开放”的问题，而是在新的历史条件下，在新的世界发展大势下，如何更好地步入世界，如何在融入世界的进程中更好地维护民族国家的主权与独立，积极参与国际事务，为维护世界和平，促进世界与人类共同发展做出贡献。这就要求我们对外部世界有比以往更深切、全面的了解，我们只有更全面、更深入地了解世界，才能在更高的层次上融入世界，也才能在融入世界的进程中不迷失方向，保持自我。

与此时代要求相比，已有的种种有关介绍、论述各国史地政情的著述，无论就规模还是内容来看，已远远不能适应我们了解外部世界的要求。人们期盼有更新、更系统、更权威的著作问世。

中国社会科学院作为国家哲学社会科学的最高研究机构和国际问题综合研究中心，有11个专门研究国际问题和外国问题的研究所，学科门类齐全，研究力量雄厚，有能力也有责任担当这一重任。早在20世纪90年代初，中国社会科学院的领导和中国社会科学出版社就提出编撰“简明国际百科全书”的设想。1993年3月11日，时任中国社会科学院院长的胡绳先生在科研局的一份报告上批示：“我想，国际片各所可考虑出一套列国志，体例类似几年前出的《简明中国百科全书》，以一国（美、日、英、法等）或几个国家（北欧各国、印支各国）为一册，请考虑可行否。”

中国社会科学院科研局根据胡绳院长的批示，在调查研究的基础上，于1994年2月28日发出《关于编纂〈简明国际百科全书〉和〈列国志〉立项的通报》。《列国志》和《简明国际百科全书》一起被列为中国社会科学院重点项目。按照当时的计划，首先编写《简明国际百科全书》，待这一项目完成后，再着手编写《列国志》。

1998年，率先完成《简明国际百科全书》有关卷编写任务的研究所开始了《列国志》的编写工作。随后，其他研究所也陆续启动这一项目。为了保证《列国志》这套大型丛书的高质量，科研局和社会科学文献出版社于1999年1月27日召开国际学科片各研究所及世界历史研究所负责人会议，讨论了这套大型丛书的编写大纲及基本要求。根据会议精神，科研局随后印发了《关于〈列国志〉编写工作有关事项的通知》，陆续为启动项目拨付研究经费。

为了加强对《列国志》项目编撰出版工作的组织协调，根据时任中国社会科学院院长的李铁映同志的提议，2002年8月，成立了由分管国际学科片的陈佳贵副院长为主任的《列国志》编辑委员会。编委会成员包括国际片各研究所、科研局、研究生院及社会科学文献出版社等部门的主要领导及有关同志。科研局和社会科学文献出版社组成《列国志》项目工作组，社会科学文献出版社成立了《列国志》工作室。同年，《列国志》项目被批准为中国社会科学院重大课题，新闻出版总署将《列国志》项目列入国家重点图书出版计划。

在《列国志》编辑委员会的领导下，《列国志》各承担单位尤其是各位学者加快了编撰进度。作为一项大型研究项目和大型丛书，编委会对《列国志》提出的基本要求是：资料翔实、准确、最新，文笔流畅，学术性和可读性兼备。《列国志》之所以强调学术性，是因为这套丛书不是一般的“手册”“概览”，而是在尽可能吸收前人成果的基础上，体现专家学者们的研究所得和个人见解。正因为如此，《列国志》在强调基本要求的同时，本着文责自负的原则，没有对各卷的具体内容及学术观点强行统一。应当指出，参加这一浩繁工程的，除了中国社会科学院的专业科研人员以外，还有院外的一些在该领域颇有研究的专家学者。

现在凝聚着数百位专家学者心血，共计141卷，涵盖了当今世界151个国家和地区以及数十个主要国际组织的《列国志》丛书，将陆续出版与广大读者见面。我们希望这样一套大型丛书，能为各级干部了解、认识当代世界各国及主要国际组织的情况，了解世界发展趋势，把握时代发展脉络，提供有益的帮助；希望它能成为我国外交外事工作者、国际经贸企业及日渐增多的广大出国公民和旅游者走向世界的忠实“向导”，引领其步入更广阔的世界；希望它在帮助中国人民认识世界的同时，也能够架起世界各国人民认识中国的一座“桥梁”，一座中国走向世界、世界走向中国的“桥梁”。

《列国志》编辑委员会

2003年6月

CONTENTS

目录

CONTENTS

目 录

CONTENTS

目录

CONTENTS

目录

CONTENTS

目录

CONTENTS

目 录

CONTENTS

目 录

CONTENTS
目 录

导　言

距《列国志·巴基斯坦》第一版出版已十年有余，巴基斯坦的发展状况已今非昔比，中巴两国关系随着国家主席习近平提出的“一带一路”倡议也已翻开历史新篇章。自2005年，中巴两国迈入“新时期战略伙伴关系”阶段，两国高层交往密切、频繁互访，不断加强战略协调；在政治、经济、军事、文化方面交流、合作密切，交流层面也从官方扩展到民间组织。

政治安全在中巴关系中占主导地位，迄今为止，中巴两国共进行了八轮战略对话。中方在近期进行的第八轮战略对话中表示，中巴是全天候战略合作伙伴，一直在涉及彼此核心利益问题上相互给予坚定支持。中方始终将巴基斯坦置于周边外交的优先方向，中国的发展也应首先惠及像巴基斯坦这样的风雨同舟、荣辱与共的好朋友。中方愿从战略高度和长远角度把握好中巴关系，同巴方一道推动两国关系不断迈进，积极构建中巴命运共同体。巴方表示：“巴方愿同中方充分发挥该机制作用，推动两国各领域交流合作和战略协作不断取得新发展。”“全天候”是中巴关系发展中一直秉持的原则，即无论国际局势如何变化，无论巴基斯坦国内局势如何变化，中巴之间的友谊永远不会变。

中巴积极拓展双边紧密往来与合作，建立新型自由贸易区，签署《中国－巴基斯坦自由贸易协定》等一系列文件，加强农业、交通、金融、能源、信息产业等领域合作。帮助巴基斯坦修建了包括从瓜达尔港到喀喇昆仑公路在内的许多项目；推进中巴自贸区谈判，推进中巴经贸一体化进程。构建能源合作框架，为巴方提供电力供应，帮助巴应对能源危机，推动双方在常规能源、可再生能源及民用核领域的合作。自 2013 年以来，双方积极参与“中巴经济走廊”建设，构建“四位一体”通道，加大对巴电力基础设施的援建力度。2015 年，国家主席习近平在访问巴基斯坦期间，中巴双方一致同意将中巴关系提升为全天候战略合作伙伴关系，以“中巴经济走廊”为核心，以瓜达尔港、能源、交通基础设施和产业合作为重点，形成“1 + 4”经济合作布局。

巴基斯坦因其特殊的地缘政治和地缘经济因素，是“一带一路”的关键点。“一带一路”建设使两国在港口、公路、铁路等基础设施连成网络，其顺利实施有利于两国以及沿线国家的发展。“一带一路”倡议自实施以来，已经取得了不少成果，取得瓜达尔港的运营权对于中国意义非凡。瓜达尔港具有重要战略意义，因为它处于波斯湾的咽喉附近，紧扼从非洲、欧洲经红海、霍尔木兹海峡、波斯湾通往东亚、太平洋地区数条海上重要航线的咽喉。瓜达尔距离全球石油供应的主要通道——霍尔木兹海峡大约 400 公里。同时，瓜达尔深水港是巴基斯坦第三大港口，可以作为东亚国家转口贸易及中亚内陆国家出海口。利用中亚与该港口相连的公路与铁路，中国有望开辟一条往新疆等西部地区输送能源的通道，因为中国进口能源的 60% 来自中东，进口石油的 80% 经过马六甲海峡。瓜达尔港是“一带一路”倡议的重要支撑点，建设瓜达尔港将会惠及本地区各国的经济社会发展。

中巴经济走廊建设肯定会面临一系列风险和挑战。在建设过程中，恐怖势力仍然是威胁建设者安全的一大隐患。“中巴经济走廊”的建设是“一带一路”建设的重要环节，如果发展不如预期，那么“一带一路”的进程必将会受影响，因此，需要有很高的警惕性，以预防风险，同时，也需要周全的办法去处理面临的各种问题。

三十年来，作者尽管有许多其他工作要完成，但是一直没有放弃对南亚各国，特别是对巴基斯坦问题的关注与探讨。2004 年 4 月，在应邀访问巴基斯坦期间，我向与会的中巴两国代表首倡应尽快建立中巴自由贸易区，非常幸运，中国与巴基斯坦两国政府很快启动了自由贸易协定谈判并签署了《中国 - 巴基斯坦自由贸易协定》。中巴自由贸易区的建设已经取得了积极成果。

在本书第一版的导言部分，我作了“我们可以开辟中国西南到巴基斯坦旅游航线”“避开海盗经常出没、拥挤异常的马六甲海峡，铺设中国西部到巴基斯坦铁路和输油管道”的设想。2005 年，中国国际航空公司开通了成都直飞卡拉奇的航线；北起新疆喀什，南至巴基斯坦境内的印度洋出海口瓜达尔港的“中巴经济走廊”建设也在积极推进。同时，中巴两国也应看到“中巴经济走廊”建设中需要克服喀喇昆仑山严酷的自然条件带来的挑战，以及来自巴基斯坦国内和本地区存在的恐怖活动、极端势力等因素的影响。

愿中巴两国继续为各自国内和本地区的经济社会发展、人民安居乐业和共同繁荣而努力！愿“一带一路”倡议中的旗舰项目——“中巴经济走廊”建设圆满完成！愿中巴友谊长存！

感谢巴基斯坦前总统佩尔韦兹·穆沙拉夫将军授予我巴基斯坦“国父真纳”勋章！

感谢巴基斯坦前总理肖卡特·阿齐兹先生在北京钓鱼台国宾馆接见我并为本书的第一版举行新书发行仪式！

感谢本书中所引用和提到的中外著作与论文的作者们！

由于时间仓促，资料有限，学识浅薄，书中不足之处，在所难免，敬请读者、学界同行批评指正！

杨翠柏

2017 年 12 月 3 日

第一章

概　览

第一节　国土与人口

一　地理位置

巴基斯坦意为“清真之国”，全称是巴基斯坦伊斯兰共和国（The Islamic Republic of Pakistan）。

巴基斯坦位于南亚次大陆西北部的印度河流域，地处北纬23°30′～36°45′、东经61°～75°31′，是南亚通向中亚、西亚的陆上交通要冲，也是中亚国家的出海口。

巴基斯坦南濒阿拉伯海，从其1046公里长的海岸线最西端到阿曼首都马斯喀特，海上直线距离仅390公里。

二　国土面积

巴基斯坦国土略呈矩形，自东北向西南延伸约1600公里，东西宽约885公里。国土面积796095平方公里（不包括巴控克什米尔地区），如果把巴控克什米尔算在内，则为803940平方公里，其中陆地面积778720平方公里，领水面积25220平方公里。领海宽度为12海里，毗连区为24海里，大陆架200海里，专属经济区200海里。东邻印度，共同边界长达1610公里；东北与中国接壤，有共同边界595公里；西北与阿富汗相邻，共同边界长2430公里，经过阿富汗16～19公里宽的“瓦罕走廊”（Vakhan Corridor），便可到达中亚的塔吉克斯坦；西南与伊朗接壤，有共同边界805公里。

三 地形气候

（一）地形

巴基斯坦地形比较复杂，从南部的海滩、珊瑚礁、沼泽到中部的沙漠、荒凉的高原、肥沃的平原、被河流切割的高地和北部的高山峡谷、雪峰冰川等，多种景观共存。根据不同的地形特征，巴基斯坦可分为北部高山区（the north high lands）、西部低山区、俾路支高原（the Balochistan Plateau）、波特瓦尔高地（Potwar Plateau）、旁遮普平原和信德平原。山地和高原占全国总面积的3/5。巴基斯坦分为四个大的自然区域，与其境内的四省——东部平原二省和西部高原山地二省相吻合。东部印度河平原是世界上最大的冲积平原之一，约占全国总面积的1/3；南北长1280公里，东西平均宽约320公里，最大宽度（在旁遮普）达550公里。沿北纬29°线可将印度河平原分为上印度河平原和下印度河平原。上印度河平原主要位于旁遮普省，所以又称旁遮普平原；下印度河平原又称信德平原，位于旁遮普平原和阿拉伯海之间。

俾路支高原位于巴基斯坦的西部和西南部地区。北部山区由北部高山区、西部低山区和波特瓦尔高地三部分组成。西部低山区东起印度河，西至巴基斯坦与阿富汗边境，北起喜马拉雅山西段南麓和南北走向的奇特拉尔山和斯瓦特山，南到戈马尔，包括了开伯尔－普赫图赫瓦省的大部分。波特瓦尔高地通常又称波特瓦尔高原，位于北部高山区以南、盐岭山脉以北，东西以杰卢姆河和印度河为界。

巴基斯坦境内的河流主要属印度河水系，注入阿拉伯海。在俾路支高原和西北部山地有一些内流河，但流量极小；在西南沿海有一些独流入海的小河。

印度河发源于中国青藏高原的冈底斯山冈仁波齐峰北坡，称狮泉河。印度河奔流于高山深谷之间，绕过南伽峰（海拔8126米）北侧，切穿喜马拉雅山西缘，南折流入巴基斯坦。有些河段陡岸的高度在1200～1500米，其中在南伽峰附近的印度河大转弯处，峡谷深达5180米。印度河自北而南流贯印度河平原，注入阿拉伯海，全长 3180 公里，年流量达 2080 亿立方米，流域面积达 96.6 万平方公里，是亚洲最长的河流之一。印度河的水源主要来自季风降雨和北部高山区冰雪融水，因而一年有两次汛期，3～5 月为春汛，7～8 月为伏汛。季节流量变化极大，冬季枯水期流量与夏季洪水期相差 10～16 倍。

印度河以加拉巴格（Qarah Būgh）为界，加拉巴格以北为上游，加拉巴格到海得拉巴为中游。上游长约 1368 公里，落差大，水流急，水力资源丰富；中游长 1600 多公里，落差小，河面宽阔，流速缓慢，多支流。海得拉巴到入海处为下游，长约 150 公里，河床平缓，泥沙淤积量大，河床常高于地面，洪水季节容易泛滥成灾，因而两岸筑有防护堤。印度河通航价值小，但因流经干旱区，富灌溉之利，干支流上修筑了众多水利工程，40% 的河水用于灌溉。

印度河上游的主要支流有发源于喀喇昆仑山的什约克河和发源于兴都库什山脉的吉尔吉特河（Gilgit River）、喀布尔河（Kabul River）等，其中喀布尔河流量较大。

印度河中游的主要支流有杰卢姆河、奇纳布河（Chenab River）、拉维河（Ravi River）、萨特累季河（Sutlej River）和比亚斯河（Beas River）。杰卢姆河发源于克什米尔山谷的韦尔纳格（Vernag）深泉，主要流经克什米尔和巴基斯坦与印控克什米尔边界，在章马吉亚纳（Jhang Maghiana）附近与奇纳布河汇；全长 725 公里，流域面积达 6.35 万平方公里，年流量占印度河年流量的 13%。萨特累季河发源于中国青藏高原的兰戛错，流经印度喜马偕尔邦，在费罗兹普尔（Ferozepore）北面进入巴基斯坦，在马齐附近与奇纳布河汇合；全长 1450 公里，流域面积 39.5 万平方公里，年流量占印度河年流量的 16%。奇纳布河发源于喜马拉雅山脉西端印度境内，流经克什米尔，在阿赫努尔（Akhnoor）附近流入巴基斯坦，在马齐附近同杰卢姆河汇合，最后又与萨特累季河相汇；全长约 1200 公里，流域面积 13.8 万平方公里，年流量占印度河年流量的 14%。拉维河发源于印度喜马偕尔邦山区，从伯索利以南的马多普尔（Madhapur）附近流入巴基斯坦，在锡德奈（Sidhnai）附近注入奇纳布河；全长约 725 公里，流域面积 1.16 万平方公里，年流量占印度河年流量的 40%。

印度河下游因受苏莱曼山脉（Sulaiman Range）和沙漠的影响，没有大的支流。比较有名的是印度河下游接纳的巴冷河，常年有水，对卡拉奇平原的农业灌溉有重要意义。

印度河流经次大陆最干旱地带。这些地方降水稀少，蒸发量又特别大，所以印度河提供的灌溉水源特别重要。1960 年，巴基斯坦为了综合治理和利用印度河，实施了庞大的“印度河河谷发展”计划，历时 14 年，于 1974 年基本完工。在印度河上修建了德尔贝拉水坝（Tarbela Dam）和门格拉水坝（Mangla Dam），前者蓄水量达 150 亿立方米，后者达 80 亿立方米；开挖了 6 条连接渠（总长 640 公里），修筑了 5 座巨型拦河坝和 1 条虹吸管。印度河、杰卢姆河、奇纳布河上游的河水东调至旁遮普平原，总调水量达 148 亿立方米。这些水利工程扩大了灌溉面积，并兼有防洪、发电、渔业之利。

（二）气候

巴基斯坦地处热带季风区西缘，除西部沿海处于热带季风区外，大部分属热带干旱和半干旱气候。

由于北有高山阻隔，巴基斯坦的气温比亚洲东部同纬度地区高。根据地形差异所带来的气温变化，巴基斯坦分为四个气温区：印度河三角洲地区、印度河平原、西部俾路支高原地区、北部高山区。

印度河三角洲地区因受阿拉伯海的影响，空气湿度大。4～6 月天气闷热，平均气温达 29℃；12 月至翌年 3 月，天空晴朗，阳光充足，气候宜人，1 月平均气温为 20℃。

印度河平原属于典型的大陆性气候区，4～6 月与 12 月至翌年 3 月的温差较大，4～6 月为热季，平均气温在 25℃以上；5～6 月日平均最高气温达 40℃，雅各布阿巴德（Jacobabad）有记载的最高气温达到 53℃。

西部俾路支高原地区冬季和夏季、白天和黑夜温差大。7 月白天气温可达 35℃以上，早晨则只有 15℃；11 月至翌年 2 月早晨最低气温均在 0℃以下。

北部高山区是巴基斯坦气温最低的地区。12月至翌年3月，气温低，常有霜冻和暴风雪。1月最低气温平均为-7℃，整个1月平均气温为2.8℃；4~6月气候凉爽，6月平均气温为21.2℃，最高气温为27℃。

根据一年中气候变化的情况，巴基斯坦全年可分为四个季节。4~6月为热季或夏季，通常气候干燥，5月和6月的相对湿度早晨为50%，午后为25%。气温可达40℃，沿海为25~35℃，湿度却在70%~80%。7~9月为季风季。7月初西南季风开始到达巴基斯坦，7月中旬后加强，一直持续到8月底，这个季节雨水多。10~11月为短暂的转换季，又称季风后季。10月全国最高气温在34~37℃，夜间却相当凉爽，最低气温约16℃。11月气温下降到6℃左右。10~11月，平原地区相当干燥。12月至翌年3月为冬季。此时节，天气好，阳光充足，空气湿度低，温差大，平均最高气温18℃，最低气温4℃。

巴基斯坦降水稀少，全国3/5地区的年降雨量在250毫米以下。西部俾路支高原和西北部分山区以冬春降雨为主，降水量自北向南递减，北部为250~400毫米，南部为100~200毫米，哈兰沙漠仅为50毫米。北部高山区以春夏雨为主，是全国多雨区，年降雨量可达1000~1500毫米。东南部平原以夏雨为主，多暴雨，降雨集中在6~9月西南季风期，占全年降雨量的60%~70%，全年降雨天数仅为10~20天。旁遮普平原山麓地带为350~500毫米；信德平原为100~200毫米。塔尔沙漠地区在100毫米以下。沿海地区因受阿拉伯海影响，雨量可达150~250毫米。全国大部分地区气候干燥，所以巴基斯坦农业属于灌溉农业。

四 行政区划

全国分为旁遮普省、开伯尔-普赫图赫瓦省、俾路支省和信德省四个省，七个联邦直辖部落地区和联邦首都地区伊斯兰堡。各省下设专区、县、乡、村联会。

巴基斯坦划分为旁遮普省（205334平方公里），信德省（140914平方公里），开伯尔-普赫图赫瓦（74521平方公里），俾路支省（347190平方公里），以及联邦首都地区伊斯兰堡（906平方公里）、联邦直辖部落地区

(27220 平方公里)。巴控克什米尔的一部分被划为联邦直辖北部地区(72496 平方公里)及查谟和克什米尔(13279 平方公里)。这两个地区的人民持有巴基斯坦护照,享有对当地政府的选举权,但不享有对中央政府的选举权。

(一)巴基斯坦的政治中心

巴基斯坦最初将首都定在卡拉奇,拉瓦尔品第曾经作为临时首都,最后确定营建新首都伊斯兰堡。

1959 年 1 月 21 日,阿尤布·汗(Mohammed Ayub Khan)总统下令组建了有气象、铁路、水利、电力、农业等方面的官员和专家参加的委员会,对首都问题进行详细的考察和论证,委员会由总参谋长叶海亚·汗(Muhammad Yahya Khan)负责。同年 7 月 15 日,正式发表了委员会起草的报告,报告明确提出卡拉奇不宜作为首都,而且全国也没哪一座城市可改建成首都。委员会认为,只有波特瓦尔地区拉瓦尔品第附近宜于建设新首都,新首都取名“伊斯兰堡”。

从 1959 年 10 月 20 日起,至新首都建成,拉瓦尔品第作为中央政府临时所在地。

根据希腊建筑规划专家道格拉西厄迪斯制订的总体规划,新首都区总面积为 1165.5 平方公里,其中包括拉瓦尔品第(259 平方公里)、伊斯兰堡市区(220.15 平方公里)、公园区(220.15 平方公里)和农业区(466.20 平方公里)。此外,还规划有 3626 平方公里的郊区。市区、公园区和农业区合称联邦首都区,由首都发展局负责建设。拉瓦尔品第和特别区仍属地方,但其建设必须与首都发展局协商,以保持协调一致。

伊斯兰堡市区从马尔格拉山麓平行延伸至克什米尔路,是建设的重点,分为行政区、外交使团区、公共事业区、住宅区和轻工业区。行政区位于市区的东部,中央秘书处、总统府、议会大厦、最高法院集中在这里。外交使团区位于行政区南面。公共事业区位于行政区以西,包括国家银行、电报电话局、广播公司、电视公司等。住宅区位于公共事业区以西,在众多的面积为 3.1 平方公里的正方形住宅小区之间,有笔直的街道和绿树成荫的绿化带。每个住宅小区中心都有商店、银行等辅助设施。轻工业区位于克什米尔路以南到拉瓦尔品第方向,其中分布有住宅、学校和政府部门。伊斯兰堡已成为巴基斯坦的政治和文化中心。

（二）旁遮普省

旁遮普意为“五河”，是由杰卢姆河、奇纳布河、拉维河、比亚斯河和萨特累季河冲积而成。由于水源充足，土壤肥沃，一直是巴基斯坦的粮仓。

旁遮普主要是平原，南部有东西向的盐岭山脉。从地貌特点看，旁遮普分为5个主要的地区：北部山地、西南山地、波特瓦尔高地、上印度河平原和沙漠区。北部山地是喜马拉雅山的余脉穆累丘陵、卡哈塔丘陵和普比丘陵。西南山地是苏莱曼山的余脉，海拔不超过1200米，干燥贫瘠。波特瓦尔高地海拔在305～610米，东边是杰卢姆河，西边是印度河，面积1.2944万平方公里，从南部的盐岭向北延伸至卡拉奇塔（Kala Chitta）山脉的南侧和马尔格拉丘陵，整个地势由西北向东南倾斜；波特瓦尔高地还是巴基斯坦最早发现石油的地区，现在集中了全国主要的油田和巴基斯坦第一家炼油厂，隶属拉瓦尔品第行政区。上印度河平原包括拉合尔（Lahore）、木尔坦（Multan）、古杰兰瓦拉（Gujranwala）和费萨拉巴德行政区，以及萨戈达（Sargodha）、德利加兹汗（Dera Ghazi Khan，D. G）和巴哈瓦尔普尔（Bahawalpur）行政区的大部分；地势向西南倾斜，坡高在1～19厘米。在萨特莱杰河的西南方，有大片沙漠，面积达259.2万公顷，占巴哈瓦尔普尔行政区面积的2/3，分为大乔利斯坦和小乔利斯坦；由含盐的冲积土组成，表面有低矮的沙丘、山脊和洼地。

从政治、军事意义上讲，旁遮普的地理位置十分重要，历史上有许多外族国王、将军侵入旁遮普。旁遮普的第一位征服者和第一位农耕者是埃及国王奥西里斯。此后，巴比伦人、希腊人、匈奴人、加兹尼人、塔塔尔人以及廓尔王朝、卡尔吉王朝、图格鲁克王朝、洛提王朝、苏里斯王朝、莫卧儿王朝等先后在旁遮普建立统治。1849年英国吞并旁遮普时，锡克人是这里的统治者。莫卧儿人统治时期，旁遮普进入其黄金时代。莫卧儿人在这里建立了巨大的城堡、富丽堂皇的王宫、壮丽的清真寺和其他公共建筑物。拉合尔、拉瓦尔品第（Rawalpindi）、巴哈瓦尔普尔和木尔坦等规模巨大和漂亮的城市就是在这一时期形成的。

旁遮普省有许多历史、文化建筑遗址，成为研究民族传统文化的重要素材和人们旅游观光的好去处，比较著名的有巴德夏希清真寺（Badshahi Mosque）、拉合尔城堡、莫卧儿帝国贾汉吉尔和他王后的陵墓、阿托克（Attock）和洛塔斯（Rohtas）城堡、穆洛城堡、卡拉尔博物馆、拉尔·苏汉拉公园、阿尤布国家公园、沙利玛尔花园（Shalimar Gardens）、诗人兼哲学家伊克巴尔（Muhammad Iqbal，1877－1938）的陵墓等。

旁遮普省由8个行政区、30个地区和93个区组成。最大的行政区是巴哈瓦尔普尔，面积4.6万平方公里，其次是德利加兹汗，面积3.9万平方公里，拉合尔行政区最小，面积为1.6万平方公里。拉合尔行政区人口最多，占全省人口的19.4%，德利加兹汗行政区人口最少，只占全省人口的8.8%。

旁遮普省经济中，农业占主导地位，工业次之。耕地面积为1200万公顷，森林面积为43.5万公顷，另有272万公顷的牧场。旁遮普省拥有世界最大的灌溉系统，有35.69%的耕地完全由水渠灌溉，有17.58%的耕地由管井灌溉，另外44.78%的耕地由水渠和管井灌溉。

旁遮普省是巴基斯坦重要的农业基地，这里的农产品不仅满足国内市场需要，而且大量出口。生产总值占全国的22.40%，小麦产量占全国的73%，棉花产量占全国的87%，甘蔗产量占全国的53%，生产的上等稻米产量在全国同类作物产量中的比例高达95%，渔业产品产量占全国的41%，水牛饲养量占全国的71%，黄牛饲养量占全国的50%，家禽饲养量占全国的53%，绵羊和山羊的饲养量分别占全国的29%和36%。

古杰兰瓦拉和达斯卡建有核发电厂。达斯卡以制造柴油机、农业机器设备、发动机、洗衣机等著名。锡亚尔科特因制造体育用品和外科手术器械而世界闻名。费萨拉巴德是全国最大的动力纺织中心。谢胡普尔已发展成为生产人造纤维、聚酯纤维的化工基地。木尔坦出产各种优质手镯、陶器、瓷砖、皮制品、地毯、木版印刷品和刺绣品等。此外，旁遮普省小型工业企业占有很大比例，吸纳的劳动力占制造业劳动力的80%，提供24%的产值。小型工业企业主要集中在农村，所占比例为55%，其余45%集中在城市，有15万家。这些企业生产手工地毯、手术器械、体育用品、毛巾、服装、袜子、皮手套和特殊纺织品等。这些产品几乎全都用于出口，占巴基斯坦制造业出口的45%。

旁遮普省的矿藏主要用于商业开发。其中煤、石灰岩、石膏、岩盐、硅石、普通石料、沙砾等产量高。另外，小规模开采皂土、铝矾土、瓷土、铁矿、大理石等矿。旁遮普省主要的矿点有希拉、瓦查、卡拉巴赫等地的盐矿；煤矿主要集中在丹多特、萨戈达和米安瓦里等地；铁矿主要集中在卡拉巴赫、拉基姆和查克等地；铝矾土集中在库沙布山、卡拉奇塔山。德利加兹汗地区蕴藏有巨大的漂白土矿床。

旁遮普省是巴基斯坦重要的经济文化中心，大城市较多，最著名的有拉合尔、木尔坦、锡亚尔科特（Siakot）、拉瓦尔品第。

拉合尔是巴基斯坦第二大城市、旁遮普省省府。在巴基斯坦人中有这样一句俗语："一个巴基斯坦人要是没有去过拉合尔就等于白活。"拉合尔位于印度河上游支流拉维河冲积平原上，潺潺的拉维河流经拉合尔北部1公里处，距离巴印边界仅27公里。拉合尔海拔240米，面积332平方公里。属亚热带大陆性半干旱气候，夏热冬凉，年平均气温23℃，6月最热，最高气温达41℃，最低气温21℃；1月最凉爽，最高气温21℃，最低气温4℃。年降雨量为500毫米，降雨最多的7月为140毫米，降雨最少的11月只有3毫米。

拉合尔在巴基斯坦历史上具有重要意义。1849年，英国侵占拉合尔，拉合尔人民进行了不懈的反抗与斗争。1940年3月，伊斯兰联盟在拉合尔召开了第27次年会，通过了争取民族独立、建立新国家的拉合尔决议，为次大陆伊斯兰指明了斗争方向。

两千多年来，拉合尔是旁遮普省及附近地区的行政、商业和文化中心。1947年巴基斯坦独立后，随着现代工业发展和印巴分治后大量印度伊斯兰移入，城市进一步扩展。拉合尔工商业发达，工商业从业人数占全市职工总数的55%，工厂数占全国总数的18%，主要工业部门有纺织、农副产品加工、化工、农业机械，如全国著名的马加尔普尔机车车辆制造厂。制革、丝绸、刺绣、陶瓷、地毯等手工业也占有一定地位。拉合尔也是巴基斯坦的交通枢纽，有铁路、公路和航空线连通全国主要城市。西北可通往拉瓦尔品第、白沙瓦（Peshawar），西南可通往木尔坦、莱亚普尔（Lyallpur），东南可达印度首都新德里。

拉合尔也是巴基斯坦重要的文化教育中心，有旁遮普大学、拉合尔大学以及众多的学院，还有400余所小学。城市内有许多图书馆、博物馆、剧院、俱乐部及其他文化设施。以英语和乌尔都语出版的报纸杂志发行全国。市内有两家电台和电视台。拉合尔老城紧邻拉维河，原来高大的石砌城垣现已辟为环形干道和公园。城内街道狭窄，建筑拥挤。城南阿纳尔卡利林荫道区为19世纪末20世纪初建成的高级住宅区，具有英国建筑风格；规划有序，道路井然，现为行政、文化、商业区，有政府机构、旁遮普大学和各种商业设施。城东是铁路枢纽、新建工业区、工人住宅区和兵营。

拉瓦尔品第位于巴基斯坦北部的波特瓦尔高原上，西南距巴基斯坦首都伊斯兰堡14公里，背靠高山，面向平原；海拔530米，面积5237平方公里，人口100多万人。城市建在古代习演瑜伽的拉瓦尔部族村落的遗址上。拉瓦尔品第意为拉瓦人的村庄。14世纪毁于蒙古人入侵，后经加哈尔（Gakhar）首领詹达·汗（Jhanda Khan）重建，始称今名。1765年被锡克人米尔卡·辛格占领后，杰卢姆、沙赫布尔地区的许多居民迁居至此。1849年为英国侵占，1867年设市，为英属印度西北部最大的军事基地，建有要塞、兵工厂、机场和巨大的兵营。巴基斯坦独立后，1959~1967年作为临时首都，市政建设和工商业发展迅速。莱赫纳拉河纵贯市区，将旧城与东岸的工业区、新兴商业区及机场和兵营隔开。城市向北沿穆里公路扩展并建有卫星镇。北部工业区主要工业有纺织、炼油、机械（机车制造、兵工）、铸造、水泥、食品、制药、制鞋等；家庭手工业发达，以编织地毯、制革为主；附近有农牧产品集散地，每年4月举行马市。拉瓦尔品第为巴基斯坦北部交通枢纽，是通往克什米尔道路的起点。铁路和公路向西北经白沙瓦可到阿富汗首都喀布尔，向东南经拉合尔直抵印度首都新德里。拉瓦尔品第市内街道繁华，多现代化建筑。城内有真纳大学分校、旁遮普大学的6所学院、综合技术学校、武装部队医学院、警察训练学校、军事学院、全巴基斯坦艺术研究中心、阿尤布国家公园、利亚卡特茶园等。拉瓦尔品第与东北 14 公里处新建的伊斯兰堡连成一体，构成伊斯兰堡 - 拉瓦尔品第大都市区。巴基斯坦武装部队大本营设在此地，驻有重兵。

拉瓦尔品第自古以来就是战略要地。1867 年，拉瓦尔品第成为英属印度西北部最大的军事基地。现为巴基斯坦陆军总部所在地。城西北 30 公里处的瓦赫村有全国最大的兵工厂。每年 3 月 23 日国庆节时，都会在市区跑马场举行规模盛大的阅兵式和游行。

工业主要有机车制造、炼油、纺织、食品、皮革等。城市的西郊还有 1971 年中国援建的塔克西拉重型联合企业。

（三）信德省

信德省面积占巴基斯坦总面积的 17.7%。信德省北与旁遮普省相连，东与印度相接，南部是阿拉伯海，西边是俾路支省。信德省位于印度河下游，降雨量稀少，年平均降雨量仅 211.7 毫米。温差较大，夏季最高气温达 49℃，冬季气温在 5～27℃。信德省有许多野生动物栖息地，如基尔塔尔国家公园、哈累季湖、迪里格湖、金贾尔湖等。印度河三角洲被公认为亚欧大陆最重要的候鸟越冬栖息地，每年有成千上万的野鸭、白骨顶等候鸟来此过冬。印度河及其支流是世界 7 条候鸟飞行路线的第 4 条。苏库尔大坝至古度大坝之间是海豚科动物保护区。基尔塔尔山脉生活着许多野生动物，如巨角塔尔羊、东方盘羊以及豚鹿、鳄鱼、海龟等。

信德省有 4 个行政区——卡拉奇、海得拉巴、拉尔卡纳（Llrkina）和苏库尔，共 17 个分区、65 个小区、79 个小税区。每个大的行政区有一名行政长官，每一分区有一名行政副长官。他们负责日常管理事务、法律和秩序、内部安全以及税收；大区行政长官配有 6 名助手。

信德省可以分为三个经济区：印度河盆地灌溉农业区，占全省面积的 27%；干旱贫瘠区，占全省面积的 48%；城市和工业区，主要集中在卡拉奇、海得拉巴和苏库尔等城市。灌溉农业区面积 5051 万公顷，是信德省的主要农业区，降雨量少且没有规律。

信德省经济的一个重要特征是部分地区高度城市化和工业化。卡拉奇等城市人口增长的重要原因是农村人口和来自孟加拉国、缅甸、斯里兰卡、尼泊尔的移民和劳工大量涌入。卡拉奇37%的人口居住在贫民窟。

信德省的主要农作物有小麦、稻谷、甘蔗、棉花、高粱、珍珠粟等。

信德省有巴基斯坦最大的城市卡拉奇，此外还有海得拉巴、苏库尔、纳瓦布沙、拉尔纳卡拉、开浦尔、达杜、米尔浦尔、科特里等重要城市。

卡拉奇，旧译作“喀喇蚩”，是巴基斯坦最大的城市和港口、信德省省府，位于印度河三角洲西北部，距河口约90公里，南濒阿拉伯海；面积1448平方公里，市区面积591平方公里。19世纪中叶，卡拉奇人口仅1.4万人，1941年增至44万人，到2013年已达2000万人，成为世界超大城市之一。

卡拉奇城位于科希斯坦高原南麓至沿海平原地带，地势自东北向西南倾斜，一般海拔在1.5~40米。沿海多沼泽，市区东部和北部有低山和孤丘，其中门戈皮尔山为城市最高点，海拔195米。自高原南流的默利尔河和勒亚里河分别流经市区东部和西部，为季节性河流，河床宽广，平时呈沙滩状。

卡拉奇最凉爽的1月、2月平均最低气温为13℃，最热的5月、6月日平均最高气温达34℃。雨量稀少，年降水量仅200毫米，且绝大部分降雨集中在夏季的9~10天内。由原联邦首都区构成的大卡拉奇，除市区和近郊外，目前多数仍是农田和荒地。

卡拉奇原为渔村，名迪布罗。18世纪初，一群商人从附近的卡拉克·班达尔港迁居于此。1839年被英国人占领后成为英军驻防地。

由于印巴分治，有大约60万印度伊斯兰移入，城市急剧扩张，工商业空前繁荣，1951年人口已达100.5万人，超过拉合尔，成为全国最大的城市。到1998年时，人口增长将近8倍。人口的大量增加使这里的人们为了争夺食物、饮水和领地冲突不断，暴力事件频发。据统计，每年的暴力事件受害者超过2000人。

卡拉奇市区由新城和老城组成。市区沿道路向市郊呈线形放射，使城市的形态很像一只大蜘蛛。城市建筑物差异鲜明：高贵豪华的洲际饭店与藤叶小棚相对；彻夜通明的洋行与土坯矮屋为邻；金碧辉煌的清真寺与棕棚茅舍高低相间。城市自西南向东北延伸20余公里。

老城位于港区附近，为港区库场和批发商业中心，其最大的特征就是无规划。这里的街道狭窄、建筑密集，具有近东和中世纪欧洲的风貌，但这里有更多的民族特色和人情味。市中区位于老城以东，是金融机构和省、市政府机关所在地。南郊为新兴的重工业区，有炼油、冶金等企业。在西郊又开辟了新工业区，并为吸引外资、引进技术、创造就业机会和促进出口而建立加工出口区。

新城区位于老城以东，呈棋盘状，颇具欧洲城市风貌，是金融机构和省、市政府机关所在地。传统工业则集中在东北郊。图书馆和清真寺等位于市中心高地上。这里还有著名的巴基斯坦国父穆罕默德·阿里·真纳（Mohammad Ali Jinnah）的陵寝和哈比卜银行大楼。著名的卡拉奇国家博物馆即坐落于此，馆内收藏有许多珍贵古老的和现代的美术工艺品。

卡拉奇濒临美丽的阿拉伯海滨，风光绮丽。桑斯皮特湾、克利夫顿湾、霍克斯湾都是海滨度假胜地。

卡拉奇经济的主要支柱是工业和贸易，其从业人员占全市职工总数的45.2%。全市工厂数和职工人数分别占全国总数的26%和22%，工业产值约占全国的50%。主要工业部门有纺织、制鞋、粮食加工、木材加工、饮料、金属制品、电气制品、机械、化工、石油和造船等。其中，炼油厂、钢铁厂和位于马纳拉地峡的核电站都是全国著名的大型企业。手工业和家庭手工业也占有一定比例，以生产花边、地毯、黄铜制品、金银首饰为主。

卡拉奇还是全国的金融和保险业中心。巴基斯坦国家银行、巴基斯坦民族银行、联合银行、巴基斯坦工业发展银行、巴基斯坦农业发展银行等大型银行的总行设于此。有大约24家保险公司和证券公司，在巴基斯坦经济中占有重要地位。

卡拉奇是全国铁路和干道公路的起点和终点、国际交通枢纽。从卡拉奇到白沙瓦的公路使巴基斯坦内地有了出海口。从卡拉奇到扎黑丹的公路使巴基斯坦与伊朗和其他中东国家相连。卡拉奇市有3200多公里长的交通线。每天有数十次铁路始发或到站，东边经海得拉巴有铁路与印度相通。位于城东北15公里处的卡拉奇机场，为次大陆重要的国际航空港。

卡拉奇港位于市区西南勒亚里河口，港区外横亘着马纳拉地峡和奥伊斯特岩岛，是阻挡海流泥沙回淤和防避风浪袭击的良好屏障。港口分为东、西两码头区，计 30 个泊位和 3 个码头。港区深 10~20 米，能停泊 2 万~3 万吨级巨轮。除经营全国海上对外贸易外，还转运阿富汗一部分进出口货物。苏联解体后，中亚独立国家希望经过阿富汗、巴基斯坦出海，卡拉奇成为中亚国家重要的出海口。港口常年吞吐量近 1500 万吨，占全国货物进出口的 90% 以上。输出稻米、羊毛、铬铁矿、皮革等；输入商品以金属、石油、机械、车辆和煤炭为主。为满足卡拉奇钢铁联合企业对矿石的需要，已另在比蒂小港湾兴建新港。

卡拉奇市还有许多文化机构、娱乐设施和名胜古迹。卡拉奇博物馆藏有早期印度河流域文化、犍陀罗艺术以及全国各地的文物。卡拉奇大学博物馆是卡拉奇市最大的博物馆，另外还有 10 多座图书馆。卡拉奇出版的报纸有英文的《黎明报》《早间新闻》，另外还有用乌尔都语、古吉拉特语和信德语出版的报刊。

卡拉奇市共有 19 个公园，其中甘地公园、伯尔宁公园最著名。此外，还有 9 座游泳馆、多处钓鱼池。卡拉奇动物园集中了各种动物。

（四）开伯尔－普赫图赫瓦省

开伯尔－普赫图赫瓦省原名西北边境省，位于中亚、西亚通向南亚次大陆的交通要冲。其间有许多条通道，世界有名的是开伯尔山口通道。开伯尔－普什图省北与中国相接，与中亚国家距离也很近，另与查谟、克什米尔相邻；西与阿富汗的边界线很长，从帕米尔延伸到科赫·伊·苏莱曼山脉；东南是旁遮普省，西南是俾路支省。

开伯尔－普赫图赫瓦省北部地区冬季寒冷并有积雪，夏季多雨，气候宜人，唯一例外的是白沙瓦河谷地区，那里夏季炎热，冬季寒冷，雨量适中。北部山区极其寒冷，气温经常在 0℃以下。南部地区干旱荒凉，夏季炎热，冬季较冷。南部的德拉·伊斯梅尔·汗地区是该省最热的地区，夏季气温高达 48~50℃。降雨量 250 毫米。奇特拉尔地区降雨量为 150 毫米，降雨量最多的地区是北部的曼塞拉（亦译作“曼塞赫拉”），年降雨量 1000 毫米。

全省分为联邦管辖的部落区和“定居”区两个大的行政区。部落区紧靠阿富汗，位于“杜兰线”（Durand Line）和“定居”区之间，面积2.722万平方公里。

开伯尔－普赫图赫瓦省的其他地区，即所谓“定居”区，与全国其他省一样，执行中央统一的法律，面积7.4521平方公里。根据最新统计，除以上提及的部落区外，开伯尔－普赫图赫瓦省人口为2690万人。

开伯尔－普赫图赫瓦省省府设在白沙瓦，全省有7个行政区，每一行政区下面又分为2～4个小区。白沙瓦行政区下辖白沙瓦、查萨达和瑙塞三个小区。哈查拉行政区下辖阿伯塔巴德（Abbottabad）、曼塞拉和科赫斯坦、巴塔格拉姆、哈里普尔五个小区。马拉坎德行政区又分为斯瓦特区、奇特拉尔区、上迪尔区、下迪尔区、布内尔区和马拉坎德代理处。马丹行政区下辖马丹区、斯瓦比区。科哈特行政区下设科哈特区、汗沽区、喀拉克区。德拉·伊斯梅尔·汗行政区下辖德拉·伊斯梅尔·汗区和棠克区。班努行政区下辖班努区和拉吉·马瓦特区。

巴焦尔、夏哈曼德、开伯尔、库拉姆、北瓦齐斯坦和南瓦齐斯坦等部落事务处分别由马拉坎德、白沙瓦、科哈特和德拉·伊斯梅尔·汗行政区专员管理。

开伯尔－普赫图赫瓦省经济成分多样，以农业为主。可耕地面积只占全省总面积的23%，另有13%的土地是冰川或不毛之地。农作物种植面积为440万公顷，主要农作物有玉米、小麦、甘蔗、水稻、烟草、蔬菜、水果、豆类、高粱和珍珠粟。农业用水主要由人工水渠提供，著名的人工水系有喀布尔河水渠、斯瓦特河下游水渠、斯瓦特河上游水渠、华萨克·斯瓦特水渠、马尔瓦特水渠、帕哈布尔水渠等。在白沙瓦、马尔丹、班努、德拉·伊斯梅尔·汗等地，修建了许多管井，提取大量地下水，以补河水之不足。总的来看，农业用水的85%来自河流，15%来自地下水。开伯尔－普赫图赫瓦省耕地亦存在比较严重的土壤盐碱化问题，政府正投入大量人力、物力解决这一问题。农业人口占全省人口的85%，为提高农民的生活水平，政府加大了对农业的投资。

开伯尔－普赫图赫瓦省矿藏比较丰富，省政府重视开发矿产资源。主要有奇特拉尔白钨矿、科哈特瓷土矿、拉伽班磷矿、马拉坎德铬铁矿以及联合霞石长岩矿等项目。

开伯尔－普赫图赫瓦省的主要城市有白沙瓦、阿伯塔巴德、曼塞拉和马拉坎德等。但是，这些城市的规模、人口远不及巴基斯坦南部和东部的一些大城市。

白沙瓦是巴基斯坦西北边境城市、开伯尔－普赫图赫瓦省首府、行政中心，位于喀布尔河支流巴拉河西岸，西距开伯尔山口 16 公里，海拔 340 米，由老城（12.5 平方公里）和兵营组成。

巴基斯坦独立后，城市建筑和现代工业有了一定发展，喀布尔河上装机 16 万千瓦的瓦萨克水电站建成后，城市发展获得动力。主要工业有纺织业、制糖业、水果罐头业、制鞋业等，手工业以陶瓷、刺绣、铜器、象牙制品和刀剑制作等著称。市内还有巴基斯坦北部大型干果集散地。有铁路或公路与拉合尔、拉瓦尔品第、海得拉巴、卡拉奇、喀布尔相连，有航班连接拉瓦尔品第、奇特拉尔、喀布尔等地。特别是西经开伯尔山口通向喀布尔的国际公路是巴基斯坦与阿富汗联系的大动脉。

白沙瓦市内建筑密集，街道曲折狭窄，沿街多集市，旧城外多花园。1950 年创立的白沙瓦大学，现有 5 个独立学院、18 个附属学院。市内科研机构有白沙瓦农业研究所、中央森林研究所、兽医研究所。

除白沙瓦外，开伯尔－普赫图赫瓦省内还有马尔丹、科哈特、德拉·伊斯梅尔·汗、班努、迪尔、奇特拉尔、赛杜、阿伯塔巴德、莫赫曼德、开伯尔和库拉姆等中小城镇。

（五）俾路支省

俾路支省是巴基斯坦面积最大、人口密度最小的省份，面积占国土总面积的 43.6%；人口只有 716.7 万人，每平方公里平均只有 20.6 人。俾路支省位于巴基斯坦西部，西部、西北部与伊朗、阿富汗相邻；北部是开伯尔－普赫图赫瓦省和旁遮普省，东部是信德省，南濒阿拉伯海，海岸线长达 771 公里。俾路支省境内遍布高山和宽阔的平原，而且拥有巴基斯坦最长的海岸线。全省分为 3 个不同的气候区：沿海区，气候温和；内陆沙漠和不毛地区，炎热难熬；山区，气候寒冷。卡纳特高原和奎达、比辛还有降雪，冬季气温一般在℃以下，降雨稀少而且没有规律。

俾路支省省府设在奎达。全省有6个行政专区：奎达、锡比、卡纳特、麦克兰、纳西拉巴德、若布。奎达行政专区下辖奎达、比辛、查盖、克拉·阿布杜拉4个县或市；锡比行政专区下辖锡比、齐亚拉、科鲁、德拉·巴格提；卡纳特行政专区下辖卡纳特、库兹达尔、卡兰、拉斯贝拉、阿瓦兰和马斯棠；麦克兰行政专区下辖图尔巴特、潘吉古尔和瓜达尔县。

数百年来，俾路支省四分五裂，众多的土邦王公和部落酋长各自为政，只关注自己的统治权，不注意发展社会经济，所以，与其他巴基斯坦省份相比，俾路支省人民更加贫穷，经济和社会发展更加落后。英国人统治时期，该地区分为土邦、部落区和“定居”区。1947年巴基斯坦独立后，并入巴基斯坦，1952年组成俾路支邦联，后统一组成俾路支省。

俾路支省有许多山地通道。进入奎达的山地通道是历史上非常有名的波斯走廊。另一条著名的通道称作科贾尔通道，它将奎达与查曼、巴阿边界相连。亚历山大大帝离开信德后，通过南拉斯贝拉和东麦克兰撤出次大陆。距离奎达124公里的齐亚拉特，四周高山环绕，生长有树龄长达300多年的杜松，这里有世界上最大和最古老的杜松树林。巴基斯坦国父真纳就曾在此地度过他最后的日子。

农业是俾路支省最重要的经济部门。全省有75%的人口从事农业，全巴基斯坦45%的水果由俾路支省提供，所以农业的发展和农民生活的改善是俾路支省社会进步最重要的一环。

全省可耕地大约有1679万英亩，其中只有20%（约340万英亩）得到利用。在这340万英亩土地中，有130万英亩是灌溉地，更多的是旱地，达210万英亩。作物种植面积共计109.49万英亩，具体情况为：农作物，96.8万英亩；水果，8.3万英亩；蔬菜，4.39万英亩。

由于气候和土壤的关系，俾路支省出产的水果质量好、产量高，闻名全国，有巴基斯坦水果花园之称。水果收入超出其他农作物收入4~5倍。水果成为俾路支省出口创汇的主要产品。俾路支省东部和东北部较为寒冷的山地，特别适宜苹果、葡萄、樱桃、杏、扁桃、桃、胡桃以及其他各种温带水果的生长。气候比较炎热的俾路支省平原区盛产杧果、番石榴、西红柿、西瓜、甜瓜等。

俾路支省沿海渔业发达。渔产品出口占巴基斯坦对外出口的2%，占巴基斯坦国内生产总值的6.3%。渔产品加工业前景看好。政府正在瓜达尔和索米利等地建设新的渔港。

巴基斯坦独立时，俾路支省是南亚次大陆工业最落后的地区。现在省政府正投入大量人力、物力进行一些基础设施建设。

俾路支省矿藏丰富，苏伊、乌奇等地天然气储量丰富；在皮尔科赫已发现大型石油带。此外，在俾路支省还发现其他多种矿藏，这些矿藏商业价值很高。但是，由于缺乏资金、技术条件和其他基础设施，这些矿藏并没有得到有效开发。

俾路支省的河流平时流量很小，每年只有一至两个月因降雨而流量较大。主要河流有若布河、纳里·波南河、萨万河、比辛·罗拉河、木拉河、哈布·波拉里河、拉克珊河、马斯克尔河和达什特河。有三条人工河渠：帕特·费德尔水渠、沙漠水渠和基尔塔尔水渠。这些河渠将古杜大坝的水引向俾路支省的农业区。此外，还有一些小型水坝和小型灌溉系统，比较有名的有比辛地区的邦德·库什迪尔汗水坝、曼吉水坝、果吉水坝和沙波水渠，以及锡比地区的哈奈水渠、哈布大坝等。

俾路支省自然资源丰富，发展潜力巨大。麦克兰沿海的渔业和山达克的金矿、铜矿若都得到开发，将对全省的就业和整个社会经济发展起到一定的促进作用。省政府特别重视水、电、气的供应。随着新的教育机构的设置，省政府将为全省各类学校提供现代教育服务。

俾路支省的城镇规模都比较小，最主要的城市是俾路支省首府奎达，亦是专区和县行政中心。奎达，又称基达，位于波伦山口西北，除南部外，其余三面环山。1998 年的统计数据显示，奎达人口 76 万人。城内有毛纺、水果罐头加工、酿酒、染料、硫黄提炼及火力发电等工厂。奎达是连接巴基斯坦与阿富汗的交通要冲，有铁路、公路通往苏库尔、桑德曼堡、查曼等。奎达设有全国地震研究中心、地球物理研究所、地质调查所等科研机构。奎达源自普什图语，意为“堡”。奎达居民的祖先居住在米里，而米里也有“堡”的意思。

除奎达外，俾路支省的其他小镇有锡比、洛拉莱、卡拉特、卡兰、拉斯贝拉、图巴特、桑德曼堡等。

（六）巴控克什米尔

前面已提到，巴控克什米尔的一部分划为联邦直辖北部地区及查谟和克什米尔。这里介绍的是查谟和克什米尔地区。

查谟和克什米尔位于东经73°～75°、北纬33°～36°，面积1.3万平方公里，主要由山地、河谷和山间平原组成。该地区森林茂密、河流湍急，有许多山间小溪，风景秀丽。主要河流有杰卢姆河、勒卢姆河和蓬奇河。属亚热带高山气候，年平均降雨量1500毫米。海拔从南向北迅速由360米上升到6325米。积雪线冬季在海拔1200米，夏季升到3300米。

巴控克什米尔地区的居民全都是伊斯兰。91%的人口是农民。人口密度为每平方公里189人。巴控克什米尔地区总耕作面积17.1402万公顷，地区总面积的13%。主要作物有高粱、小麦、稻谷、玉米，其他作物有豆类和蔬菜。全地区果园面积7996公顷，主要水果有苹果、梨、胡桃、杏等。森林覆盖面积为55.3099万公顷，地区总面积的42%，森林覆盖率远远高出全国3.9%的水平，主要树种有雪松、羽衣橄榄、云杉等。

由于巴控克什米尔地区的人民持有巴基斯坦护照，不享有对中央政府的选举权，但享有对本地政府的选举权，所以查谟和克什米尔有一个议会形式的政府。查谟和克什米尔的主席是该邦的首脑；首相由一个部长委员会协助管理，部长委员会是最高行政机关。立法委员会由48人组成，其中40人由直接选举产生，8人由议会选举产生。巴控克什米尔有自己的最高法院和高级法院。巴控克什米尔分为5个行政区：穆扎法拉巴德、普奇、巴格、米尔浦尔和科特里。穆扎法拉巴德是巴控克什米尔的政治、经济和文化中心。

巴控克什米尔的法律法规在巴基斯坦政府领导下发挥作用。巴基斯坦联邦政府负责巴控克什米尔的国防与安全，负责发行各种货币，负责巴控克什米尔的外交事务，包括外援和外贸。

联邦政府设有巴控克什米尔事务和北方事务部，协调巴控克什米尔地区与联邦政府之间的关系。为发展巴控克什米尔地区经济，巴基斯坦联邦政府帮助地区政府发展水果经济，具体措施是提供贷款和其他物资援助。

一些政府和半官方性质的企业投资于矿产资源的勘测和开发。在巴控克什米尔地区已发现储量较丰富的矿藏有煤、铝矾土、皂土、耐火黏土、石墨、石膏、石灰岩、白云石、云母、白铁矿、石英岩、皂石以及宝石矿等。联邦政府正计划在什翁特尔河谷、科特里、穆扎法拉巴德建立采矿企业。

（七）联邦直辖部落地区

联邦直辖部落地区总面积 2.722 万平方公里，人口 317.6 万人，分为 7 个小区，分别是开伯尔、莫哈曼德、南瓦兹里斯坦、北瓦济里斯坦、库拉姆、巴焦尔、奥拉克兹。此外，还有 4 个边境区：白沙瓦、科哈特、D. I. 汗、班努。

邦和边境行政区全面负责联邦直辖部族地区的各项事务，民事和刑事案依据 1901 年通过的《边境犯罪条例》处理。1989 年，在联邦直辖部落地区实施 1973 年巴基斯坦政府通过的《国民登记条例》；在省直属部落地区（位于马拉坎德地区）实施《开伯尔－普赫图赫瓦省商业登记条例》。其他巴基斯坦法律或条例，视其需要在联邦直辖部落地区和省直属部落地区实施。

联邦政府非常重视部落地区的教育，除在该地区设立正规的初级和中等教育学校外，另外选派 376 名学生到巴基斯坦其他地区的医学、工程、技术等专业院校学习。政府还为部族地区提供教育专款，资助部族优秀青年到国外就读。

联邦政府每年都会制订部落地区发展计划，并为该计划提供特别资金，其中 85% 的资金拨给开伯尔－普赫图赫瓦省政府，由省政府负责具体实施。另外 15% 由联邦直辖部落地区的发展局管理。为促进联邦直辖部落地区发展，在地区发展计划外，还拨出 2.4 亿卢比资助部分特殊发展项目。仅 1990 年，联邦政府就拨出 4.27 亿卢比给联邦直辖部落地区。

联邦直辖北部地区位于喀喇昆仑、兴都库什、喜马拉雅和帕米尔山脉之间，海拔在 900～8610 米。在面积 96.54 平方公里的奇特拉尔地区，有 12 座海拔在 5470～8610 米的高峰，其中乔戈里峰是世界第二高峰。该地区有许多大冰川，其中锡亚琴冰川和巴尔托罗冰川最著名，尤其是巴尔托罗冰川，它是除北极以外最大的冰川。

由于地缘政治原因，联邦直辖北部地区是巴基斯坦最敏感的地区。该地区与中国、阿富汗接壤，而且紧靠中亚。在其南部地区，有一条长达 482.2 公里的停火线，将巴基斯坦与印度控制的查谟、克什米尔、拉达克分开。喀喇昆仑公路建成通车后，该地区的战略和政治意义更加突出。

联邦直辖北部地区总面积 7.2496 平方公里。居民人均收入非常低，联邦政府向该地区提供食物和其他生活必需品。

为了便于管理，联邦政府将该地区辟为直辖区，由联邦政府任命行政长官。该区又分为 5 个行政区、12 个小区。每一行政区设有一位副行政长官，每一个小区设一位行政长官助理。吉尔吉特区区府设在吉尔吉特，这是联邦直辖北部地区的主要城镇。联邦政府内部设有克什米尔事务和北部事务部，负责制定政策、办理司法事务、提供建议和协调与其他各部的关系。

五 人口、民族、语言

（一）人口

1981 年人口普查时，巴基斯坦全国总人口为 8509 万人。但经过 30 年的增长，到 2016 年已达到 2.07 亿人（见表 1－1），占全球人口总数的 2.57%，巴基斯坦成为全球第六人口大国。

1. 人口增长速度较快

1901～1947 年，巴基斯坦人口从 1660 万人增加到 3250 万人，增长近一倍，人口年均增长率保持在 3% 左右，巴基斯坦成为世界上 9 个人口增长最快的国家之一。

但总的来看，巴基斯坦人口增长呈减缓趋势。1980 年人口增长率为 3.06%，1990 年下降到 2.69%，2000 年进一步下降至 2.24%，2016 年更是低至 2.07%。

表 1－1　1981～2016 年巴基斯坦人口数量和人口增长率

年份	人口(万人)	增长率(%)	年份	人口(万人)	增长率(%)
1981	8509	3.06	1992	1155.4	2.60
1982	8767	3.63	1993	1185	2.56
1983	9030	2.99	1994	1214.8	2.51
1984	9296	2.95	1995	1244.9	2.47
1985	9567	2.90	1996	1275.1	2.43
1986	9841	2.86	1997	1305.6	2.38
1987	1011.8	2.82	1998	1336.1	2.34
1988	1039.9	2.77	1999	1366.4	2.29
1989	1068.4	2.73	2000	1397.6	2.24
1990	1097.1	2.69	2001	1428.6	2.22
1991	1126.1	2.63	2002	1459.6	2.16
2005	1533.6	2.10	2010	1700.4	2.09
2015	1889.2	2.13	2016	1928.3	2.07

资料来源：巴基斯坦政府统计局编制《巴基斯坦 2003 年统计手册》，第 13 页；联合国经济和社会事务部网站，https://www.un.org/development/desa/zh/；世界实时统计数据网站。

2. 人口出生率和死亡率呈下降趋势

一方面，由于控制了疟疾、霍乱、结核病、天花等传染病以及生活条件的改善，人口死亡率大幅度下降，从 1947 年的 3.12% 降到 1962 年的 1.7%，1990 年为 1.06%，1991 年进一步下降到 0.98%。另一方面，人口出生率仅从 1941 年的 4.5% 下降到 1981 年的 4.33%；1984～1989 年下降到 4.18%，其中城市为 3.81%，农村为 4.36%；1990 年出生率进一步下降到 4.06%，其中城市为 3.48%，农村为 4.32%；1991 年下降到 3.95%。2000～2005 年为 3.30%；2010～2015 年下降到 2.98%。巴基斯坦婴儿死亡率较高，根据《巴基斯坦人口概览》一书的资料，1984～1989 年从 10.93% 下降到 10.47%，1991 年为 10.24%。《巴基斯坦 2003

统计手册》显示，1995 年、1996 年、2001 年和 2002 年，婴儿死亡率分别为 10.1%、10.5%、8.9%、8.2%，2010 ~2015 年下降到 7.7%。总体来看，基本上呈下降趋势

3. 人口密度较大，而且增长快

1981 年，巴基斯坦人口密度为每平方公里 106 人；1990 年为每平方公里 143 人，10 年内每平方公里增加了 37 人；1998 年上升至每平方公里 166 人，8 年内每平方公里又增加 23 人；2016 年达到每平方公里 250 人。

（二）人口构成

1. 人口地域分布不平衡

联邦首都地区面积仅占全国面积的 0.11%，人口却占全国的 0.6%，人口密度最大，达到每平方公里 889 人。旁遮普省次之，面积占全国的 25.8%，人口却占全国的 55.6%，人口密度高达每平方公里 359 人。开伯尔－普赫图赫瓦省和信德省人口密度分别为每平方公里 238 人和每平方公里 216 人，分别高出全国平均水平 43 个和 30 个百分点。联邦直辖部落地区和俾路支省人口最少，人口密度也最低。截至 2016 年，旁遮普省人口达 1.1 亿人，约占全国总人口的 53%，为人口第一大省；信德省、开伯尔－普赫图赫瓦省与俾路支省人口分别约为 0.48 亿人、0.31 亿人和 0.12 亿人；联邦直辖部落地区人口约为 500 万人，首都伊斯兰堡人口约为 200 万人。

2. 农村人口多于城市人口

1998 年，巴基斯坦城市人口和农村人口分别为 4303.6 万人和 8931.6 万人，分别占总人口的 32.5% 和 67.5%。就省区分布来看，城市人口比例最高的是信德省，为 48.8%。其次是旁遮普省，为 31.3%；再次为俾路支省，为 23.9%；最后是西部边境省，为 16.9%。城市人口比例最低的是联邦直辖部落地区，仅为 2.71%。

巴基斯坦统计局最新公布的第六次全国人口普查初步报告显示，2016 年巴基斯坦城市人口约为 0.76 亿人，农村人口约为 1.32 亿人，分别约占全国总人口的 36% 和 64%。

3. 男性多于女性

1998年，巴基斯坦男女性别比为109∶100，主要原因是女性死亡率大幅度降低和人口统计中女性漏统计的现象减少。就省区来看，联邦首都区为117∶100，开伯尔－普赫图赫瓦省为113∶100，俾路支省为115∶100，旁遮普省和信德省分别为104∶100和112∶100。

近年来，巴基斯坦男女性别比总体呈下降趋势，2015年下降至103∶100。

4. 人口结构年轻化

1998年，巴基斯坦19岁以下人口占全国人口的比例高达53.8%，20～64岁人口占比为42.7%，65岁以上人口占比为3.5%。由于近年来巴基斯总人口一直在增加，这一趋势会保持下去。

5. 劳动力丰富，但劳动参与率较低

截至2000年，巴基斯坦劳动力总数为5215万人，占总人口（1.3235亿人）的39.4%。其中16.35%从事农业，其余20.65%从事采矿、制造、建筑等，另有2.4%失业。根据《巴基斯坦2003统计手册》，1999/2000年度巴基斯坦劳动力失业率为1.75%，其中农村失业率为1.95%，城市为1.66%。

巴基斯坦劳动力资源虽然丰富，但利用率并不高，这可以从巴基斯坦劳动力参与率中看出。劳动力的参与是通过概约参与率和精确参与率来测量。概约参与率是指劳动力在总人口中所占比率，而精确参与率是指劳动力在10岁以上人口中所占比率。

1999年，从全部及10岁以上人口的分布看，巴基斯坦劳动力参与率比较低，还有大量的劳动力资源未得到充分利用；2000年为59.2%；2006年上升为60.7%；2009年又跌落至54.3%。

而且，劳动力参与率存在城乡、男女之别。在农村，尽管女性劳动力参与率远远低于男性，但比城市中女性劳动力参与率高出很多。不过，近年来女性劳动力参与率不断上升。1987/1988年度，女性劳动力概约参与率为6.8%，1991/1992年度达到9.15%，同期女性劳动力精确参与率从10.24%上升到13.98%。

（三）民族

巴基斯坦是一个多民族国家。追溯历史，最早居住在巴基斯坦地区的土著人为达罗毗荼人。后来先后迁移到南亚定居的民族有雅利安人、希腊人、土耳其人、波斯人、阿富汗人、阿拉伯人和蒙古人。巴基斯坦的民族分属雅利安族系和伊朗族系，均属于印度欧罗巴人种。雅利安族系和伊朗族系从中亚细亚的雅利安人衍化而来。从中亚地区直接迁移到印度的雅利安人称为印度雅利安人；从定居在伊朗和阿富汗的雅利安人中分出再进入印度的雅利安人被称为伊朗族系的雅利安人。这两支雅利安人迁徙进入印度后，与当地的土著居民杂居通婚，经过长期的融合，繁衍成为今天巴基斯坦境内的四个主要民族：旁遮普人、信德人、帕坦人和俾路支人。

旁遮普人 巴基斯坦的主体民族，占全国人口的63%，属欧罗巴人种地中海类型，混有蒙古人种血统。主要生活在最富庶的旁遮普省、开伯尔－普赫图赫瓦省的哈扎拉区和德拉·伊斯梅尔·汗区，另外还有少量旁遮普人散居在白沙瓦、马尔丹、奎达、洛拉莱、卡拉奇和信德省北部地区。属于雅利安人种，在巴基斯坦上层社会中占据统治地位，控制着军政要职。务农、从军为旁遮普人的重要职业。巴基斯坦军队主要是旁遮普人。从旁遮普人的宗教信仰来看，97%的人信奉伊斯兰教，2%的人信奉基督教，另有1%的人信奉其他宗教。从社会地位和历史传统来看，旁遮普人又分为拉吉普特人、贾特人和阿伦人三大支系。社会地位最高的是拉吉普特人，他们是传统的武士、统治者、土地持有者以及自耕农；巴基斯坦军队中的绝大多数官兵来自拉吉普特人，其中不乏高级军官。贾特人的社会地位仅次于拉吉普特人，生活一般比较富裕，他们为国家提供兵源。阿伦人也有一定的社会地位。从外貌特征来看，旁遮普人身材魁梧，肩宽，显得特别健壮，眼睛黝黑，大部分人皮肤呈橄榄色，少部分人皮肤白皙，颇似欧洲人。旁遮普人强悍勇猛，在历史上奋起抗击莫卧儿人和英国殖民者的入侵。农民常穿无领长袖布衫，缠围裤，包长头巾；逢年过节和婚嫁喜庆时则穿丝绸衣服，头巾的一端或两端垂在耳上。城市妇女穿肥腿长裤，着单衫，披披巾。妇女善绣花，披巾上常绣有各种花饰图案。饮食以面食为主，喜食酥香和奶酪。

旁遮普人主要定居在土地肥沃、水源充足的旁遮普平原。农业发达，种植的农作物主要有小麦、棉花、甘蔗、水稻等。巴基斯坦建国后，旁遮普人的纺织业、地毯编织业得到进一步发展，新兴机械、电器和其他工业也有一定的发展。少部分居住在丘陵和山区的旁遮普人兼务农牧。

信德人 主要居住在信德省和俾路支省的拉贝拉地区，占全国人口的18%，属雅利安人种，混杂有帕坦人、俾路支人和阿拉伯人血统，民族成分比较复杂。操信德语。91%的人信奉伊斯兰教，且多属于逊尼派；其余9%信奉印度教、佛教、基督教和锡克教。信德人身材高大，皮肤深黑。现在信德人主要从事农业、商业和手工业，但历史上信德人以农业为生，祖辈务农。在中世纪，土著信德人分为苏姆罗、萨莫、苏马拉和穆沙诺等众部落，它们在11～16世纪建立王朝，统治信德全省。

帕坦人 多居住在开伯尔-普赫图赫瓦省，占全国人口的11%，也称普什图人，与阿富汗的主体民族普什图人同属一个种族，自称巴克同人，主要操普什图语，属伊朗人和土耳其人的混血种。帕坦人信奉伊斯兰教，属逊尼派。主要生活在开伯尔-普赫图赫瓦省的班努、科哈特、马尔丹、白沙瓦、迪尔、斯瓦特和俾路支省的奎达、洛拉莱、兹霍勃等地区。由于自然条件的限制，帕坦人主要经营畜牧业和农业。相对于旁遮普人、信德人，帕坦人的社会经济和文化均比较落后，至今还保留着部落组织残余，现有9个较大的部族：阿夫里底、莫要德、马赫苏特、瓦齐里、尤瑟夫扎伊、哈塔克、卡卡尔、索拉尼和吉尔扎伊。这些部落在服饰、方言和风俗习惯方面均有差异。在帕坦人的社会中，男子居主要地位，妇女处于从属地位，仍留有父权制的明显痕迹。

帕坦人身材高大而匀称，皮肤呈淡褐色、深眼窝、蓝眼珠，目光炯炯有神；头型有长有方；鼻子大多长而直，个别是鹰钩鼻。男子体格健壮，颧骨凸出，头缠长巾，身着宽大的长上衣，有的头戴卡巴帽，留有风趣的小胡子。男子个个腰扎子弹袋，枪不离身。

帕坦人历史悠久，自古以来就居住在南亚通向西亚、中亚的交通要冲，受到来自中亚、土耳其乃至希腊的异族统治者的统治，他们奋起反抗，积极抗击外来统治者。在英国殖民统治时期，帕坦人为争取民族独立进行了英勇不屈的斗争；在帕坦民族政党红衫党的领导下，多次英勇抗击英国殖民者。

俾路支人 属伊朗种族，是伊朗人与土耳其人的混血种，与帕坦人有密切的血缘关系。占全国人口的4%，操俾路支语。在文化、社会组织、民族习惯等方面深受波斯文化的影响。绝大多数俾路支人信奉伊斯兰教，少数信奉祆教、基督教、天主教。

俾路支人主要居住在俾路支省，也有一些居住在信德省。俾路支人主要从事农业和畜牧业，社会经济文化落后。共分成18个部落集团，分别为布格提、布列迪、博达尔、多姆基、德里哈克、吉尔查尼、贾克拉里、科沙、采加里、伦德、马里、马扎里、马加希、乌姆拉尼、门加尔和比曾乔等。其中，布格提、马里、门加尔和比曾乔4个部落集团人数最多。

俾路支人的形体特征是：头颅短，眼睛圆鼓、乌黑，体形匀称。男子胡须长而有光泽，密而飘垂，体格健壮，善骑射，常佩戴短剑或长刀。

除上述四个主要的民族外，在巴基斯坦还有一些其他民族，其中人口较多的是布拉灰人。布拉灰人属达罗毗荼人；操布拉灰语；信奉伊斯兰教，多属逊尼派；大部分人居住在俾路支省的克拉特地区；主要从事农业、畜牧业。布拉灰人身材矮小、壮实，面部微圆，皮肤黝黑，头发为深褐色，自然卷曲，眼睛呈褐色。布拉灰人以氏族部落为单位，总体上可分为本地布拉灰人、沙拉万布拉灰人、扎拉万布拉灰人、混种布拉灰人4个部落集团。

除以上五大民族外，巴基斯坦还有一些少数民族，人数不多，主要分布在巴基斯坦北部、西部山区。居住在兴都库什山中的民族有奇特拉尔人、卡费尔人、科希斯坦人，均操达尔德语。奇特拉尔人占开伯尔－普赫图赫瓦省奇特拉尔地区居民的绝大部分，早在十六七世纪就已形成封建关系。卡费尔人和科希斯坦人仍保留着民族部落组织。在奇特拉尔北部，居住着布里什克人，操布里什克语。另外，还有古吉拉特人，他们分散在信德省的特哈巴尔卡卡、约瓦布沙和海得拉巴等地区。

根据巴基斯坦国父真纳的“两个民族”理论，巴基斯坦形成了一个统一的国家民族，即伊斯兰、非伊斯兰和其他巴基斯坦人。政府根据宗教信仰，把伊斯兰称为“多数民族”，把占全国人口3%的印度教徒、基督教徒、袄教徒、锡克教徒称为“少数民族”。

巴基斯坦联邦政府专门成立了宗教事务和少数民族事务部，下辖少数民族事务顾问委员会。该委员会由6名官员和65名非官方人员组成，负责保护少数民族的权利和促进少数民族经济社会和文化发展。在地区行政机构中成立地区少数民族事务委员会，负责处理本地区少数民族日常事务。

（四）语言

巴基斯坦1973年宪法规定，乌尔都语为巴基斯坦国语；英语为官方语言，政府文件、大部分学术文献、重要官方和民间刊物均使用英文；阿拉伯语、波斯语以及各地方语言在巴基斯坦政治、经济、文化、生产中仍与乌尔都语、英语并存，发挥着重要作用。可见，巴基斯坦是一个多语言国家。

在巴基斯坦使用的语言中，除英语外，其他本民族和本地区语言属于印欧语系和达罗毗荼语系，其中操印欧语系语言的人数占全国总人口的99%。印欧语系又可细分为新印地语族、伊朗语族和达尔德语族。新印地语族在巴基斯坦使用很广，人数最多。在巴基斯坦，属这一语族的语言有乌尔都语、旁遮普语、信德语、孟加拉语、古吉拉特语和拉贾斯坦语。伊朗语族主要在开伯尔－普赫图赫瓦省和俾路支省使用，其中有普什图语、俾路支语。达尔德语族包括霍瓦尔语、科希斯坦语等，影响较小。达罗毗荼语是次大陆较古老的一种语言，在巴基斯坦境内使用达罗毗荼语系语言的人数少，使用区域较小。在巴基斯坦境内，属于达罗毗荼语系的只有布拉灰语。

乌尔都语 巴基斯坦官方语言，全国95%以上的人能讲乌尔都语，但以乌尔都语为母语的人很少，仅占巴基斯坦总人口的7.6%，主要是来自印度的移民。巴基斯坦的主要报刊、广播、电影和文学作品都使用乌尔都语，从而对其政治、经济、文化、社会生活等各个方面产生重要影响。

乌尔都语原称“卡里伯里”，以印地语为基础，吸收了大量的波斯语、阿拉伯语和土耳其语的词汇，基本上采用波斯语的书写字母，是由 8 世纪进入次大陆的伊斯兰使用的波斯语与德里附近居民使用的西部印度语融合而成的一种新的语言。“乌尔都”一词来自古突厥语，意为“军队”或“兵营”。由于这一新的语言当时主要在征服者的军队中使用，人们便称之为“乌尔都语”。12 世纪左右，乌尔都语基本形成；14 世纪初，乌尔都文渐趋成熟，出现了用乌尔都文写的诗歌和宗教作品；17 世纪末发展成为伊斯兰教的文学语言；19 世纪初，乌尔都语作为官方语言在全印度使用，正式取代波斯语的官方语言地位。

乌尔都语是南亚次大陆的一种主要语言，流行于巴基斯坦、印度和孟加拉。1947 年印巴分治后，乌尔都语被确定为巴基斯坦国语，它还是印度的一种主要语言，孟加拉国的比哈尔人也通用乌尔都语。

乌尔都语有 35 个字母、54 个音素，有一形多音和同音异形字母，采用自右向左的波斯语书写体。此外，由于波斯语作为次大陆的官方语言达 600 年之久，大量的波斯语词汇、成语、构词法等为乌尔都语所吸收。

乌尔都语词汇的约 40% 来自波斯语，约 20% 来自阿拉伯语，约有 15% 来自英语，其余来自由梵文演化而来的印地语。此外，还有为数不多的来自土耳其语、葡萄牙语、法语等语言的词汇。

印巴分治后，巴基斯坦与印度的乌尔都语的差别主要在词汇上：巴基斯坦的乌尔都语吸收了更多的阿拉伯语和波斯语词汇，而印度的乌尔都语中的梵文词汇逐渐增加。

旁遮普语　主要流行于旁遮普省。旁遮普语有多种方言，主要分为东部旁遮普语（原旁遮普语）和西部旁遮普语。东部旁遮普语也就是拉合尔地区的玛兹赫方言。西部旁遮普语包括南部方言、西北方言和东北方言。南部方言使用人数较多，集中在盐岭以南地区以及沙普尔、特哈里、克拉特拉尼、贾菲尔等地。西北方言包括沙瓦因、德哈尼（德戈）等土语。东北方言包括奇勃哈里、波特赫瓦利、巴哈利、阿瓦卡利、格赫比等土语。

信德语 主要流行于信德省。信德语受乌尔都语、印度北部语言、阿拉伯语的影响较深，另外也有自己独特的字母。信德语有四种方言：维格里方言，被语言学家称为标准的信德语，流行于信德省中部地区，是信德语的文学语言；锡莱基方言，在发音上与维格里方言稍有差异，流行于信德省北部地区；拉西方言，流行于信德省西部地区；拉利方言，流行于印度河下游地区。信德语是信德省中小学的教学语言，是仅次于乌尔都语的重要语言。信德省有用信德文出版的报刊和书籍。

普什图语 亦称阿富汗语，属伊朗语族。集中流行于巴基斯坦开伯尔－普赫图赫瓦省。普什图语是帕坦人的语言。从使用地域看，可分为东部方言和西部方言。也有部分帕坦人使用东部方言。西部方言保存 Sh 和 Zh 两个古音，所以又称软方言。普什图语深受波斯语、阿拉伯语、土耳其语、印度语、蒙古语乃至西欧国家语言的影响，因而至今还保留有这些语言的词汇。开伯尔－普赫图赫瓦省中小学使用普什图语，也有普什图文出版的报纸、书刊，与乌尔都语并用。

俾路支语 属伊朗语族，主要在俾路支省流行。从语音结构上看，更接近现代波斯语。俾路支语可分为东部方言和西部方言。东部方言有送气辅音，大幅度发展了摩擦音。西部方言借用了大量波斯语词汇和表达方式。俾路支语曾经只是口头语言，书面语言发展缓慢。近年来，俾路支语开始在俾路支省的中小学中作为教学语言使用。

达尔德语 流行于北部山区，属口头语言，是历史上阿勃姆、吉尔、斯瓦特、奇特拉尔等公国使用的地方语言，可分为西部方言、中部方言和东部方言。西部方言又称为卡菲尔方言；中部方言包括加瓦尔－巴提方言、卡拉萨方言、霍瓦尔方言等；东部方言分为科希斯坦方言、哈鲁拉方言、希纳方言、克什米尔方言等。从语源上看，达尔德语受印度雅利安语族和伊朗语族的影响很深。

布拉灰语 属达罗毗荼语系，是口头语言。主要流行于俾路支省的卡拉特地区和信德省个别地区。由于受波斯语和印度雅利安语的影响很大，布拉灰语中有大量波斯语和印度雅利安语词汇。使用布拉灰语的居民同时还使用俾路支语或信德语。

六 国旗、国徽、国歌

巴基斯坦国旗由穆罕默德·阿里·真纳基于伊斯兰联盟会旗设计而成，在巴基斯坦独立前一天即1947年8月11日被制宪大会采用，8月14日正式启用。巴基斯坦国旗在巴基斯坦国歌中被称为新月和五角星之旗。

巴基斯坦国旗呈长方形，长与宽之比为3∶2，左侧是白色竖长方形，宽度占整个旗面的1/4；右侧为深绿色长方形，中央有一颗白色五角星和一弯白色新月。白色象征和平，代表国内信奉印度教、佛教、基督教、祆教的居民和其他少数民族；绿色象征繁荣，代表伊斯兰教。新月象征进步，五角星象征光明；新月和五角星还象征对伊斯兰教的信仰。国旗会在一年之中数个重要的日子悬挂，如共和日和独立日。此外，巴基斯坦重要政治人物（如总统和总理）的居所和座驾也会悬挂国旗。

巴基斯坦国徽在1954年被采用，象征着巴基斯坦意识形态的基础、经济的基础、文化遗产和指引方针。国徽共有四个组成部分：顶端是绿色的五角星和新月图案，象征对伊斯兰教的信仰以及光明和进步，而且新月和绿色都是传统的伊斯兰图案；中间是盾徽，上面绘有棉花、小麦、茶、黄麻四种农作物，象征立国之本，表示农业是巴基斯坦的经济支柱；两边是花冠，它们环绕着盾徽，是运用传统莫卧儿的绘画技术画出来的，凸显了巴基斯坦的文化底蕴；底端是卷轴，位于花冠下方，其上用乌尔都语写着真纳的座右铭、巴基斯坦的国家格言：نظم، اتحاد، ایمان（拉丁化："Iman, Ittehad, Nazm"，即"信仰、团结、戒律"）。

巴基斯坦国歌或《祝福这神圣国土》（ترانہ قومی，拉丁化："Qaumi Tarana"），是巴基斯坦重要日子（如共和日和独立日）升国旗时伴奏的歌曲。由于巴基斯坦独立时还没有国歌，因此升国旗时奏的是《巴基斯坦万岁，自由到来了》。后来真纳邀请一位居住于拉合尔的印度裔作家贾加·那特·阿扎德为巴基斯坦编写国歌，其目的可能是为巴基斯坦创造现实的理想主义。阿扎德编写的歌曲迅速得到真纳的认可，并在巴基斯坦电台上播放。不过这首歌曲作为国歌的地位只保持了18个月。1948年，巴基斯坦政府组成了国歌委员会，但是委员会成员们难以找到适合作为巴基斯坦国歌的歌曲和歌词。由于伊朗沙阿穆罕默德·礼萨·巴列维即将在1950年对巴基斯坦进行国事访问，国歌委员会只好匆忙采用艾哈迈德·G. 查格拉编写的三节乐曲作为巴基斯坦国歌。最初在1950年10月8日演奏给巴基斯坦总理利亚格特·阿里·汗听时的版本并没有歌词，而这段没有歌词的国歌，在伊朗沙阿出访巴基斯坦时被批准演奏。但是直到1954年8月，这首国歌仍没有被正式采用。国歌委员会最终认可了由哈菲斯·尤隆杜里编写的国歌歌词，并在1954年8月13日于巴基斯坦电台上首播带歌词的国歌版本；官方的批准声明则由资讯与广播部于1954年8月16日发布。随后在1955年，电台又开始播放包括艾哈迈德·鲁什在内的11名巴基斯坦歌手合唱的国歌。

阿布尔·阿萨尔·哈菲斯·尤隆杜里　词

埃赫马德·G. 查格拉　曲

祝福你，祖国，你最美丽，你最神圣。巴基斯坦，你是坚强不屈的象征，你是信仰的干城。神圣祖国的命令，就是人民的力量。民族、国家、政权永沐荣光，实现我们的企望。新月和明星的旗，指引着前进的路。过去的历史、现在的光荣、未来的企望，象征真主的保护。

第二节　宗教与民俗

一　宗教

巴基斯坦96%的居民信奉伊斯兰教，奉伊斯兰教为国教。巴基斯坦伊斯兰共和国宪法规定，经训是国家立法的主要根据，任何法律应符合伊斯兰教义精神；国家总统必须是伊斯兰。

根据2010年官方统计数据，全国96.4%的人口是伊斯兰，其中逊尼派伊斯兰占85%～90%，以尊奉哈乃斐学派教法为主。逊尼派中有一部分信徒属于阿赫默底亚派；什叶派伊斯兰占10%～15%，以十二伊玛目派为多数，伊斯玛仪派信徒居少数。

巴基斯坦建国后，伊斯兰教在国家中的地位和作用不断加强；各届政府推行的伊斯兰化政策，助推了伊斯兰教的复兴，从而使巴基斯坦成为伊斯兰复兴的一个重要中心。

伊斯兰教是巴基斯坦民族凝聚力的重要来源。巴基斯坦是一个多民族国家。尽管这些民族有自己的语言文化、风俗习惯，但他们基本上都信仰伊斯兰教。共同的宗教信仰把他们紧密地联系在一起。巴基斯坦政府也反复强调“巴基斯坦伊斯兰民族”，以此来维护民族团结。

伊斯兰教在巴基斯坦对外关系中发挥着特殊作用。巴基斯坦是一个新兴的独立国家，由于地理位置、历史文化等因素的影响，巴基斯坦一度曾与伊斯兰世界保持一定距离。布托执政后，强调巴基斯坦与伊斯兰世界的同一性，大力发展与伊斯兰国家的外交关系和经济文化联系，从而使巴基斯坦成为伊斯兰世界的重要成员，并且促进了与伊斯兰世界的经济、社会和文化联系。

巴基斯坦伊斯兰的礼拜习俗特别浓厚。随着社会的发展，人们的生活和思想都发生了巨大变化，但伊斯兰仍保持着礼拜的习俗。按教规，伊斯兰每天要礼拜五次，分别为晨礼、晌礼、晡礼、昏礼和宵礼。此外，每星期五午后在清真寺举行一次聚礼，每年的开斋节和宰牲节要举行两次大的会礼。礼拜前，礼拜者必须沐浴净身。净身分大净和小净：大净指洗全身；小净指洗手、洗脸、洗肘、漱口、洗鼻孔、用湿手摸头和冲洗双脚。用水洗为水净，在缺水或患病的情况下，可不用水洗，以洁净的土、沙、石、砖等物代替。方法是用双手在代替物上拍拍，然后摸摸脸，再拍拍，摸双手至肘。礼拜一般要到清真寺，由伊玛目率领集体举行。如果到了礼拜时间附近没有清真寺，可就地单独礼拜。礼拜时，礼拜者要衣着整洁，头戴白布帽，面向麦加方向站立，两手举于头部两侧，诵“真主至大”，做端立、鞠躬、赞颂、叩首、跪坐等动作。礼拜结束后，礼拜者互道“撒拉姆”（意为和平、平安），然后一一离去。

除国教伊斯兰教外，巴基斯坦还存在印度教、基督教、拜火教和佛教，但这些宗教的教徒数量很少，仅占全国人口的3.6%。

二　节日

真纳诞辰纪念日　巴基斯坦独立后，每年的12月25日，即真纳的诞辰日，巴基斯坦全国放假，各地举行纪念活动并向卡拉奇的真纳墓敬献花圈。

国庆节和独立日　1947年，英国公布“蒙巴顿方案”，按居民的宗教信仰将英属印度分为巴基斯坦和印度两国，实行分治。同年8月14日，巴基斯坦宣布独立，成为英联邦自治领。1956年3月23日，巴基斯坦伊斯兰共和国成立。因此，3月23日被定为巴基斯坦国庆节，8月14日被定为独立日。在这两个节日里，巴基斯坦全国放假，并进行隆重的庆祝活动：在首都举行阅兵式，各地进行集会、演讲，向真纳墓敬献花圈，广播电台和电视台播放专题节目等。

圣纪节　回历太阳年3月12日是伊斯兰教创始人、先知穆罕默德的诞辰。巴基斯坦全国各地每年都要进行隆重的纪念活动。这一天，人们身着节日盛装，到清真寺做礼拜，念《古兰经》，唱赞美诗，颂扬先知穆罕默德的功德。各地通常要举行宗教集会，城市里还要举行盛大的游行。游行队伍抬着巨大的纸制清真寺模型。街上不时有人拿着长颈瓶向游行队伍洒香水。路边架起的大锅里煮着准备施舍的抓饭，还要分发甜食。此外，还进行赞扬先知穆罕默德功德的诗歌朗诵会。入夜，城市的大街小巷张灯结彩，家家户户灯火通明。马路上的中心岛也装饰得金光闪闪。为庆祝这一节日，巴基斯坦全国放假一天，电台和电视台还专门播放特别节目。

开斋节　回历太阳年9月是伊斯兰的斋月。斋月结束后，10月1日是开斋节。斋月的起止以新月的出现并结合伊斯兰教历确定。伊斯兰教历以月亮圆缺一次为一个月，大月30天，小月29天。以日落后为一天的开始，经过一个黑夜和一个白天，到日落为一整天。因此，伊斯兰教历8月29日的白天结束后，如见到新月，便进入斋月，8月即为小月；如见不到新月，8月便为大月，8月30日日落之后，自然进入斋月。9月29日日落后，如见到新月，9 月即为小月，斋月宣告结束；否则，9 月便为大月，至次日日落后，斋月自然结束，进入开斋节。在巴基斯坦，每年都由知名的伊斯兰教学者组成“中央新月观察委员会”，负责观察新月的出现。如该委员会未看到新月，而其他地方有人看到且有证人，也有效。据此，观察委员会可通过广播、电视向全国宣告斋月的起止日期和开斋节开始。据说，开斋节起初是为了纪念 1300 年前伊斯兰教创始人穆罕默德在该月夜间传授《古兰经》，在此期间，穆罕默德很少进食，后来该月就演变为斋月。斋月期间，伊斯兰在日出与日落这段时间内不吃不喝，不抽烟，并克制一切私欲邪念，以表示对真主的笃信和崇拜。入夜后，把斋结束，人们才能吃喝抽烟，探亲访友。斋月的最后一个星期五是一个重要日子。这天晚上，各家欢聚一堂，念《古兰经》，唱赞美诗，宴请宾客，迎接开斋节的到来。

开斋节是伊斯兰最隆重的节日。10 月 1 日清晨，伊斯兰沐浴、盛装，妇女还要戴上各种首饰，手上和脚上都画上棕色图案，去清真寺做礼拜。亲戚朋友见面时，拥抱三次，互致节日的祝贺。礼拜后还要到死去亲属的墓前为其祈祷，然后回家吃各种甜食和糕点。因此，开斋节又叫“甜尔德节”。下午，人们开始享用为节日准备的丰盛的食品，节日持续三天，人们通常赶集购物，探亲访友或外出游玩。长辈们还要给孩子或亲友的孩子钱、玩具作为节日礼物。

古尔邦节 回历太阳年 12 月 10 日是伊斯兰教的传统节日古尔邦节，其隆重程度仅次于开斋节。“古尔邦”在阿拉伯语中是“牺牲”之意，所以，古尔邦节又称“宰牲节”。根据古代的阿拉伯宗教传说，阿拉伯先知易卜拉欣梦见真主，启示他宰杀自己心爱的儿子伊斯玛仪，用于献祭，以考验他对真主的真诚。当易卜拉欣举刀欲将其爱子伊斯玛仪宰杀献祭时，真主派天使牵来一头绵羊，让易卜拉欣宰羊献祭代替献子。从此，在阿拉伯民族中就形成了宰牲献祭的习俗，以纪念易卜拉欣对真主的忠诚。伊斯兰教产生后，这一习俗又在伊斯兰中得到继承，成为一个重要的宗教节日。古尔邦节持续三日。节日期间，伊斯兰沐浴盛装，到清真寺做礼拜，但做礼拜的时间比开斋节时间短。根据教规，凡经济独立的伊斯兰都要根据自己的经济状况，在节日期间宰牲献祭。他们既可一人宰一头羊，也可由7人合伙宰杀一头牛或一峰骆驼献祭。献祭的东西应是自己最珍爱之物。因此，有些人给牛、羊和骆驼挂上铃铛，披红挂绿，或将其毛染成人们喜爱的颜色，以示珍爱之情。宰杀牲畜之后，1/3的肉留给自己吃，1/3用来馈赠亲朋好友，1/3用于施舍穷人。

巴基斯坦伊斯兰圣徒忌辰节（乌尔斯）　自8世纪以来，伊斯兰教在南亚次大陆不断发展。在传播伊斯兰教的过程中，以色列宗教学者和苏非派传教士起到了重大作用。特别是苏非派传教士，他们深入穷乡僻壤，孜孜不倦地为传播伊斯兰教义而工作。他们生活俭朴、信仰虔诚、学问高深，还努力学习当地人民的语言，注意用人民喜闻乐见的形式宣传教义，影响很大。有些苏非派传教士还是著名的学者和诗人。他们死后，仍然受到人们的崇敬，被视作圣人，他们的墓地被视作圣地，还修建有华丽的墓殿。平时，人们常去他们的陵墓念“法谛海”（《古兰经》首章），献牲，祈求他们的庇佑，每逢他们的逝世纪念日，其墓地所在地都要举办盛大的纪念活动，称“乌尔斯”。乌尔斯一般举行三天，信徒们从四面八方赶来参加，有的甚至赤脚步行数百公里赶来，以示虔诚。乌尔斯的纪念活动以“浴墓”开始。当地的政界要人、著名宗教学者等以数百至数千公斤的玫瑰香水冲洗象征性的大理石棺和墓室地面。此外，还有瞻仰圣墓、念“法谛海”、唱宗教歌曲、跳狂热的宗教舞蹈等活动。乌尔斯的组织者要向信徒们施舍牛奶、斋饭。整个活动的开支十分庞大，但信徒们的捐赠也很可观。巴基斯坦各地的伊斯兰教圣徒的陵墓极多，以乌尔斯活动为中心的圣墓朝拜活动已成为巴基斯坦许多伊斯兰宗教活动的一个重要组成部分。当然，也有一些人对此持反对态度。

阿术拉节　“阿术拉”是阿拉伯语、波斯语、乌尔都语共有的词语，本意为“第十”，特指回历1月10日。据说，这一天是阿丹、努海、易卜拉欣、穆萨等先知得救的日子。又说安拉在这一天创造了人、天园和火狱等，故称神圣日。但是，对于巴基斯坦什叶派伊斯兰来说，阿术拉节是专门用来哀悼伊斯兰教先知穆罕默德的外孙、被尊为什叶派领袖侯赛因的日子，故又称“哀悼节”。680年，侯赛因在卡尔巴拉战役中殉难。

阿术拉节虽然是巴基斯坦的第三大宗教节日，但其纪念形式及场面之壮观感人却超过了宰牲节和开斋节。悼念活动从回历1月1日（公历约8月中旬）或3日开始，到10日达到高潮。10日之前，所有伊斯兰妇女都穿黑袍。10日，男子们结队上街悼念。队列的前导是各种悼念标志和模型：作为什叶派战旗的黑绿两色旗帜，象征着什叶派尊崇的穆罕默德、侯赛因等五位圣人的图案及侯赛因的陵墓和战马的模型。队伍中还有人高声背诵19世纪著名乌尔都语诗人阿尼斯和达比尔为纪念侯赛因而作的哀悼诗。于是，喊叫声、诵诗声、哭泣声交织在一起，十分慷慨悲壮，就是外国人看了，也为之动容。至此，节日的哀悼活动达到高潮。由于侯赛因殉难于沙漠之中，受尽了干渴的折磨，许多什叶派伊斯兰在哀悼期间还在街头巷尾设摊，向行人舍水舍饭以还愿。

此外，巴基斯坦比较重要的节日还有：劳动节，5月1日；伊斯兰教新年，6月10～12日；保卫巴基斯坦日，9月6日；圣诞节，12月25日；节礼日，12月26日。

三 民俗

1. 服饰

相对而言，巴基斯坦的传统服饰比较保守，妇女从头到脚都裹得比较严实，所穿衣服通常有三件：一条长长的纱丽，先在头上裹，然后从肩头披过，垂至脚踝；一件裙摆长至膝盖以下、两边开口的长袖连衣裙；一条脚踝处收得很紧的裤子。

纱丽是南亚妇女服饰的代表，其质地有纯棉、纯毛、羊绒和混纺等，花色品种多种多样。季节不同，妇女所着纱丽厚薄不一，颜色一般比较厚重深沉。

另外，首饰在巴基斯坦妇女着装上起着非常重要的作用。巴基斯坦妇女几乎都佩戴得体的首饰。在长长纱丽的映衬下，这些首饰显得格外夺目。从某种程度上看，她们在服饰上的传统与在首饰上的时尚形成了鲜明的反差。与巴基斯坦妇女服装颜色厚重不同，她们的首饰一般都非常时尚。所佩戴的首饰一般都是成套的，有耳环、鼻饰、项链、戒指甚至脚环等。由于是成套设计的，因此无论是在款式还是在颜色上都是相互呼应的，而且与她们的服饰浑然一体。

2. 饮食

巴基斯坦的食物类似于印度，综合了印度北部和中东的口味，任何形式的肉或炒饭都添加大量的香料。肉类为牛羊肉、鸡肉、鱼肉等，禁食猪肉。宰杀牛羊时必须按照教法规定诵读“真主至大”，并以断喉法宰杀，而且动物的血和自死物均禁止食用。巴基斯坦人的主食为面食和大米，尤其喜欢粗面烙饼。巴基斯坦的大米品质优良，由此做成的抓饭是婚礼和待客的主要食物。巴基斯坦的菜肴大量使用桂皮、小茴香、安息茴香、八角茴香、胡椒、番红花、丁香、姜黄等多种香料，或使用各种咖喱粉，故有一种独特的浓烈香味。巴基斯坦人嗜食辛辣，各种菜肴均放入大量干辣椒。他们还喜食各种油煎、油炸食品，喜欢生食蔬菜。蔬菜煮熟时做成菜泥。蔬菜中各种豆类很受欢迎，消费量很大。巴基斯坦的甜食种类很多。在求婚、订婚、结婚时，男女双方都要分发和馈赠大量的甜食。男方登门求婚时，女方是否接受男方赠送的甜食是判断女方是否同意求婚的标志。一种以细面条加酥油、糖、干果做成的甜食是开斋节的专门食品。巴基斯坦人喜欢牛奶、酸奶、奶茶。有一种名叫克什米尔茶的奶茶很有特色，颜色呈玫瑰色，掺有研碎的阿月浑子和巴丹杏。由于天气炎热，巴基斯坦人喜欢喝凉水和冰水；吃饭时往往喝凉水。

3. 婚丧嫁娶

巴基斯坦通行族内婚姻和近亲婚姻，即堂兄妹、表兄妹之间通婚。随着社会发展，在大城市这种婚俗已经被打破，但是在农村地区，这种古老的习俗仍然存在。

巴基斯坦婚礼别具一格，城里人举行婚礼当天，新郎和新娘各居一室，新娘的房子只许女宾入内，新郎的房子则是清一色的男士；婚宴也是分开举行，不容混杂。新娘打扮得花枝招展，往往身披绣着金花的大红锦缎，一条坠有宝石的金链从头直垂到额前，鼻子左侧装饰有一块翡翠，满身珠光宝气，粉颈低垂，羞羞答答。

在巴基斯坦，许多人认为，未婚妻应该由自己的父母帮助找，因为未来的妻子要和自己的公婆和睦相处。因此，许多年轻人在结婚前还没有见过自己未来妻子的面。而且，由于巴基斯坦实行男女分校制，青年男女很难有较多的接触，所以只好让自己的父母代劳。这种由父母双方包办的婚姻，被称为“安排式婚姻”。当儿女到了结婚年龄，父母就要为子女物色对象，男方父母派人了解对方情况，如果对方同意，男方父母便向女方求婚，待女方同意后，双方商定订婚日期。订婚通常在女方家里举行，男方带着戒指、首饰和衣物前往。订婚仪式上，先由男方母亲给女方戴上戒指，然后由女方母亲给男方戴上戒指。订婚后，双方来往增多，每逢节日，彼此赠送礼物，但未婚夫妇不能见面。结婚一般在订婚后一年或一年半之后，婚前要举行各种烦琐的仪式，即芒恰仪式和迈哈迪仪式。芒恰仪式一般在婚前三四天举行，届时女方有姑娘的女友和亲戚中的妇女参加；男方的妇女和姑娘送来黄色衣服、甜食、手镯和一种叫作“乌勃登”的黄色香膏。由几名有夫之妇把香膏涂在新娘身上，据说可以使新娘的皮肤变得柔嫩。新娘涂膏后不能出门，也不能见太阳，直到结婚前一天才能洗掉。这种香膏是黄色的，容易弄脏衣服，所以姑娘的衣服、被褥都是黄色的。现在，城里人多数只是象征性地往头上和手心上涂点油。迈哈迪仪式于结婚前两天在男女双方家里举行。迈哈迪是一种植物，其叶汁呈棕黄色。这一仪式一般在傍晚举行，男方大队人马赶到女方家，领路的是几位年轻的妇女和姑娘，每人手托一盘，上面放着捣好的迈哈迪，并装饰有茉莉花或纸花，周围插上点好的蜡烛。来到新娘家后，先是在院子里载歌载舞。新娘出来后，新郎的母亲往她嘴里放一块名叫“勒杜”的球状甜食，并给一定的赏钱。而后新娘回到房间，用迈哈迪纹手。当晚或次日晚，再由女方家去男方家举行同样的仪式。举行仪式时，男女双方家里都要张灯结彩，欢歌劲舞，宴请宾客，直到深夜。

迈哈迪仪式结束的次日，在女方家举行正式的婚礼。这天早上，新郎穿上女方送给的结婚礼服，由长辈给戴上围有花环的金丝帽和花环，长辈和其他亲友还赠送喜钱表示祝贺。然后，带上衣物、首饰、化妆品等彩礼和许多甜食，坐上彩车或者骑马去新娘家迎亲。到新娘家后，男女宾客分两处，婚礼开始时，伊斯兰法官和证婚人就事先填好的婚约内容向新郎发问三次，新郎回答三次“同意”，并在一式四份的婚约上签字。然后，证婚人持婚约让新娘签字。接着是伊斯兰法官或家族中的长辈致辞祝贺。仪式完毕后，女方设宴大请宾客，宴后展示嫁妆，最后由新郎带着新娘，在《古兰经》的引导下，坐上彩车或花轿回家，出发时新娘家往彩车上撒硬币、纸币、鲜花瓣和金银色纸屑。当新娘上车时，她的母亲、姐姐和女友便一个一个走过来与她吻别，并依依不舍地痛哭一阵。娘家人哭是高兴，新娘哭是表示对娘家的眷恋。新娘来到婆家后，要由婆婆或其他长辈妇女揭开盖头，揭盖头时长辈必须给新娘礼钱。

在巴基斯坦的城市中，有专门的婚礼楼，专供青年男女结婚之用。在婚礼期间，晚上七八点钟时，新娘和新郎以及来宾便涌入婚礼楼。新娘身穿盛装，头上盖着透明纱巾与新郎并肩坐在礼堂的舞台上，下面是客人。来宾们一个个走上前去，或祝贺，或祈祷祝福。随后举行鸡尾酒会，场面热烈，一直持续到深夜。

婚后次日，男方大设宴席答谢亲朋好友。第二天新娘家人接新娘回去住数日。数日后，亲戚们轮流宴请新婚夫妇，馈赠礼物。这一活动要持续半个月至一个月。

巴基斯坦自古以来，盛行大办嫁妆的习俗。嫁妆的多少和质量的高低直接影响着家庭的声誉。姑娘一出生，父母就开始为女儿的嫁妆积蓄，一旦订婚，女方就开始置办嫁妆。为了使男方满意和女儿以后幸福，女方一般要花费 1 万甚至更多的卢比。嫁妆一应俱全，小到洗手壶，大到彩电、冰箱、小汽车等。举行婚礼时，女方要当众展示陪嫁物品，以显示自己的阔气和抬高女儿的身价。嫁妆越多，女儿在婆家的地位越高，反之，则会受到婆家的轻视甚至虐待。如果家里有多个女儿，家庭则会因置办嫁妆而负债累累。

由于巴基斯坦人把婚姻看得非常严肃、神圣，加之传统习俗和宗教的影响，在巴基斯坦，离婚非常少见，但也有例外。

巴基斯坦的丧葬仪式需要按照伊斯兰教规的要求进行。人在快断气的时候，死者家属在这时必须站在死者的周围，以防止魔鬼的出现，并祈祷以减轻死者临死时的痛苦。死者死后，家属将其脸朝向麦加方向。伊斯兰相信人的灵魂是永恒的，所以死者要有人轮流守护，防止妖魔拖走死者的灵魂。埋葬之前，由清真寺的阿訇为死者净身。把死者安放在铺有木板的坑里，用枣树叶熬煮的水冲洗。按宗教规定，先冲洗头部三次，再把尸体翻向右侧，从头到脚冲洗。而后涂上樟脑和香料，裹上撒有樟脑的白布放入棺材或放在尸架上，女尸头上还要另外罩上一块头巾。等到送葬的人到齐后，在阿訇的带领下，缓步走向墓地。在走向墓地的途中，阿訇反复大声朗读《古兰经》的开端和伊斯兰的证词。到达墓地后，阿訇带领送葬的人一起为死者祈祷，然后将全身裹满白布的尸体头北脚南面向麦加放入墓穴。同时，人们大声呼喊："我们都属于真主，我们要回到他的身边去！真主至上！"而后，掩土并向坟头洒水。送葬的人返回，但家属要留下守灵。葬后，亲属要哀悼 3 日，此后还有 40 日、6 个月和周年纪念日。所有亲属都要参加这些祭奠仪式。

在巴基斯坦，如果有人去世，亲戚、朋友以及同村的人都要来表示哀悼，参加死者的丧葬活动。死者家里 3 日以内不生烟火，食品全靠亲戚朋友送来。丧葬结束后，哀悼 3 天，死者家属要对亲戚朋友表示感谢。逢 40 日、60 日和一周年时，死者家属还要举行祭奠活动，设宴招待所有参加祭奠活动的人，同时要拿出部分饭菜送到清真寺，施舍给穷人、残疾人、乞丐、孤儿。在信德省，葬后到 40 天祭日期间，每周五都要设宴，有的由亲戚出面，轮流帮助操办。参加宴请的人有时多达千人。这种习俗已经给许多家庭带来沉重的经济负担。

4. 禁忌

巴基斯坦多数人信奉伊斯兰教，所以这里的风俗习惯多受伊斯兰教的影响。国内禁止饮酒，禁食猪肉。巴基斯坦天气炎热，但是男女伊斯兰通常都穿长衫长裤，在街头经常看到全身裹黑纱、头戴面纱、只露出一双眼睛的妇女。在巴基斯坦，对妇女有严格的限制，妇女不能同除了丈夫和家人以外的异性接触，在家里女性也不允许见客人；除非女子主动，否则男子不能主动与女子握手。男女在公众场合亲吻拥抱也是不允许的，这种行为会被罚款且入狱一周。

在巴基斯坦，人们喜欢用右手抓食食品，无论是小孩还是大人，都必须用右手，递东西给别人也必须用右手。这是因为在巴基斯坦如厕后都是用水冲洗，冲洗时用的是左手，所以左手被认为是不干净的，如果用左手递东西给别人，会被视为对人极大的不尊敬。

在与巴基斯坦人交往时，不能用手拍对方的肩背以示亲密，因为这是警察拘捕犯人时常用的动作。用流利的英语与他们交谈会被视作接受过良好的教育而受到尊重，交流起来更容易。

巴基斯坦人不喜欢的数字是 13 和 420，认为这两个数字会带来厄运和灾难。黄色和黑色是他们不喜欢的颜色，他们喜欢的颜色是绿色、白色等，尤其是翡翠绿，巴基斯坦国旗的颜色就有翡翠绿、白色。

入境巴基斯坦时禁止携带酒及酒精制品以及女性的裸照及色情杂志。禁止携出佛像等重要的文化财产。携带本国货币出境和入境时有限额，出境限 20 卢比，入境限 80 卢比。

第三节　特色资源

一　著名城市

伊斯兰堡　伊斯兰堡是巴基斯坦的首都和政治、文化中心，位于旁遮普省北部的波特瓦尔高原，面积 65 万平方公里，人口约 200 万人。伊斯兰堡的建设体现了巴基斯坦的民族特色。布局以方格形干道为骨干，建筑新颖且具有伊斯兰传统风格。市内各区功能分明。城东为行政、使馆区，傍山临湖，有国民议会大厦、总统府、各部机关大楼以及各国使馆。围绕拉瓦尔湖的是植物园、水族馆、茉莉花花园和玫瑰园，以及政府宾馆和伊斯兰堡俱乐部。主要的政府机构组成一大片白色建筑群，典雅庄重。城西为大片住宅区，街区东西排列有序，服务设施完备，每个街区均有清真寺、商店、学校、旅馆、银行及公园等。

伊斯兰堡全市公园星罗棋布，到处绿树成荫；有草坪、喷泉和鲜花盛开的花坛，一年四季都郁郁葱葱。城市南边的夏克帕里安山上的玫瑰和茉莉花园，也是伊斯兰堡的一景。山顶上还专门辟有一块来访园地，供外国首脑植树留念。

伊斯兰堡依山傍水，风光旖旎。除马尔格拉山（Margalla Hills）森林区外，城市绿化也成绩斐然。全城已植树1100多万株，绿化面积达3036.6公顷。一年四季马路两旁绿树流翠，整个城市掩映在绿树丛中，是一座名副其实的花园城市。

伊斯兰堡虽仍处于建设之中，但已经以宁静、幽雅、秀丽的风格屹立于世界首都之林。

拉合尔 拉合尔市区树木苍郁，繁花似锦，蝶舞蜂飞，绚丽如画。作为历史名城，城内宫殿、寺院以及哥特式、维多利亚式建筑众多。拉合尔古堡和沙利玛尔花园被誉为巴基斯坦历史上沙·贾汗皇帝时期莫卧儿王朝灿烂文明的杰出代表，1981年被联合国教科文组织列入世界文化与遗产保护名录。

拉合尔是一座拥有两千年历史的古老城市。始建于1世纪末2世纪初。据印度教传说，拉合尔城最先由罗摩的儿子建立。中国高僧玄奘曾于630年来此访问。玄奘在其著作中详细介绍了他在这座城市访问期间的见闻，成为历史上有关这座城市的最早记载。1152～1186年，为伽色尼王朝都城。1525～1707年，作为莫卧儿帝国的都城。拉合尔堪称莫卧儿强盛国力的完美体现。17世纪时，拉合尔空前发展，至今还保留有大量莫卧儿时代的建筑和伊斯兰文化艺术。建于1617年的王公城堡、1634年建成的全国最大的巴德沙希清真寺等古建筑至今仍屹立于城中，成为拉合尔的象征。建于1637年的沙利玛尔花园位于城东8公里处，建于1628年的沙达拉陵园位于城西北3公里处。这些都是巴基斯坦著名的旅游胜地。拉合尔中央博物馆是巴基斯坦最古老的博物馆。它初建于1864年，馆内藏有许多艺术织品。有著名的雕塑“禁食佛像”、8～19世纪的伊斯兰艺术珍品等。拉合尔的著名景点有拉合尔古堡、沙利玛尔花园、拉合尔中央博物馆、阿尔琼·辛赫师尊神殿、兰吉特·辛格墓、伊克巴尔陵墓以及独立纪念塔等。阿尔琼·辛赫师尊神殿是巴基斯坦锡克王朝统治者玛哈拉贾·兰吉特·辛格为纪念锡克教第五代师尊阿尔琼·辛赫而修建的，神殿的圆形鎏金拱顶拔地而起，光彩夺目。据传，阿尔琼·辛赫师尊因编撰锡克教“圣典”受到人们的推崇。后来，他由于和贾汗吉之子赫乌斯罗夫合谋造反而遭监禁。据他的信徒们说，他于1606年在拉维河上神秘遁去。现在，许多束发、手戴铁镯的锡克教徒和观光者常常来此凭吊。位于拉合尔城区东北部的拉合尔古堡和沙利玛尔花园，由一座宫殿城堡、大理石清真寺以及占地20公顷的精美花园组成。

拉瓦尔品第 巴基斯坦东北部城市，位于波特瓦尔高原，西南距伊斯兰堡14公里，人口140万人，1959~1969年曾为临时首都。拉瓦尔品第是巴基斯坦重要的工商业城市，也是重要的交通枢纽，是通往克什米尔通道的起点。与首都伊斯兰堡连为一体，形成伊斯兰堡-拉瓦尔品第大都市区。拉瓦尔品第所在的索安河流域，是巴基斯坦古代文化的摇篮，这里曾发现若干万年前人类使用的工具，考古学家称这里的文化为索安文化。著名的佛教圣地塔克西拉位于拉瓦尔品第西郊，其庙宇、佛塔等佛门古迹至今保存完好，其艺术风格别具一格。7世纪时，中国三藏法师玄奘到过此地。玄奘住过的古堡已成为游客旅游观光的胜地。

卡拉奇 巴基斯坦最大的城市和港口，全国的金融和保险业中心，信德省的首府。卡拉奇市位于印度河三角洲西北部，距离河口约90公里，南濒阿拉伯海，总面积1448平方公里，市区面积591平方公里。19世纪中叶，人口仅1.4万人，1941年增至44万人，到2013年已达2000万人，是世界超大城市之一。

白沙瓦 白沙瓦在印地语中意为“万花之城”，最初来源于梵文，意思为“边境城镇”。全城多花、多果、多树木，地势险要，是中亚、西南亚与南亚次大陆之间的交通要冲。印度莫卧儿帝国统治者阿克巴改称现名。白沙瓦曾为古代犍陀罗王国都城，是犍陀罗文化发祥地。相传中国古代高僧法显和玄奘都曾游历此地，并在此研究佛经。玄奘在《大唐西域记》中这样描述白沙瓦：“谷稼盛，花果繁茂，多甘蔗，出石蜜，气序温暑，略无霜雪。”因扼开伯尔山口，白沙瓦一直是次大陆通往中亚的陆上交通要冲、商队贸易中心和兵家必争之地。城市几经兴衰变迁。公元前2世纪被希腊和中亚的巴克特里亚（又称大夏）人占领。2世纪，贵霜帝国将首都设于此。5世纪时，佛教势力大增。988年，伊斯兰占领该城。16

世纪，阿富汗人侵入该城。1834 年，锡克教徒又在该城建立统治权。1849～1947 年，白沙瓦成为英国殖民地，英国殖民者在此驻有重兵。1867 年，白沙瓦建市。城市布局与建筑带有浓厚的普什图文化的特征。居民多为帕坦人，操普什图语。

城内著名的建筑物很多，有锡克城堡、卡特里佛庙、马哈巴特·汗清真寺（建于 1632 年）、白沙瓦博物馆。城东有建于公元前 2 世纪的次大陆最大的佛塔，但现在仅见其遗址，位于沙阿吉德里土岗。

二 名胜古迹

巴基斯坦有丰富的旅游资源，北部冰雪覆盖的高山、南部的阳光海滩、古老的文化遗址每年都吸引大批国内外旅客。喀喇昆仑山、兴都库什山和喜马拉雅山成为冰川爱好者的理想乐园。这些地区由于有中巴公路相通，从而为世界旅游者提供了极为方便的条件。巴基斯坦有许多风景优美的旅游河谷，如卡干、斯瓦特、吉尔吉特、浑扎、奇特拉尔，在这些河谷有许多野生动植物。

费萨尔大清真寺 雄伟、壮丽的费萨尔大清真寺屹立于马尔格拉山麓、伊斯兰堡的北面。它建于 1976～1987 年，占地 18.9 万多平方米，祈祷厅的拱形圆顶高达 40 米，可容纳 1 万人同时礼拜；清真寺的塔尖高 88 米。费萨尔大清真寺是巴基斯坦也是世界上最大的清真寺之一，堪称当代宗教建筑之杰作。由于它是已故沙特阿拉伯国王费萨尔资助兴建的，故命名为费萨尔大清真寺。大清真寺为金字塔形，采用最先进的技术和建筑材料。宣礼塔内装有电梯，可将游人送至 58 米高处。灯光及立体声音响设备都是经过精心设计的，富有特色。一排排高级电风扇和空调使清真寺更显现代化。大殿高 40 余米，面积 4800 多平方米，铺着图案古朴的地毯，可容纳万人同时礼拜。大殿南北两壁均设有放置《古兰经》的书架和阅读座位，供信徒们诵经。大殿北侧有一个宣礼台。殿外四角耸立着 4 座 87 米高的宣礼塔，其上部 4 米及塔尖均镀以黄金，在阳光照射下，光彩夺目。礼拜大殿、清真寺正面和左右两翼的回廊、庭院以及周围的空地，可容纳 10 万人礼拜。大清真寺四周的广场，还可容纳 20 万人礼拜。费萨尔大清真寺成为伊斯兰堡的象征。

拉合尔古堡 拉合尔古堡建于11世纪迦兹纳维王朝时期到17世纪莫卧儿王朝时期，之后又进行了大规模扩建。早期建筑的特点是红砂岩的运用，而后期建筑中，号称南亚第一建筑师的沙·贾汗皇帝用大理石代替红砂岩，并加上了繁缛的装饰。

雄伟的宫殿有高大的城门和厚实的城墙护卫，古老的清真寺四壁装饰有彩色大理石镶嵌的阿拉伯和波斯图案，形成一组完美的建筑群，是巴基斯坦唯一一座完整地反映迦兹纳维王朝到莫卧儿王朝期间建筑史的建筑物。城堡呈长方形，东西长450米，南北宽350米，四周有厚厚的城墙，城墙用烧制的小块砖砌成，上面建有碉堡和射击孔。古堡内有21座建筑物，其中镜宫是保存较为完好的一座宏伟壮丽的著名建筑，它是莫卧儿王朝王后的居住地，由迎宾厅、会议厅、娱乐宫、夜宵室、寝室、人工湖、喷水池、歌池、象房等组合而成。镜宫装饰极为华丽，可称得上是当时的登峰造极之作。硕大的拱形屋顶上镶满了宝石和玻璃珠，白天的阳光、夜晚的烛光照射到屋顶，反射出五彩缤纷的光芒，奇妙无比，宛若神话世界。城堡内的画廊是稀有的文物。画廊的石柱上装饰有用千万颗绚丽的彩石镶嵌而成的图画，图画中的人物既有王公贵族，也有普通百姓，内容主要是歌舞、狩猎、斗骆驼、打马球等宫廷娱乐生活。图中人物无不刻画得惟妙惟肖，呼之欲出，场面生动、人物逼真、技艺精湛，表现了古代巴基斯坦高超人的艺术水平。

沙利玛尔花园 沙利玛尔花园意为“欢乐宫”，建于1642年，是莫卧儿王朝的御花园，堪称莫卧儿王朝强盛国力的完美体现。花园修筑在3个带有阶梯的平台上，占地20公顷，四周有高墙环绕，园内有高低错落的三个平台，顶层平台比中层平台高4.58米，中层平台比底层平台高1.5米，平台间有阶梯相连，每层平台都有一个大的水池和纵横交错的水渠。水从附近的拉迦普尔河引来，水池内装有各式喷泉，共400多个，中层平台还有一个大瀑布。此外，每层都有一些用大理石和红砂岩修筑的亭台和避暑住所。工匠们将大自然中不同风貌的植物移植园内，在顶层只种花卉和灌木，其余两层则是各种名贵树木和果树。自然界不同风格的景观的巧妙汇集，形成了建筑典雅、环境迷人的王室娱乐场所和行宫御园。整个花园华丽典雅，林荫曲径通幽，瀑布喷泉交错，湖区波光粼粼，绿草红花遍布，景色美丽动人。尤其是园内湖泊分三级依次下降，站在高处俯瞰，似江河倾泻；站在低处仰望，湖面金光点点，充满神奇色彩。沙利玛尔花园是世上罕见的伊斯兰庭园之一，也是世界上罕见的花园之一。

拉合尔博物馆 拉合尔博物馆是巴基斯坦最大、收藏最丰富的博物馆，位于拉合尔市内旁遮普大学对面。1887 年，为纪念维多利亚女王登基 50 周年，博物馆从托灵顿市场迁移至此。馆内有美术馆、绘画馆和珍宝馆，共计 17 个，收藏了从史前石器时代到摩亨佐·达罗和犍陀罗时期的出土文物，有精美的袖珍画，各个历史时期的铸币，印度教、耆那教和佛教的珍贵文物。其中有 4000 年前的陶制牛车、千尊佛像、最早的《古兰经》、莫卧儿皇帝用过的地毯，还有象征中巴古代交往的用整个象牙雕成的千佛像和刻有汉字的瓷瓶以及其他石雕、佛像等。

博物馆内藏有犍陀罗时期的一尊苦行僧雕像，苦行僧坐在雕有僧人礼佛图案的石座上，盘膝合十，闭目入定，额头上条条筋络和胸脯上根根肋骨清晰可见。雕像造型准确、形象生动，堪称杰作，艺术和历史价值颇高。博物馆大门外马路的中心岛上，存放着一尊被称为“狮吼”的青铜古炮。炮身上刻有“谁占有此地，谁就占有旁遮普”，以及历代占有者的姓名。1818 年，锡克王朝统治者兰吉特·辛格（Ranjit Singh）在木尔坦使用这尊大炮进行战斗。

塔克西拉古城遗址 塔克西拉古城遗址位于拉瓦尔品第西北 35 公里处，是南亚次大陆西北部著名的古代城市，1980 年作为文化遗产列入《世界遗产名录》。

塔克西拉是南亚次大陆最早有人居住的地区之一，位于连接中亚和西亚“丝绸之路”上，其历史可上溯到史前时期。自公元前 10 世纪中叶起，塔克西拉即为犍陀罗地区的重镇。公元前 6 世纪时为十六大国之一的犍陀罗国的都城，公元前 4 世纪末已成为南亚次大陆西北地区最大的城市。孔雀王朝时期接受佛教，并定佛教为国教，塔克西拉因而成为信徒云集、香火鼎盛的佛教圣地，进而发展为宗教、哲学、艺术的研究和传播中心。之后，塔克西拉历经大夏人、塞种人和安息人的统治，至1～2世纪贵霜帝国时期达到极盛，3世纪后逐渐衰落，8世纪后荒废。中国高僧法显在其《佛国记》中提到有关塔克西拉名字来源的传说："竺刹罗，汉言戴头也，佛为菩萨时于此处以头施人，故以为名。"

塔克西拉古城遗址出土了大量遗物，现保存在当地的考古博物馆中。其中以反映希腊风格和佛教艺术的遗物最多。锡尔开普（Sirkap）遗址出土了33件石刻梳妆盘，盘内刻有男女嬉戏、酒宴、希腊诸神以及海马、葡萄藤等浮雕图案，具有浓厚的希腊风格。这里还出土有希腊神像的浮雕、陶塑等。从佛教的遗物中也可以发现印度和希腊风格的融合。例如，达摩拉吉卡佛塔的石刻沟上刻有印度仙女的形象，却以希腊涡卷花草纹为装饰。贵霜时期的锡尔苏克（Sirsukh）遗址出土了融合印度和希腊风格的雕像、菩萨像以及佛传浮雕作品，极具典型性。

塔克西拉古城遗址是佛教和犍陀罗艺术的主要中心，它融合了本地及外来文化的艺术风格，在南亚、中亚文化史上占据着重要的地位。

真纳墓　巴基斯坦国父穆罕默德·阿里·真纳的陵墓坐落于卡拉奇市中心。陵墓建于1970年，四周是白色的围墙，伊斯兰风格的方形白色大理石的陵墓主体巍然屹立于棕榈树丛和各色鲜花之中。大理石砌成的台基呈四方形。陵墓顶部巨大的白色圆顶高高耸立。墓地右侧高大的椰子树下是清澈照人的水道。陵墓环境清新、幽静，给人以庄严、圣洁之感。墓室中间是由两层银色栏杆围绕的长方形白色大理石棺椁。棺椁上面镌刻着英文和乌尔都文墓志铭以及精致的花纹图案，四名持枪士兵守护四周。墓室内天蓝色的圆顶，如苍穹笼罩；一盏周恩来总理生前赠送的巨大鎏金花枝形吊灯，从寝陵内的穹顶高高垂下，映得满室生辉。入夜时，强烈的聚光灯照射下的真纳陵墓，宛如一座洁白无瑕的水晶宫。

其他旅游胜地和要塞　位于卡拉奇东北322公里、印度河以东1.6公里的摩亨佐·达罗古城是一座宏伟的印度城市，1980年作为文化遗产列入《世界遗产名录》。

在距离卡拉奇东南 90 公里的印度河畔，坐落着巴基斯坦古城塔塔（Thatta）。其古城遗址和墓地等历史性建筑是古代信德文明的见证。1981 年，联合国教科文组织将塔塔城作为文化遗产列入《世界遗产名录》。

开伯尔－普赫图赫瓦省有着得天独厚的自然条件和人文景观，所以旅游业特别发达。尤其是在夏季，卡干河谷、斯瓦特和奇特拉尔等地每年都会吸引大量旅游者。在许多地方，还保留有佛教艺术遗址。距离白沙瓦 80 公里的塔克特依巴依寺庙（Buddhist Temple of Takht-I-Bahi）仍然伫立在 153 米高的山丘上。

塔克特依巴依寺庙和萨尔·伊·巴赫洛古城位于开伯尔－普赫图赫瓦省的塔克特依巴依市以东。它们都建于 1 世纪，其中塔克特依巴依寺庙至今完好无损，1980 年作为文化遗产列入《世界遗产名录》。

开伯尔山口是连接巴基斯坦与阿富汗的军事要塞，始于白沙瓦以西 18 公里处，顺山势蜿蜒至距白沙瓦 57 公里处的托克汉姆。山口位于喀布尔河一条支流的谷地上，海拔 1100 米，全长 30 公里。山口两山夹峙，蜿蜒曲折，地势起伏，宽窄不一，最宽处可达 500 米，但最窄处仅有 16 米。地形如此险要，真可谓“一夫当关，万夫莫开”，所以自古以来就是兵家必争之地。历史上，入侵印度次大陆的波斯人、希腊人、鞑靼人、莫卧儿人和阿富汗人的军队都曾经过这个山口，它是南亚与中亚、西亚以及地中海地区国际交往的要道。如今，开伯尔山口不仅是巴基斯坦与阿富汗之间的通道，而且是整个南亚与中亚之间的交通要道与捷径，素有巴基斯坦“西北门户”之称。

三 自然资源

（一）矿物

巴基斯坦矿产资源较丰富。目前已发现的矿产资源有铬铁、煤、石油、天然气、铁、铜、铀、盐、石膏、硫黄、锑、重晶石、天青石、皂石、瓷土、白云石、长石、耐火土、萤石、漂白土、宝石、金矿、磷铁、锰、大理石、硅等。

根据巴基斯坦官方的统计数字，巴基斯坦已探明的原油储量为1.97亿桶，主要分布在伊斯兰堡西南面坎贝尔普尔县的图特油田和南面德拉加齐汗的多达克油田。其他较大的油田有豪威尔、杜利安、约亚迈伊尔、巴尔克萨尔、米亚尔、阿边、喀斯克里、拉加利、费因克萨和帕塞基等。

巴基斯坦官方公布的数字显示，巴基斯坦天然气储量相当丰富，达22.58万亿立方英尺（约合6398亿立方米），主要分布在苏伊和乌奇地区。位于俾路支省的苏伊气田储量特别大，占巴基斯坦天然气总储量的77%。其他比较大的气田有马里、巴丁、达赫里、皮科赫、洛提、多达克、托特、科塔尔、罗德霍、南德普尔、潘吉皮尔等。近年来巴基斯坦在阿拉伯海沿岸发现海上油气田。

煤矿储量丰富。在信德的塔尔沙漠发现的煤矿储量，估计超过1000亿吨。另外，在旁遮普省的盐岭和俾路支省的拉斯比拉－胡兹达尔等地也发现了煤层。

铬铁矿（Chromite）主要分布在俾路支省和开伯尔－普赫图赫瓦省。

（1）俾路支省的铬矿

俾路支省的铬铁矿主要分布在两个地区。一是伊斯兰巴赫（Musilim Bagh）矿区，其自1903年以来就一直是巴基斯坦最重要的铬矿藏区之一。此外，还有几处较小的矿藏区，分别是兹霍布（Zhob）河谷、BUNAP、RAYO山谷和WAD地区。二是查盖地区，重要的开采地有奎达的欣杜巴格，这里有世界上最大的铬铁矿；另外还有白沙瓦附近的马拉坎德、查盖的卡兰等矿点。

（2）开伯尔－普赫图赫瓦省的铬矿

开伯尔－普赫图赫瓦省政府联合矿业部门和有关公司对马拉坎地区和科希斯坦（Kohistan）地区进行了勘探，估计储量70万吨中的30万吨已经得到证实，含铬量在30%～40%；在此已初步建起一个选矿厂，经简单筛选，可得到含铬量48%的铬矿石。

目前，铬铁矿（Chromite）是巴基斯坦出口创汇的主要矿产品，但对储量的勘探还远未进行充分，对俾路支省和开伯尔－普赫图赫瓦省的铬矿储量应进行更多的勘探，以使巴基斯坦成为铬铁矿或铬铁合金地区出口大国。

铁矿储量约为 4.3 亿吨，主要分布在俾路支省的查盖山区、旁遮普省印度河西岸的苏莱曼山区和开伯尔－普赫图赫瓦省的南部和东部等 20 多个矿点。巴基斯坦西部地区的铁矿储量小但含铁量高，中部和北部地区的铁矿储量大，但含铁量较低（在 30% 左右）。

锰矿主要分布在哈扎拉、拉斯比拉、白沙瓦、奎达等地，具体储量还未探测清楚。

铝土矿储量大约为 7400 万吨，主要分布地区是盐岭山脉的萨戈达县，盐岭西部的穆萨凯尔，克什米尔的穆扎拉巴德、米尔普尔和伊斯兰堡南部的科特里等。

铜矿分布广泛，但主要集中在西部边境和北部山区。主要开采地有开伯尔－普赫图赫瓦省的奇特拉尔、迪尔，北瓦济里斯坦，克什米尔的吉尔吉特，俾路支省的奎达、比辛、若布和旁遮普省的萨戈达。俾路支省查盖县萨因达克铜矿最有名，估计储量为 4.12 亿吨。此外，该矿区还有金矿、银矿，价值约为 93 亿美元。

锑矿储量约为 2.7 万吨，主要分布在开伯尔－普赫图赫瓦省的奇特拉尔、白沙瓦和俾路支省的奎达。

磷镁矿储量为 13 万吨，主要分布在俾路支省的若布县。白云石储量丰富，主要集中在旁遮普省的萨戈达。石灰石储量也相当丰富，主要分布在信德省、开伯尔－普赫图赫瓦省、盐岭和哈扎拉等地。重晶石储量为 750 万吨，皂土为 10 万吨，天青石为 32 万吨，瓷土为 49 万吨，耐火土超过 1 亿吨，萤石为 10 万吨，石膏为 3.5 亿吨，岩盐在 1 亿吨以上，皂石为 100 万吨。最近又在杜达尔发现锌矿，储量为 60 万吨，价值约 2 亿美元。苏尔玛依的锌矿储量更大，约为 200 万吨。

总之，自 1947 年独立以来，巴基斯坦政府就十分重视对矿物资源的勘探和采掘。1947 年仅开采 5 个矿种，价值仅 4.6 亿卢比。到 1986 年已开采 35 个矿种，其中仅煤、铜、铁、铝、银、锌、锰、大理石、瓷土以及磷等的价值就达 7585.3 亿卢比。

（二）植物

巴基斯坦林业资源比较贫乏。据统计，巴基斯坦森林面积为 313 万公顷，森林覆盖率仅为 3.9%，远远低于印度（19.5%）和世界上其他国家。究其原因，主要是气候干燥，降雨量少和北部高山区常年为冰雪所覆盖。巴基斯坦政府计划增加森林覆盖面积，将森林覆盖率提高到 20%，这是一个雄心勃勃的计划，需要长期努力。为此，政府发起全社会植树运动。

从巴基斯坦现有植被来看，平原区主要是坚硬、韧性强的木本科植物和耐旱、低矮的灌木丛；北部和西部山区植被因海拔高度和坡面不同而变化。在海拔 915 米以下的山脚，生长有法国梧桐、野生橄榄等；在海拔 915～1525 米的山脚，雪松和其他针叶树居多。在海拔 1525～1836 米的山坡，生长有三针长叶松；而在海拔 1836～2745 米的山坡，主要生长有五针叶松。在海拔 2745 米以上的地区，生长有栎树、七叶松、云杉、冷杉、紫杉、白桦树、桧属植物。在斯瓦特谷地和卡加河谷地区，生长有各种高山开花植物。位于吉尔吉特地区的德奥塞平原，海拔 3965 米，面积 6475 平方公里，周围有高山阻隔，在更新世纪，这里为冰川所覆盖，没有植物，现在生长的植物是从其他地区移植来的。每年 11 月到翌年 7 月，德奥塞高原为冰雪所覆盖，植物只能在 8～10 月这三个月里生长、开花、结果。

巴基斯坦水果丰富，品种多，质量高，主要有杧果、葡萄、梨、苹果、香蕉、石榴、桃、李、香木瓜、枣和各种柑橘。俾路支省西北部雨水多，阳光充足，出产的苹果、梨、葡萄、杏、桃、樱桃等肉厚汁多、味甜，特别有名；旁遮普的拉合尔、古加拉南瓦拉、萨希瓦尔、萨戈达等地盛产各种柑橘。

（三）动物

山区占巴基斯坦国土面积的 3/5，动物种类多，而且北部高山区有珍稀动物。常见的有山羊、绵羊、羚羊、黄羊、野驴、野猪、猴、豹、熊、鬣狗、狐狸、豺、狼、蛇等。鸟类品种繁多，计有 100 多种，主要有鹰、兀鹰、孔雀、鹦鹉、苍鹭等。平原地区和沿海水产资源丰富，尤其是卡拉奇附近的海域是世界最好的渔场之一，盛产龙虾、小虾（又称白虾）、墨鱼、鳎、鲳、石斑鱼、弓鳍鱼、笛鲷、蟹、鲇鱼、银色石鲈等，其中小虾深受巴基斯坦人喜爱。小虾、墨鱼和鳎大量出口，在国际市场上有一定影响。

第二章

历　史

第一节　古代简史

一　史前文化

巴基斯坦建国时间虽短，却有着悠久的历史文化。

巴基斯坦是人类文明发祥地之一，世界著名的印度河文明产生以前这里就存在早期人类文化。

巴基斯坦石器时代的文化遗址主要集中在波特瓦尔和俾路支两个地区。根据考古发掘，在拉瓦尔品第以南波特瓦尔地区的索安河河谷，有许多石器时代遗址，距今已有 50 多万年。遗址中发现有砍削器、砍劈器和刮削器三类工具，在有些地方还发现有打磨得相当光滑的手斧和砍刀。这类工具为索安河河谷所特有，所以考古学家便把同它们相联系的文化命名为索安河文化。这是巴基斯坦史前时期文化。索安河文化的主人是加卡尔人（Gakkars，亦称科卡尔人）。

公元前 3000 年，在今俾路支省的河谷和山麓丘陵，小型的村落文化已发展起来并开始进入人类文明时代。从遗址中发现的动物化石和大麦等其他作物来看，生活在这里的人们开始定居，饲养牲畜和种植农作物，兼务农牧。据考古发掘，这些史前人类遗址堆积层很厚，每一土层代表一个时期的文化。经过分类，考古学家把它们称为红陶文化和黄陶文化。前者是人们所熟悉的北俾路支佐布文化（Zhob Culture），后者包括信德和南俾路支的奎达文化、阿米里·纳尔文化和库利文化（Kulli Culture）。一些阿米里·纳尔村落或小城有石头砌成的围墙和堡垒，作为防御之用；居民的房屋用石头作为基石。阿米里·纳尔和其他部分遗址有印度河流域文化特色，这是黄陶文化的一大特征。另外，阿米里·纳尔的皂石图画、铜制器皿和某些陶罐彩画表明黄陶文化与印度河流域文明有部分联系。

信德省的科特·迪季史前文化遗址的发掘把印度河流域文明的起源时间向前推了300～500年，即最迟在公元前2800～前2500年。在这里发现了哈拉巴文化遗址。

二　哈拉巴文化

20世纪20年代以来，考古学家在印度河流域先后发现了许多城市和村落遗址。其中位于信德省拉尔卡纳县的摩亨佐·达罗和位于旁遮普省蒙哥马利县的哈拉巴是最大的两个遗址。所以，人们又把印度河流域的古代文明称为哈拉巴文化。哈拉巴文化中心地区年代为公元前2500～前1750年，其边缘区存在的时间更晚，为公元前1000年。

哈拉巴和摩亨佐·达罗两个中心城市的周长都在4830米以上，由卫城和下城两个部分组成。两座城市的卫城面积大小相近，南北长365.5～457米，东西宽183～213米。哈拉巴卫城高达15.2米，基底为厚12.2米的砖墙，城北有谷仓、作坊和劳动者的宿舍（可容纳100人）。摩亨佐·达罗的卫城更加壮观，四周有塔楼，卫城中心有一个长方形的大浴池，长11.9米，宽7米，深2.4米，据推测是举行宗教仪式的场所。浴池东北面有一组建筑群，其中一座长70米，宽24米，可能是最高统治者的居所。浴池西面有一座装满谷物的大仓库。卫城南部是以会议厅为中心的建筑群。卫城可能是城市的行政、宗教中心和防御据点。下城为居民区，市区布局整齐，街道基本上是南北走向和东西走向，最宽的街道宽达10米，同时周围也有小巷。街道两边的房屋由烧砖砌成；房屋的大小、高低和设备有显著差异，其中有包括很多房间的楼房，也有十分简陋的房屋和茅舍，这表明当时的阶级分化和对立已经产生。城中有用砖砌的下水道。哈拉巴和摩亨佐·达罗分别位于印度河上游和下游，两城相距644公里，应是两个互不相属的国家的都城。

与史前文化相比，哈拉巴文化时期城市国家的生产力已有很大发展，已进入青铜器时代。在中心城市遗址发掘出大量铜制或青铜工具和武器，如刀、斧、镰、锯、矛、剑、箭镞等。另外也有少量石制工具。牧业虽在经济生活中仍占重要地位，但农业生产已占较大比重。农作物有大麦、小麦、胡麻、甜瓜、椰枣、蔬菜和棉花等。饲养的牲畜有水牛、猪、骆驼等。这时手工业已发展起来，金属加工、制陶和纺织都达到相当高的水平。制陶业中使用陶轮，陶器饰有几何图案和动植物花纹。在摩亨佐·达罗发现了棉织物和许多用象牙、石材雕刻的图章。这说明当时雕刻艺术已得到发展。在哈拉巴文化遗址中，有许多石制的砝码、车、船等，而且还有外地输入印度的产品，同时，在西亚两河流域和叙利亚也发现了具有印度河文明特点的印章等。这表明当时商业已产生，而且与西亚有贸易联系。

作为文明时代标志的文字也已出现。哈拉巴文化时期的文字绝大多数刻在石、陶、象牙等制成的印章上。迄今所知的文字符号有396个。印章上文字与图画（神、野兽）并存。这种文字尚未被解读。

哈拉巴文化走向衰落的时间大约在公元前1750年。从印度河流域许多城市遭到破坏的情况看，有战火的痕迹，房屋和街巷留有许多可能遭杀戮的男女老幼的骸骨，所以说，印度河文明衰落可能是外族入侵所造成的。

三 吠陀时代雅利安人的社会与文化

雅利安人是印欧语系印度-伊朗语族的一支，最先居住在中亚和高加索一带。公元前2000年左右，雅利安人的一支南下，在几个世纪内陆续侵入印度河的五河流域，开始成为该地区的主要居民。

关于雅利安人的生活，考古发掘材料较少，但文献传说中有生动的描述。《吠陀》是其中最早的文献。“吠陀”一名来自吠陀语“吠德”，意为“知识”“学问”。《吠陀》是雅利安人祭司祭神时用的颂歌、经文和咒语的汇编，也是雅利安人最古老的文学作品，共有四部。其中最早形成的一部是《梨俱吠陀》，它是一部赞颂神的诗歌集，记载了雅利安人同达萨人之间的战争及诸神如何帮助雅利安人攻打达萨人。该书同时也反映了公元前15世纪~前10世纪印度河上游社会生活的许多情况。因此，《梨俱吠陀》反映的时代，在历史上称为“早期吠陀时代”或“梨俱吠陀时代”。

这一时期，雅利安人的经济生活开始从畜牧业转向农业定居生活，手工业也得到发展。放牧的牲畜有牛、绵羊、山羊、狗和马。他们从土著居民那里学会牛耕技术。手工业有金、木、皮革和陶等行业。

这时，雅利安人的氏族部落制开始解体。氏族公社所有的土地已分配给父系大家族耕种，牲畜和一些动产已为大家族所有，大家族成为社会的基本经济单位。随着农业生产的发展，大家族的土地占有权得到社会的承认；阶级分化开始出现。氏族部落内部出现了祭司和武士两大集团，这两大集团高于普通氏族成员，成为氏族贵族。与此同时，雅利安人的部落机关为适应征战需要发展为军事民主制，由部落首领、长老议事会和人民大会三个部分组成。

早期吠陀时代战争相当频繁。战争促使阶级分化，被征服的土著达萨人和战败的部落民、因负债和赌博而失去财产和身份的人沦为奴隶。种姓制（瓦尔那）随之产生。《梨俱吠陀》最后部分写道，诸神分割大神普鲁沙时，普鲁沙身体的不同部位产生四个种姓，即由口、双臂、双腿、双脚分别产生婆罗门（僧侣）、刹帝利（武士）、吠舍（平民）和首陀罗。这标志着种姓制度开始萌芽。公元前1000年，印度河流域和恒河流域开始出现国家。《沙摩吠陀》《耶柔吠陀》《阿闼婆吠陀》三部较晚的“吠陀”反映了公元前900~前700年该地区国家产生时期的社会情况。因此，这一时期在历史上被称为“后期吠陀时代”。后期吠陀时代即雅利安人国家在印度河和恒河流域产生的时期，也是种姓制形成时期。

在后期吠陀时代，印度河流域农业生产开始使用铁器，生产力水平进一步提高，农业、手工业和商业繁荣。阶级分化和阶级斗争随之加剧，僧侣和世俗贵族的权力进一步加强，氏族部落的军事民主制演变为阶级统治和阶级压迫的国家机构。氏族贵族成为统治阶级，部落首领转变为真正的国王。这一时期的阶级国家是一些范围不大的小国，以一个城市为中心，因而都具有城市国家的性质，故称为城邦。在印度河流域上游旁遮普地区，有犍陀罗、开卡亚、摩德罗三个著名的城邦国家。

四 犍陀罗文化与艺术

犍陀罗（Gandhara）又译作“乾陀罗”或“健驮逻”，位于今天巴基斯坦的白沙瓦及与之毗连的阿富汗东部一带。

在白沙瓦北部的迪尔和齐瓦特发掘出古墓以后，历史学家找到了公元前1500~前500年巴基斯坦历史和文化的实物证据。这一时期相当于青铜时代和铁器时代。从出土文物来看，它所代表的文化与印度河文明和俾路支村落文化迥异，应属于吠陀时代的雅利安人文化。

公元前6世纪，佛陀释迦牟尼开始传教，佛教很快便风行于整个次大陆北部。犍陀罗居民信仰佛教，并创造了高水平的佛教文化和艺术。公元前6世纪后期，波斯帝国大流士一世入侵印度，吞并了犍陀罗国和整个印度河流域的旁遮普和信德，犍陀罗国成为波斯帝国的第7个州，旁遮普和信德成为波斯帝国的第20个管辖区。波斯帝国的政治制度和文化对包括犍陀罗在内的印度古国产生了重要影响。公元前3世纪建立的孔雀帝国采纳了波斯帝国的政治模式。公元前330年，马其顿国王亚历山大大帝打败大流士三世后，进入比亚斯河流域，带来了希腊文化。

公元前273年，孔雀王朝第三代国王阿育王继位，建立了地域辽阔的帝国。他派遣僧人到白沙瓦地区传播佛教，逐渐形成犍陀罗佛教艺术。但在今天巴基斯坦境内，只征服了北旁遮普地区和印度河盆地，其余地区并未被包括在孔雀帝国版图之内。孔雀帝国瓦解后，安息人、大夏人、大月氏人先后侵入次大陆。1~2世纪，贵霜王朝的丘就却（Kujūla Kadphises I，15-45）和迦腻色迦（Kanishka，78-101/102）入侵次大陆，将其版图扩大到中亚和北印度大部分地区。犍陀罗成为贵霜王朝的统治中心，首都布路沙布罗（Purusapura，即富楼沙，今白沙瓦）就建于此地。迦腻色迦崇信佛教，不仅兴修佛教寺院、建筑庙塔、综汇佛教经典，还宣传佛教哲学，使佛教在次大陆西北部和中亚地区盛极一时，对当地文化产生深刻影响。后贵霜势衰，犍陀罗为厌哒人（即白匈奴）所有。玄奘《大唐西域记》称犍陀罗“东西千余里，南北八百余里”。

1～5世纪，犍陀罗艺术处于繁荣时期。犍陀罗艺术是巴基斯坦最宝贵的文化遗产之一。其分布地区有今天巴基斯坦的白沙瓦盆地和斯瓦特、布尼尔、巴焦尔地区。它是印度文化、佛教和希腊－罗马雕塑艺术相互交融的产物。在其早期，犍陀罗艺术得到贵霜统治者迦腻色迦的支持和鼓励。而这时丝绸之路正穿过白沙瓦和印度河流域，丝绸之路商业的繁荣带动了该地区经济和文化艺术的发展。

五　伊斯兰教在印度次大陆的传播

阿拉伯人自古重视商业。根据古代历史学家的说法，阿拉伯人不是掮客便是商人。所以，很早的时候阿拉伯商人便在海湾、阿拉伯海及至印度西部沿海地区进行商业活动。另外，南亚次大陆居民在印度河流域文明时代便与西亚有贸易往来。5～7世纪，随着生产力的提高，商品经济在次大陆城市和沿海地区有了进一步发展。南印度沿海与海湾和阿拉伯半岛的海上贸易发展起来。但是，阿拉伯商人和波斯商人几乎垄断了印度与西方的海上贸易，他们向印度运去阿拉伯半岛的马匹、武器，运回印度的棉织品、香料、稻米和其他工艺品等。印度南部沿海地区是阿拉伯人与中国东南亚地区贸易的海上必经之地。通过贸易往来，阿拉伯商人开始迷恋富饶的东方。印度沿海地区开始出现少数阿拉伯移民。

8世纪，由于阿拉伯帝国内乱，一批逃难的伊拉克难民在印度南部沿海登陆后定居下来。后来阿拉伯商人、波斯商人陆续到沿海定居。这些外来移民与印度居民和睦相处，并与当地妇女通婚，同时把伊斯兰教带到印度，形成混血的伊斯兰后裔。据说今天印度南部马拉巴尔沿海地区的毛普拉赫伊斯兰社团，便是阿拉伯商人的后裔，他们也许是最早在印度定居的伊斯兰居民。

伊斯兰教在印度次大陆的广泛传播和次大陆居民大规模皈依伊斯兰教，是依靠阿拉伯人和中亚地区伊斯兰王国的征服活动完成的。

早在7世纪中叶哈里发欧麦尔统治时期，伊斯兰冒险家们便对印度西部沿海发动了进攻。因哈里发欧麦尔制止，这类进攻未继续下去。711年，倭马亚王朝将领穆罕默德·伊本·卡西姆从巴士拉沿海攻入印度河下游，于712年征服信德南部地区，于713年征服海得拉巴。之后，他又挥师北上，直抵木尔坦。信德和旁遮普北部地区被置为行省，划入伊拉克总督辖区。当地不信伊斯兰教的居民向征服者缴纳人丁税。伊斯兰军队退出后，印度河流域又被并入阿拔斯帝国的版图，后来一度受从阿拉伯半岛和伊拉克逃亡到这里的卡尔马特派建立的"卡尔马特国"统治。随着信奉伊斯兰教的外族的不断入侵，次大陆西北部的信德和旁遮普地区成为印度最早接受伊斯兰教的地区。

继阿拉伯人之后，信奉伊斯兰教的中亚突厥人和廓尔人相继侵入印度次大陆西北和北部地区并建立政权，从而对伊斯兰教在次大陆的进一步传播发挥了重要作用。

962年，原萨曼王朝的喀布尔总督阿尔普提金在阿富汗东部加兹纳（Ghazna）建立伽色尼王朝（962～1186）。伽色尼人属于伊斯兰教逊尼派。为了与什叶派布维希王朝（Buwayhids，又译作"白益王朝"）抗衡，伽色尼王朝名义上承认阿拔斯哈里发的宗主地位。977年沙普克提金继位后，开始对次大陆发动进攻。到其子马哈茂德（977～1030）统治时期，先后17次发动"圣战"，侵入信德地区，并以武力在该地区传播伊斯兰教。许多印度封建主为了保护既得利益，纷纷改奉伊斯兰教，逐渐与定居的突厥人、阿富汗人通婚，成为印度伊斯兰社团的主体。

对伊斯兰教在次大陆的传播起到重要推动作用的是廓尔王朝（1151～1206）。廓尔人原为阿富汗中部属于伊朗语族的一支山区部族人，11世纪为伽色尼王朝所征服，其统治家族改奉伊斯兰教。1150年，廓尔人攻占伽色尼王朝首府加兹纳，1186年攻灭伽色尼王朝，夺取伽色尼人在印度西北部的领地，并向朱木拿河和恒河流域扩散，进而占领比哈尔和孟加拉，把疆域从里海一直延伸到孟加拉，伊斯兰教从此深入印度次大陆腹地。1192年，廓尔人攻占德里等重镇，先后推翻比纳斯、拉吉普特等印度教王国。在对外征战中，廓尔王朝各将领权力不断膨胀。1206年，奴隶出身的库特卜－乌德－J·艾巴克（Qutb-ud-din Aibak）自立为苏丹

（1206～1210）。同年，廓尔王朝为中亚的花剌子模所灭。

在艾巴克建立奴隶王朝（因王朝的前三位君主均为来自阿富汗的突厥奴隶，故得名）以后的300多年里，统治德里的先后共有6个王朝，历史上统称为德里苏丹国（1206～1526）。另外5个王朝分别是卡尔吉王朝（1290～1320）、图格鲁克王朝（1320～1413）、萨义德王朝（1414～1451）、洛提王朝（1451～1526）。

奴隶王朝统治时期，从孟加拉到喀布尔的整个北印度确立了伊斯兰的统治。由于奴隶国王重视部下的才能，而不考虑其出身，所以许多出身卑微的人得以担任高级官职。社会中形成平等的新秩序，这对当地印度种姓制带来了冲击。伊斯兰统治者也重用印度籍人，给予他们公民权。伊斯兰统治者还开办学校，聘请外籍教师，兴建清真寺。

1290年，土耳其人首领加菲鲁兹·卡尔吉夺取苏丹的权力和称号，建立卡尔吉王朝。卡尔吉执政后不久，成功地击退蒙古人的进攻，维护了伊斯兰统治。此后，卡尔吉的女婿阿拉·乌德·丁（Ala-ud-Din）继任苏丹（1296～1316年在位）。他不仅多次成功地击退蒙古人的进攻，而且征服了古吉拉特王国、米瓦尔王国、霍耶沙拉王国，将德干高原纳入伊斯兰统治版图。阿拉·乌德·丁统治时期，其影响遍及整个印度。他实行独裁专制，不允许伊斯兰教法官干涉政治事务；改革行政；建立秘密警察部队；禁止饮酒；禁止私人囤积粮食；推行正式口粮定量制度，固定食品价格；建立正式军饷津贴制度；确定土地税。阿拉·乌德·丁是印度伊斯兰统治者中的著名人物。但是，在穆巴拉克统治时期（1316～1320），国势衰微，穆巴拉克为其部下所杀。图格鲁克王朝为齐亚苏丁（Ghiyth al Din Tughluq）所创建。在短短6年统治期间，齐亚苏丁征服德干北部的瓦兰加尔，1324年又征服东孟加拉。1325年，其子穆罕默德·图格鲁克（1325～1351年在位）继位。他通晓哲学、逻辑学、形而上学、数学、天文学。同时，他又是一位伟大的军事统帅，派兵征伐尼泊尔，并企图征服阿富汗、呼罗珊和中亚；打败了蒙古人的进攻。经济上，他发行象征性货币，使具有金银货币面值的铜钱进入流通领域，甚至还发行纸币。继任人菲鲁兹·图格鲁克统治时期，国势一度强大，但未能维持多久。1398年，帖木儿率领蒙古大军飓风般地席卷了旁遮普，穿过德里和米鲁特，沿着一条环绕北部山区的路线返回。帖木儿以征服为荣，所到之处，尸骨遍野，惨不忍睹；凡是反对他的人，皆不能赦免。

萨义德王朝（1414～1451）由吉德尔·汗（Khizr Khan）创立。吉德尔·汗自称是先知的后裔，所以他的王朝称为萨义德王朝。萨义德王朝统治时间短，版图更加狭小，仅限于首都德里周围地区。

萨义德王朝统治末期，与德里的阿富汗和突厥贵族间的矛盾激化。1451 年，阿富汗洛提部落酋长、驻锡尔欣德和拉合尔总督巴赫鲁尔汗夺取王位，建立洛提王朝（1451～1526）。洛提王朝统治时期，国势更加衰弱，北部分裂为孟加拉、克什米尔、马尔瓦、古吉拉特四个苏丹国，彼此混战不休。1517 年，洛提王朝发生内乱，帖木儿的后裔巴布尔乘机入侵，1526 年，率军攻占德里，历时 3 个多世纪之久的德里苏丹国宣告结束。

德里苏丹国统治阶层均为来自异族的封建领主，他们在种族、文化传统和宗教信仰上与当地居民不同。统治者从中亚、波斯和阿富汗的异族中招募大批雇佣军，作为政权的支柱。伊斯兰把持着国家的高级官职，印度教徒处于被统治地位。但是伊斯兰教遭到印度教封建主的强烈反对。

随着德里苏丹国衰落，许多独立的小王国在印度各地相继建立。在这些小王国中，除次大陆南部的维加亚纳加尔王国和东南部的拉吉普特小王国外，其他小王国都是伊斯兰统治的苏丹国。莫卧儿帝国兴起以前，整个印度几乎都掌握在伊斯兰手里。这一时期，重要的苏丹国有以下 7 个，其中最强大的是巴摩尼苏丹国（1347～1527）。

巴摩尼苏丹国由波斯人哈桑以阿布尔·穆柴法尔·阿拉－乌德－丁·巴曼沙的名号于 1347 年建立，定都于古尔巴加，后迁至比达尔。巴摩尼苏丹国与印度南部的印度教王国维加亚纳加尔、格尔康达等多次发生战争，先后吞并了喀喀迪耶和瓦兰加尔等地区。巴摩尼苏丹国重视同伊斯兰世界的交往，它是次大陆最先与奥斯曼帝国互派使节的国家。大批伊拉克人、波斯人、中亚人和阿拉伯人涌入该王国，并在朝廷中有较高地位。外族伊斯兰封建上层与德干地区本地王公贵族形成了两个派系集团，他们互相争夺权力，导致国势日衰，巴摩尼苏丹国分裂为比加普尔、阿赫默德纳加尔、格尔康达、比拉尔和比达尔 5 个苏丹国。这些小苏丹国中，个别王国存在的时间很长，一直延续到 17 世纪末叶。

马尔瓦苏丹国（1401～1531），位于中印度，由原德里苏丹国总督哈桑·迪拉瓦汗（Hasan Dliāwar Khan）创建。其子阿尔普汗攻占奥里沙王国和卡尔拉王国。1436 年，大臣马茂德汗篡夺王位，建立卡尔吉苏丹国，1531 年为古吉拉特苏丹国吞并。

坎德什苏丹国（1370～1601），位于德干高原北部的塔普蒂河谷，由马立克·拉贾创建。坎德什苏丹国一度繁荣昌盛，但因幅员狭小，资源贫乏，1601 年为古吉拉特苏丹国所灭。

江普尔苏丹国（1394～1479），位于今印度北方邦，由奴隶将领马立克·沙瓦尔创建，版图北至瓜利奥尔、南达奥里萨、东到孟加拉。江普尔苏丹国曾自铸货币，国力强大。伊斯兰文化高度发展，宫廷中有许多伊斯兰学者和文人。国内建有许多颇具特色、精美壮观的清真寺。

古吉拉特苏丹国（1391～1583），位于印度西海岸，由穆扎法尔·沙（Muzaffar Shah）创建。其版图最大时，西起阿拉伯海，东到曼都，北抵拉其普特，南至坎德什。多次与周围印度教王国作战，并吞并坎德什苏丹国、马尔瓦苏丹国。由于伊斯兰教政权强大，许多印度教封建主和低级种姓的印度教徒皈依伊斯兰教。后为阿克巴大帝所灭。

孟加拉苏丹国（1336～1576），位于今孟加拉国，由阿劳丁·阿里和法鲁丁·穆巴拉克创建，后由伊尔亚斯·沙统一。孟加拉苏丹国统治长达 200 多年。其间伊斯兰教影响深入人心，每年都有大批低级种姓的印度教徒皈依伊斯兰教，广大农村的伊斯兰社团人数激增，孟加拉也因此成为次大陆伊斯兰化程度最高的地区之一。

克什米尔苏丹国（1346～1589），由帕坦族的沙赫·米尔扎·斯瓦提建立。国家对信奉异教的印度教居民实行宽容政策，不干涉印度教社团内部事务。希坎达尔·沙统治时，不能容忍印度教徒的偶像崇拜，大肆迫害印度教徒，因而有“偶像破坏者”之称。但是他注重伊斯兰教育，兴办了许多学校，许多来自中亚、西亚和两河流域的伊斯兰难民和宗教学者来到这里，从而增强了伊斯兰教的影响。克什米尔苏丹国后被莫卧儿人征服。

莫卧儿帝国（1526～1857）是继德里苏丹国、次大陆中部、北部诸小苏丹国后兴起的强大的伊斯兰帝国。1526年，帖木儿六世孙、原喀布尔苏丹国国王扎希鲁丁·巴布尔亲率大军南下开伯尔山口，在班尼帕特大败洛提王朝军队，占领德里、阿格拉等地，成为印度主人。至此，巴布尔统一四分五裂的印度各苏丹国，建立强大的莫卧儿帝国。之后巴布尔及其子胡马雍东征西讨，打败了周围许多强大民族。阿克巴在其统治时期（1556～1605）实行了一系列改革，对内建立郡县制，加强中央集权，改革税制，实行货币地租。这些措施对社会经济发展起到了促进作用。同时，他还任用印度教封建主，缓和宗教矛盾；对外扩张领土，使帝国疆域东起阿萨姆，西达阿富汗东隅。奥朗则布统治时期（1618～1707），因与印度教封建主矛盾尖锐，他恢复迫害印度教徒政策，向印度教徒征收人头税，下令拆毁异教徒的寺院和学校，禁止印度教徒坐轿、骑象和携带武器。因此，与印度教徒的矛盾进一步激化，马拉塔人和锡克教徒起义，加之英国殖民主义者的入侵，其国势开始衰微，最后的统治者巴哈杜尔·沙二世在1857年民族大起义后被英国殖民者当局放逐。延续长达3个世纪的莫卧儿帝国遂告结束。

第二节 近现代史

一 英国人的统治和穆斯林的抗争

莫卧儿帝国的衰落为西方殖民主义者提供了可乘之机。早在16世纪初，葡萄牙殖民者便在印度西海岸的果阿、达曼等地建立殖民据点，独占了印度与西方的海上贸易，掠夺印度财富。随后，荷兰、法国、英国相继侵入。英国利用东印度公司，扩大对印度的侵略。从17世纪开始，英国凭借其军事优势逐步在印度取得统治地位。英国东印度公司先后侵占马德拉斯、孟买、加尔各答，建立受英国控制的三个总督辖区。18世纪中叶，英军攻占孟加拉、比哈尔、奥里萨等地。1773年，英国国会通过《东印度公司管理法》，由国会委任总督，全权管理英属印度全部领土，并逐步接管东印度公司在印度的权力。1784 年，英国国会通过《改善东印度公司和不列颠印度领地行政法》，英国殖民政府从此在法律上完成了对印度的统治，印度完全沦为英国的殖民地。

为了进一步控制印度，掠夺更多的财富，英国殖民政府不断强化其统治。政治上，直接派出英国人担任殖民政府、军队要职，建立英国式的政治制度，使印度的政治统治欧洲化。同时，不断制造并扩大不同民族、部落、种姓和宗教之间的矛盾，收买印度大小封建主，以达到分而治之的目的。经济上，改变原有土地制度，实行新的田赋制度，迫使印度成为英国资本主义原料产地和产品销售市场。在思想文化和教育领域，引进西方思想意识形态和价值观念。1837 年，英国殖民当局取消伊斯兰法律、法院，取消波斯语的官方语言地位。1861 年，以英国法律为基础制定的新的刑法典生效；采用英国的诉讼程序和司法基本原则。以英语为法庭和官方语言，波斯语被取代。全印度的政府公职人员、律师、商人及其他专业人员，为了工作，不得不学习英语和西欧国家的文化。印度教徒因一千多年来受伊斯兰教的影响和伊斯兰统治，对于异己的文化较易于接受，并能同自己的传统融合起来。而伊斯兰则因遭受西方殖民者的入侵，从历史上的统治者变为受奴役和被统治者，加之次大陆伊斯兰文化、宗教初次遭遇现代西方文化，具有强烈的排他性，所以拒绝接受英国文化。1835 年，班廷克在印度推行西方教育时，加尔各答等地的伊斯兰要求取消这个教育法令。伊斯兰坚持学习和使用阿拉伯语，拒不学习英语和西方科学技术。因此，在印度高等学校中学习的印度教学生远远超过伊斯兰学生。1881 ~ 1888 年，在英语学院学习的伊斯兰只占学院学生总人数的 3.6%；1858 ~ 1898 年，有 15081 名印度教徒获得学位，同期获得学位的伊斯兰学生只有 546 人；1858 ~ 1878 年，加尔各答大学毕业的 3155 名毕业生中，只有 57 人是伊斯兰。伊斯兰越是抵制西方教育和科学，他们在英国统治印度的殖民政府中就业的机会就越少。以孟加拉为例，中上层伊斯兰丧失了在警察厅、法院、地方行政机构、税务机构以及军队中的传统地位。1852 ~ 1868 年，加尔各答法院批准的 240 名律师中，只有 1 人是伊斯兰；订立契约的印度文官或高等法院法官中没有一个是伊斯兰；政府任命的 1338 名孟加拉省官员中，只有 92 人是伊斯兰。

西方殖民者的入侵和英国殖民者的残酷统治，遭到印度人民尤其是广大伊斯兰的强烈反抗。19 世纪中期，印度社会各阶层都在秘密酝酿反英起义。许多印度籍士兵加强联系，秘密聚会，准备发动起义。不满英国殖民统治的土邦王公也在进行反英宣传。马拉塔王公纳纳·萨希布等派遣使者奔走联系，密谋发难。一些著名的伊斯兰学者，如阿赫默德·沙，深入群众，在一些城市经常有成千上万的群众听他演讲。他还用印度百年来亡国的历史激发人们的爱国热情。1857 年初，英国殖民者发下一批用涂有牛脂和猪油的纸包装的新子弹，使用时要用牙咬开。信奉印度教和伊斯兰教的士兵认为这是对它们宗教信仰的侮辱，极其愤慨。印度教士兵手捧恒河水，伊斯兰士兵面对《古兰经》，发誓要摧毁英国的殖民统治。5 月 10 日，起义爆发，起义者在次日攻占德里，拥立莫卧儿王朝末代皇帝巴哈杜尔·沙为印度皇帝。起义者号召印度教徒和伊斯兰消除分歧，团结一致，共同参加“圣战”，打败英国殖民者。

在这次人民大起义中，广大伊斯兰包括伊斯兰上层分子的积极参加对起义爆发和队伍的壮大发挥了重要作用。起义对英国殖民者是一次沉重打击。当时英国的评论家将 1857 年的印度人民大起义称为“伊斯兰的暴乱”。起义失败后，伊斯兰成为英国殖民者的主要镇压对象，被看作基督教和英国天生的敌人。英国人彻底击垮了徒具虚名的莫卧儿王朝，剥夺了伊斯兰在北印度建立的政治上层结构和伊斯兰过去一千多年所享有的特权。伊斯兰希望在北印度恢复政治权力的努力失败了。挫折和失望笼罩着整个伊斯兰社会。

二　“两个民族”理论的产生和全印穆斯林联盟的成立

“两个民族”理论是指南亚次大陆的印度教徒和伊斯兰是两个民族，印度应分治为两个民族国家，应给予两个民族以单独的祖国。“两个民族”理论是巴基斯坦独立运动的理论基础。“两个民族”理论的形成经历了三次飞跃。1883 年，赛义德·阿赫默德汗（Sayyid Ahmud Khan）第一次提出印度教徒和伊斯兰是两个民族；1930 年，穆罕默德·伊克巴尔明确提出在印度建立一个“统一的伊斯兰国家”；1940 年，真纳系统阐述了“两个民族”理论。从“两个民族”理论的产生到巴基斯坦的建立，历时约一个世纪。在这期间，全印伊斯兰联盟（简称“穆盟”）将理论付诸实践，并最终完成了次大陆伊斯兰建国的任务。“两个民族”理论的产生与印度教徒和伊斯兰在宗教信仰、历史文化传统上的差异相连，但其直接原因是近代以来英国的殖民统治。

印度教与伊斯兰教在教义、教规等方面存在很大差异。印度教以等级森严的种姓制度作为其宗教和社会基础，而伊斯兰教则主张在真主面前人人平等；印度教信奉多神教，伊斯兰教主张“除真主外，别无神灵”；印度教以牛为圣物不准宰杀，而伊斯兰教忌食猪肉而食牛肉。所以，两大教派教徒之间经常发生矛盾和冲突。伊斯兰统治者在将伊斯兰教从外部传入次大陆的过程中进行了一系列征服战争；伊斯兰王朝建立后，伊斯兰统治者对印度教徒的压迫和奴役，进一步加剧了两大教派之间的矛盾。但是，在两大教派教徒相处的一千多年里，尽管有不少的矛盾和冲突，却并未出现根据两大宗教来区分的民族理论。

近代民族理论和民族国家是在资本主义产生以后出现的。英国殖民者在次大陆的殖民统治，对次大陆的思想文化产生了重要影响。一部分觉悟较早的资产阶级知识分子开始为建立民族独立国家而斗争。一些思想敏锐的伊斯兰知识分子提出了“两个民族”理论。

有关语言问题的争论，对“两个民族”理论的产生起到了推动作用。1867 年，贝拿勒斯一些有势力的印度教徒提出，要求废除在法庭使用波斯书写体的乌尔都语，而代之以使用天城书写体（即书写梵语的一种字母）的印地语，最终使印地语成为政府承认的一种官方语言。这一要求促使伊斯兰意识到，连他们引以为傲的乌尔都语也处于危险之中。经过长时期的语言交融，乌尔都语已演化为土耳其语、波斯语、巴沙语和印度其他地方的普拉克里特语的混合语。这种语言几乎同时出现在旁遮普、德干高原和恒河平原，经过数世纪的发展，已比较完善。

赛义德·阿赫默德汗从语言之争中认识到，伊斯兰已不能和印度教徒一起作为一个单一的民族共同前进。1883 年，阿赫默德汗在一次演讲中第一次提出“两个民族”理论。“两个民族”理论为全印伊斯兰联盟的成立做了舆论宣传和理论准备。印度国民大会党（简称“国大党”）的成立进一步加深了两大教派之间的矛盾，推动了全印伊斯兰联盟的成立。

1885 年 12 月，印度国民大会党在孟买成立。国大党要求扩大立法机构，主张省参事会成员应由当时有一定社会地位的人担任，要求通过会考选拔政府各部各级官员。国大党这些要求的目的是扩大印度人的权力。伊斯兰则认为，他们的教育水平低，不可能在谋求政府职位上同印度教徒竞争；他们比印度教徒贫穷，不可能成为受财产限制的选民。赛义德·阿赫默德汗、赛义德·阿米尔·阿利和纳瓦布·阿卜杜尔·拉提夫（Abdullah Latif）等著名的伊斯兰领导人反对国大党自称的全民性。1888 年，阿赫默德汗成立印度爱国协会与国大党对抗。

19 世纪 90 年代，印度国大党领袖提拉克（Bal Gangadhar Tilak）从事反对英国殖民统治的斗争，这在客观上是亲近印度教徒而疏远伊斯兰，从而加深了两大教派之间的裂痕。伊斯兰对提拉克心怀不满，加之英国殖民者从中作梗，酿成了 1893 年的孟买反伊斯兰严重骚乱。

1905 年，寇松总督将孟加拉分为西孟加拉、东孟加拉和阿萨姆省，其中东孟加拉伊斯兰占多数。伊斯兰对这种分治表示满意，但印度教徒反对。寇松总督将以反对伊斯兰为主要内容的歌曲定为国歌。这是伊斯兰同印度教徒在孟加拉发生冲突的一个重要原因。

为维护自己的政治利益，伊斯兰普遍感到必须有一个自己的政治组织。1906 年 12 月 30 日，伊斯兰领导人在达卡召开会议，成立了全印伊斯兰联盟。在 1908 年召开的第二届年会上，阿迦汗被选为主席，赛义德·哈桑·比勒格拉米当选联盟秘书。在全国各重要地区几乎都成立了联盟的省、县支部。全印伊斯兰联盟的目的和任务是：促进印度伊斯兰忠于英国政府的感情，消除对政府任何措施的用意所可能产生的误解；保持和增进印度伊斯兰的政治权利，郑重向政府表达他们的要求和愿望；在不损害本联盟上述目的的情况下，防止印度伊斯兰对其他社团产生敌对情绪。

全印伊斯兰联盟的建立是“两个民族”理论的进一步发展，它标志着有组织的伊斯兰民族主义的出现。但是，同国大党成立初期一样，穆盟以忠于英国殖民当局为己任，这显然是一个错误。穆盟建立后所做的第一件事就是要求设立“分区选举”：地方的、省的和中央的参事会中伊斯兰应有一定席位；分设伊斯兰选区，由伊斯兰选民选出。在1905年的印度参事会改革中，穆盟分区选举的要求得到同意。对此，国大党则坚决予以反对。

三 团结的破裂和分治思想的产生

印度教徒和伊斯兰在哈里发不合作运动时期的短暂团结，并未能消除两大宗教派别之间固有的矛盾。教派间的矛盾和冲突愈加尖锐和激化，乃至引发剧烈骚乱。而英国殖民者为了阻止两大教派团结，挑拨离间，为两大教派之间的冲突推波助澜。

1925年7月，德里、加尔各答等地发生流血冲突，死伤数百人；1926年，加尔各答再次发生冲突，持续时间长达6个星期，约125人丧生，上千人受伤；1927年5月，拉合尔发生持续4天的冲突，导致30人丧生，300人受伤。

为了避免冲突进一步扩大，印度教徒和伊斯兰再次进行协商。在1924年、1925年和1926年的年会中，穆盟首领不断强调印度教徒和伊斯兰应加强团结。1927年3月20日，穆盟在德里召开会议，主动表示要向印度教徒和国大党做出一定让步。国大党予以响应。经过1928年2~3月、1929年3~5月两次会议，双方达成协议。参加会议的有穆盟、锡克联盟、国大党、印度教大斋会等政党和组织的代表。会议选举组成了以潘迪德·莫拉蒂尔·尼赫鲁为首的委员会，起草了关于印度政府体制的文件，又称《尼赫鲁报告》（*Nehru Report*）。这是印度人自己制定的第一部宪法。《尼赫鲁报告》提出印度享有全权自治领地位，中央政府和各省政府采取责任制。

在《尼赫鲁报告》中，伊斯兰的大部分要求被拒绝。伊斯兰代表对这个报告反应不一。尼赫鲁委员会中的两名伊斯兰成员，一位拒绝签字，另一位则根本没有参加会议。真纳对该报告表示不满，提出了14条修改的基本原则，后称“真纳14条”。其主要内容是：在中央立法机构中，伊斯兰代表不得少于1/3，分设选区；其余权力下放给各省；全印人民享有宗教信仰、礼拜和举行宗教仪式的自由；信德单独设省；在边境省和俾路支实行政治改革；伊斯兰应在社会公职中享有一定的名额；宪法中应有保护伊斯兰文化的合理条文；促进伊斯兰教育、文化和宗教的发展；按人口比例确定旁遮普和孟加拉立法机构中伊斯兰的席位。

由于各派未能达成一致，尼赫鲁报告宣告流产。这一事件促使当时仍处于分裂状态的伊斯兰走上团结的道路。1928 年 12 月 31 日和 1929 年 11 月 1 日，在阿迦汗的主持下，代表伊斯兰意见的伊斯兰各党派团体在德里召开了协商会议；以莎菲和真纳为首的两个穆盟召开联席会议，重申了“真纳 14 条”。

进入 20 世纪 30 年代，伊斯兰的政治生活开始了一个新时期。在这一时期，伊斯兰民族思想发展成熟，从而为巴基斯坦的诞生做了开创性工作。诗人兼哲学家穆罕默德·伊克巴尔对此做出了贡献。1930 年 12 月，在阿拉哈巴德的全印伊斯兰联盟年会上，伊克巴尔被推选为联盟主席。他在这次会议上发表了一次富有哲学意义的演讲。他概括地评述了整个政治和教派形势，强烈地驳斥了关于建立一个统一的印度民族的观念，认为那会使印度各民族人民的固有文化趋于湮没。他指出，“如果从单一的印度这个概念出发来制订宪法，或者把英国民主精神所规定的原则应用于印度，那就是无意中在印度制造一场内战”。他虽然暂时同意建立一个联邦制政府，但是坚持遗产处理权应属于印度的各组成部分。他的最终目标是：“要使旁遮普、开伯尔－普赫图赫瓦省、信德和俾路支组合为一个单独的国家。在我看来，建立一个巩固的西北印度伊斯兰国家，无论在不列颠帝国之内进行自治也好，或者脱离帝国进行自治也好，将是伊斯兰奋斗的最终目标，至少对于西北印度的伊斯兰应是如此。”①

伊克巴尔曾提出“建立次大陆伊斯兰国家”的设想，经过若干年的痛苦历程，广大伊斯兰才认识到他这一设想的实际价值。伊克巴尔以动人心弦的诗歌鼓舞人民，使他们对过去满怀豪情，对未来充满信心。

① ［巴基斯坦］M. A. 拉希姆等：《巴基斯坦简史》第 4 卷，四川大学外语系翻译组译，1976，第 340 页。

1933 年，即伊克巴尔发表其著名演讲第三年，法学家乔杜里·拉赫马特·阿里等人撰写了《机不可失》一书。该书为未来的伊斯兰国家取名巴基斯坦，提出给予巴基斯坦以单独的联邦宪法，从而承认他们与印度其他居民完全不同的民族地位。乔杜里·拉赫马特·阿里在 1940 年出版的《巴基斯坦：民族的国家》一书中进一步明确阐释了巴基斯坦的含义：巴基斯坦既有波斯语，也有乌尔都语；"Pakistan" 是由旁遮普（Punjap）、阿富汗尼亚（Afghania）即开伯尔－普赫图赫瓦省、克什米尔（Kashmir）、伊朗（Iran）、信德（Sind）的首字母和俾路支（Balochistan）的最后 3 个字母组成，意为巴基人——精神上纯正和洁净的人——的国土。

四　穆斯林联盟的改组和建立巴基斯坦决议

伊斯兰领导人虽然提出了要在印度北部建立伊斯兰国家，但在 20 世纪 30 年代前 5 年，伊斯兰的政治组织却呈四分五裂、一盘散沙状。这种局面不利于伊斯兰事业的发展，当时印度的政治形势迫使伊斯兰领导人对穆盟进行改组。

1935 年 8 月 4 日，英国批准了《印度政府法》（*Government of India Act*）。1935 年《印度政府法》规定成立全印联邦，由英属印度各省和各王公土邦组成；联邦立法机构由联邦议会和国务会议组成；联邦议会的成员由各省立法机构间接选出，国务会议的成员则由直接选举产生；各省建立议会制政府。该法案比以前的各种宪法条文要进步，但它没有赋予印度英国政府曾经许诺的自治领地位。国大党和伊斯兰联盟对此提出了改进意见，并参加了 1936 年至 1937 年初的省议会选举。

1937 年 7 月到 1939 年 11 月，国大党各省政府利用权力推行印度教，进一步激化了两大教派之间的矛盾。形势迫使伊斯兰领导人认真考虑伊克巴尔在 30 年代初提出的建立伊斯兰国家的设想。伊克巴尔在他生命的最后两年，非常关心伊斯兰的前途。他多次写信提醒真纳认真考虑分治问题。他提出要解决伊斯兰前途问题，就必须解决分治问题，为此，有必要重新划分印度，建立一个或几个伊斯兰占绝对多数的伊斯兰国家。真纳开始认真考虑伊克巴尔的建议，于1940年明确提出了两个民族分治的思想。

1940年3月，穆盟在拉合尔召开第27届年会。22日，真纳提出了解决伊斯兰前途问题的办法。由于印度教徒和伊斯兰是两个有着显著差异的民族，因此，唯一的出路是将印度划分为两个自治的民族国家，让两大民族各有自己的祖国。23日，会议通过了由孟加拉首席部长提出的具有历史意义的决议，即后来所称的“拉合尔决议”或“巴基斯坦决议”。决议提出，要使某种宪法在这个国家实施，并得到伊斯兰接受，就必须依据下述基本原则来制定。“地理上毗连的诸单位划分为若干区域，这些地区的划分应作必要的领土调整，以使伊斯兰占多数的地区，如印度的西北地区和东北地区，能够组合成‘独立的国家’，组成这些国家的各单位应实行自治并拥有主权。”①

五 蒙巴顿方案和巴基斯坦的诞生

第二次世界大战爆发以后，英国政府希望获得次大陆各族人民的合作，因而向次大陆人民做出了一定让步。1940年8月，印度总督发表了重要宣言，即“八月建议”。他建议扩大行政会议以便把各种不同教派的代表人物包括进来；承认印度人草拟自己宪法的权利；向少数党派保证，没有它们的同意，不得草拟宪法。穆盟接受了这一建议，并明确宣称：印度分治是解决未来印度宪法最大难题的唯一途径。国大党拒绝了这个建议，并发动了一场和平抵制运动。

面对日本侵略军的进攻，英国政府于1942年3月又派出克里普斯特使到印度谋求和解，以求得到印度各界的支持。克里普斯特使向印度各派表示：战后立即选举产生制定新宪法的机构；不愿留在印度联邦之内的一省或数省，听其自愿，并可以自行组织独立的政府。国大党断然拒绝了克里普斯的建议，要求立即成立自由的国民政府，即国大党的政府，同时不赞成省脱离联邦。穆盟也因建议未能对巴基斯坦国家的建立做出保证而加

① 〔巴基斯坦〕M. A. 拉希姆等：《巴基斯坦简史》第4卷，四川人民出版社，1976，第354页。

以拒绝。克里普斯的努力以失败告终。之后，英国政府又先后于 1945 年 6 月和 1946 年 5 月抛出了“韦维尔方案”和“内阁使团方案”，但都因未能满足国大党和穆盟的要求而宣告流产。

这一时期，穆盟势力日益壮大。穆盟成员从 1927 年的 1330 人增加到 1941 年的 112078 人，1944 年更多达数百万人，仅孟加拉省在 1944 年就有 500 万盟员；在信德省，25% 以上的成年伊斯兰（约有 30 万人）加入了穆盟。穆盟领导人在经过曲折之后，更加坚定了建立巴基斯坦国家的决心。

与此同时，国大党与穆盟之间的矛盾更加尖锐。在许多地方，印度教徒和伊斯兰发生了流血冲突。仅在 1946 年 8 月 16 日加尔各答发生的教派冲突和屠杀中，就有 4000 人被夺去生命，另有 1 万人受伤。整个次大陆濒于内战边缘。政府已难于维护法律和秩序了。为了阻止局势继续恶化，英国首相艾德礼于 1947 年 2 月 20 日宣布，英国最迟将在 1948 年 6 月以前从次大陆撤退。他宣称，英国政府必将考虑届时把英属印度中央政府的各项权力移交给何人，或者是整个交给英属印度的某种形式的中央政府，或者在某些地区交给现有的省政府，或者以对印度人民利益最为合理的某种其他方式进行移交。为了进行实际权力移交，蒙巴顿勋爵代替韦维尔出任印度总督。

1947 年 3 月，新任总督蒙巴顿到达印度后发现，在整个次大陆，两大教派之间的内战已迫在眉睫。蒙巴顿在同各个政党的领导人谈判后发现，解决问题的唯一途径是次大陆分治。经过与英国政府磋商，6 月 6 日，蒙巴顿发表了一个重要宣言，即“蒙巴顿方案”。方案规定：印度分为印度教徒的印度斯坦和伊斯兰教徒的巴基斯坦，两个国家均享有自治领地位；在两个国家的国界未做最后确定之前，由开伯尔－普赫图赫瓦省、阿萨姆省的锡尔赫特区选民进行全民投票，在信德省立法议会投票，决定这三个省加入哪一个国家；印度分治前先解决孟加拉省和旁遮普省的划界问题；各土邦有权决定它们加入印度还是巴基斯坦，如果土邦不愿加入任何一个国家，那么可以保持同英国的关系，但不享有自治领地位。

国大党和伊斯兰联盟都接受了蒙巴顿方案。开伯尔－普赫图赫瓦省、锡尔赫特、信德以及伊斯兰占多数的地区旁遮普和东孟加拉，都投票赞成成立巴基斯坦。1947 年 7 月 4 日，英国议会提出印度独立议案：7 月 18 日，这个议案被立为法案。法案规定，从 1947 年 8 月 15 日起，巴基斯坦和印度两个新的独立自治领宣告成立。该法案宣告了英国在次大陆长达 200 年的殖民统治的结束和巴基斯坦的建立。穆罕默德·阿里·真纳成为巴基斯坦首任总督。

第三节 当代简史

一 20 世纪 50 年代的巴基斯坦

1947 年 8 月 11 日，巴基斯坦制宪议会选举伊斯兰联盟主席穆罕默德·阿里·真纳为制宪议会主席。真纳指定了以里阿夸特·阿里·汗（Liaqat Ali Khan）为首的内阁。真纳主持内阁会议，制定政策；内阁只起顾问的作用，总理没有权力。

1948 年 9 月 11 日，“巴基斯坦国父”真纳逝世，这对巴基斯坦是个不可弥补的损失。在巴基斯坦威信和影响仅次于真纳的利亚格特·阿里·汗总理又于 1951 年 10 月被阿富汗人刺死。这两人的相继离去，使巴基斯坦失去了重要依靠，巴基斯坦进入了政局不稳、政府更迭频繁的时期。1953 年 4 月，巴基斯坦总督古拉姆·穆罕默德（Ghulam Mohammad）借口总理克瓦贾·纳泽姆丁（Khwaja Nazimuddin）未能维持法律和秩序以及解决粮食短缺问题，解除其总理职务。总督的这一行动引起制宪议会的不满，它拒绝开会，时间长达 6 个月。由反阿赫默迪亚运动引起的总督与总理之争，标志着巴基斯坦代议制政治的衰落和长达 5 年的政治动乱的开始。

制宪议会与古拉姆·穆罕默德总督之间的斗争不断。制宪议会想限制总督权力，于 1954 年 9 月 20 日重新颁布 1949 年《政府公职和议员（资格取消）法》，使制宪议会有权取消政府部长和其他公职人员的资格。9 月 21 日，制宪议会又对 1935 年《印度政府法》的第 10 条做了修改，以确保总督不能以任何方式解散现政府。古拉姆·穆罕默德总督以制宪议会没有人民性为由，于1954年10月24日解散了制宪议会和内阁，并宣布巴基斯坦处于紧急状态。另外，他还劝说军队接管政府。但是，军方拒绝了总督的要求。制宪议会主席毛拉维·塔米祖丁向法院提出控告，信德省首席法院做出有利于塔米祖丁的判决，但联邦法院认为总督解散制宪议会合法。存在7年之久的巴基斯坦制宪议会，在没有制定出宪法的情况下被解散。巴基斯坦代议制政治发展遭遇重大挫折。

联邦法院在裁决总督与制宪议会之争的同时又做出决定：宪法只能由按1947年《印度独立法》产生的制宪议会制定，因此又恢复了巴基斯坦的制宪工作。1955年6月，由各省立法机构选举产生第二个制宪议会。第二个制宪议会由东巴基斯坦、西巴基斯坦各选出40名代表组成。1956年2月29日，第二个制宪议会经过近一年的努力，终于通过了巴基斯坦第一部宪法，并于3月23日正式生效。但是，宪法遭到反对派的强烈反对。这表明该宪法并未能统一民众思想，结束长时间的政治动荡。在西巴基斯坦，伊斯兰联盟进一步衰落，许多成员退党，转而加入以沙西布为首的共和党。旁遮普的上层人物相互争夺政治权力。在东巴基斯坦，以苏赫拉瓦迪领导的人民同盟和哈克领导的工农党组成的联合阵线内部进行着争权夺力的斗争。

一系列政治危机导致中央政府更迭频繁，而中央政府频繁更迭又加剧了政治危机。在从1947年独立到1958年10月阿尤布·汗接管政府的11年间，巴基斯坦五易总督，七易总理。省政府也频繁更迭。1947～1955年，旁遮普省和开伯尔－普赫图赫瓦省六易省督；信德省七易首席部长。中央政府解散的东巴基斯坦和西巴基斯坦的省政府将近10个。

这一时期，东巴基斯坦和西巴基斯坦还存在语言之争。东巴基斯坦讲孟加拉语，西巴基斯坦以乌尔都语为整个巴基斯坦的唯一国语，认为乌尔都语是伊斯兰和巴基斯坦历史的象征。东巴基斯坦人认为孟加拉语突出了东巴伊斯兰的个性和特征，而且讲孟加拉语的人数超过讲乌尔都语的人数。但是，真纳和巴基斯坦政府支持乌尔都语作为国语。东巴基斯坦对此强烈不满，1952年2月21日爆发了反对将乌尔都语作为国语的声势浩大的群众示威游行，警察和学生发生冲突，有19人死亡。东巴基斯坦人将2月21日作为“烈士纪念日”。语言冲突持续了好几年。1954年，语言之争发展为东巴基斯坦力图摆脱西巴基斯坦统治的政治斗争。1955 年，中央政府同意将孟加拉语与乌尔都语共同作为官方语言，从而使东西巴冲突暂告一段落。但是语言之争加深了东巴与西巴之间的隔阂，加剧了 50 年代巴基斯坦政局的不稳定性。

1957 年 12 月，共和党领袖费洛兹·汗·努恩接任只担任了两个月总理职务的伊斯梅尔·易卜拉欣·昌德里加尔，组建代议制政府。1958 年 9 月底，努恩扩大内阁，增加 6 名东巴人民联盟成员，但这几名成员拒绝了任命，使中央政府面临解散的危险。伊斯坎德尔·米尔扎总统控制不了局势，在陆军总司令阿尤布·汗的压力下，于 1958 年 10 月 7 日宣布实行军事管制法，取消花了 9 年时间制定却只存在仅两年的巴基斯坦宪法，解散中央和省立法机构，解散中央政府和各省政府，禁止政党活动，阿尤布·汗担任军法管制首席执行官。1958 年 10 月 27 日，阿尤布·汗指责米尔扎同其他政党对国家政治局势的恶化负有责任，迫使其离职。阿尤布·汗开启了为期 10 年的个人统治，这正式宣告巴基斯坦代议制政府的失败。

二 阿尤布·汗军事统治时期

1958 年 10 月 7 日，巴基斯坦实行军法管制，阿尤布·汗被任命为军法管制首席执行官。从 10 月 27 日接替伊斯坎德尔·米尔扎担任总统兼国防部长、武装部队最高统帅，到 1969 年被迫下台，阿尤布·汗统治巴基斯坦长达 10 年零 5 个月。

在政局长期动荡不定甚至影响到巴基斯坦国家的生存和发展时，军队顺理成章地掌管了政权。阿尤布·汗建立的军人统治，在巴基斯坦开了军人执政的先河。

阿尤布·汗认为，由于巴基斯坦拥有多种文化、语言和民族，加之议会民主制，巴基斯坦人民不能团结一致地建设和发展国家。为此，应把西巴的几个省和土邦合并成为一个省；建立强有力的中央政府，把东巴和西巴紧密联系在一起；通过伊斯兰化和迅速发展经济来加强国家的团结和统一。阿尤布·汗制订了国家政治发展计划，并采取了一系列有力的措施。

第一项措施是禁止政党活动。1958 年 10 月 9 日，阿尤布·汗被米尔扎总统任命为首席军法执行官。阿尤布·汗在就职后的广播讲话中说，政党政治是国家政局动荡不安的根源。他谴责了政党活动和政治家们的钩心斗角，宣布取消一切政党，禁止政党活动，取消公民自由权，控制新闻出版，建立特别军事法庭等。从1958年10月27日至1962年7月14日，阿尤布·汗在巴基斯坦实行军法统治，任何法院都不得对军事管制法表示异议。

此外，阿尤布·汗还严厉惩治违法犯罪活动和渎职行为。在宣布军管的一周内，他监禁和拘留了许多政治家、著名商人和从事走私活动、操纵货币的反社会活动分子。他建立调查委员会，专门调查政府官员中的腐败、贪污、胡作非为行为，结果有2500多名政府官员被解职或被强制退休。他还根据1959年选举人（资格取消）法令，对前政治家们进行调查。凡有渎职、贪污腐败和其他不良行为者，取消其公职活动资格直至1966年。根据这项法令，全巴估计有6000人被取消从事政治活动的资格。他又强令工商业家缴纳未公布的财产的税费、公开他们持有的外汇储备，要求他们按政府当局规定的控制价格出售手中所有的存货。阿尤布·汗采取的这些严厉措施，有效地打击了国内普遍存在的违法犯罪活动，从而赢得了广大群众的支持，提高了他本人在国内外的声誉。

1962年2月17日，全国8万名“有限民主制”执行者组成选举团，选举阿尤布·汗为巴基斯坦总统，任期5年。阿尤布·汗成为巴基斯坦建国以来第一位通过选举产生的总统。阿尤布·汗就任总统后，制定了“阿尤布·汗宪法”，独揽全国大权。在1965年1月举行的总统选举中，阿尤布·汗连任。

但是，由于阿尤布·汗搞个人集权，加之东西巴矛盾激化，社会两极分化严重，60年代末，反对阿尤布·汗的呼声一浪高过一浪。1969年3月，全国政治骚乱愈演愈烈，军队再次出面挽救局势。3月25日，阿尤布·汗离开总统办公室，将权力移交给陆军总司令叶海亚·汗，结束了他对巴基斯坦10年零5个月的统治。

三　东西巴分裂

1969年3月25日，在军队的支持下，陆军总司令叶海亚·汗接替阿尤布·汗担任军法管制首席执行官，3月31日就任总统。

叶海亚·汗上台后，采取了一系列措施，使全国经济政治生活秩序恢复正常，并于1969年8月1日向全国宣布将在18个月内举行全国大选。为使大选顺利进行，叶海亚·汗宣布放松军法管制，允许各政党恢复活动，并采取措施调和各派政治主张。1970年3月28日，叶海亚·汗颁布立法体制令，规定了大选的基本原则。该法令的具体内容有：国民议会由313人组成，其中妇女13人；一般议员由地方选区的成年选民直接选举产生；实行一院制国会，以成年人选举为基础，定期举行选举；各省议会选举将在国民议会选举之后进行；司法独立；公民的基本权利受到保护；选举出的国民议会应在120天内制定出新宪法，由总统签署生效，如果总统拒签，则宪法不能生效，国民议会将解散重选；等等。1970年7月13日，叶海亚·汗颁布选举法令，确定于10月5日举行国民议会选举。由于东巴遭遇洪灾，大选推迟到12月7日举行。全国28个政党提出1237名候选人参加竞选，参加选举的选民有5600多万人。

经过激烈角逐，谢赫·穆吉布·拉赫曼（Sheikh Mujibur Rahman）领导的人民同盟取得了意想不到的胜利，获得国民议会300个席位的160席，囊括了分给东巴的两个席位外的全部席位。但人民同盟未能在西巴获得一个议席。佐勒菲卡尔·阿里·布托（Zulfikar Ali Bhutto）领导的巴基斯坦人民党在西巴的一些省中获得绝对多数：在旁遮普82个席位中获得62席，在信德27个席位中获得18席，在开伯尔－普赫图赫瓦省获得1席，共获得81席，占27%，成为国会第一大反对党。然而，巴基斯坦人民党却没能在东巴获得一席之地。

国民议会选举10天后，即12月17日，举行了各省议会选举。人民同盟获得东巴省议会300个议席中的288席，巴基斯坦人民党获得旁遮普省议会180个席位中的113席。

1970年的巴基斯坦大选是巴基斯坦政治发展史上的里程碑。这是巴基斯坦独立23年以来的第一次以成人公民权为基础的直接选举，包括妇女在内的全国公民都广泛地参加了投票选举，投票率为56.62%，有许多地区的投票率高达90%。但是，巴基斯坦人民党和人民同盟在召开国民议会、制定新宪法等问题上分歧严重；两党各持己见，互不相让，从而使本已关系紧张的东西巴矛盾进一步激化。这次大选成为东西巴分裂的导火线。

叶海亚·汗总统承认大选的结果，并称谢赫·穆吉布·拉赫曼为“未来的总理”。1971 年 2 月 13 日，叶海亚·汗总统宣布国民议会定于 3 月 3 日在达卡召开，并安排布托和拉赫曼就制定一部双方可以接受的宪法举行会谈。但是，由于双方分歧太大，会谈以失败告终。叶海亚·汗总统在阿·布托为首的巴基斯坦人民党的压力下，被迫宣布推迟国民议会的开会日期。这一决定引起了东巴数以万计的工人、学生和商人、政府职员的示威游行，抗议总统延期召开国民议会的决定，并提出建立新的孟加拉国家的口号。3 月 3 日，东巴实行总罢工，机关、学校、商店纷纷关门，整个东巴陷于瘫痪。谢赫·穆吉布·拉赫曼号召支持者夺取东巴政府机构，开展非暴力不合作运动。中央政府派出军队进行镇压，东巴局势进一步恶化。拉赫曼拒绝总统提出的召开由各政党参加的圆桌会议的建议。3 月 6 日，叶海亚·汗总统不得不宣布于 3 月 25 日召开国民议会。拉赫曼提出参加国民议会的四个条件：立即将权力移交给选出的人民代表；撤销军事管制法；军队撤回营房；调查对东巴群众的屠杀。但是，东巴的极端分子坚决反对，认为巴基斯坦已不能保持国家的统一和完整。东巴的总罢工并未结束，参加罢工的人数连续增加，所有文官和国防工厂的工人也参加了罢工。中央政府拒绝了拉赫曼提出的四个条件，并下令国防工厂的工人于 3 月 14 日前复工，否则将被判处 10 年监禁。3 月 15 日，拉赫曼宣布接管东巴的行政权力，停止向中央政府缴纳在东巴所征收的各种税收，颁布实行 35 条与中央对抗的条例。至此，中央政府与东巴的矛盾进一步激化。

为缓和矛盾，3 月下旬，叶海亚·汗与拉赫曼举行了秘密会谈，但会谈以失败告终。叶海亚·汗于 3 月 22 日再次宣布无限期推迟召开国民议会。在以布托为首的人民党和巴基斯坦军方的要求下，叶海亚·汗于 1971 年 3 月 26 日宣布，因东巴法律和秩序失去控制，人民同盟进行分裂国家的活动，军队进入东巴镇压分裂活动并维持法律和秩序。人民同盟被宣布为非法，拉赫曼被指控为国家的“叛徒”而遭监禁。

根据巴基斯坦军队参谋长蒂卡·汗提供的材料，1971 年 3 ~ 12 月，在军队与东巴人的冲突中，有 3 万名东巴人丧生；而据拉赫曼称，死亡的东巴人达 300 万人。因此，东巴人从要求在联邦内实现东巴的真正自治发展为要求建立独立的孟加拉国。逃到印度的东巴人，在 1971 年 4 月 10 日建立了“孟加拉国临时政府”。

东巴事变遭到苏联与印度的公开干涉。3 月 26 日，巴基斯坦军队进入东巴后，印度外交部官员称，不能再把东巴局势“看作仅仅是巴基斯坦的内政”，公开表示要插手东巴事务，干涉巴基斯坦内政。3 月 27 日，印度政府在加尔各答设立“孟加拉之声”秘密广播电台。31 日，印度国会通过英·甘地的“声援孟加拉人民”的提案，表示要“加强同东孟加拉人民的团结”，“全心全意地支持”东孟加拉人民的斗争。英·甘地在国大党全国委员会会议上宣称，印度已不能对东巴局势保持沉默，并向印度与东巴边界增兵。4 月 10 日，印度支持东巴人在加尔各答成立“孟加拉国临时政府”，并向临时政府提供资金和武器装备。苏联也开始直接干涉巴基斯坦内政，并与印度签署“和平友好条约”，向印度提供大量军事物资，支持印度入侵东巴。

1971 年 11 月上旬，东巴局势开始好转，巴基斯坦军队控制了东巴的主要城镇和大部分乡村。但是，印度军队借口难民问题于 11 月 22 日侵入东巴境内，公开以武力支持分裂主义分子。1971 年 12 月 3 日，印度军队又向西巴发动进攻。12 月 6 日，印度政府承认孟加拉国。12 月 16 日，印度军队攻占达卡。1972 年 1 月 10 日，谢赫·穆吉布·拉赫曼获释后来到达卡，孟加拉国正式成立。巴基斯坦在独立 24 年后失去东翼，统一的巴基斯坦一分为二：巴基斯坦和孟加拉国。

四 佐勒菲卡尔·阿里·布托改革时期

巴基斯坦失去东巴和军队在印巴战争中的失败，激起了巴基斯坦各阶层人民的不满，反对叶海亚·汗的示威游行此起彼伏。1971 年 12 月 30 日，叶海亚·汗在全国人民的愤怒声中被迫辞去总统职务。人民党主席佐勒菲卡尔·阿里·布托接任巴基斯坦总统和军法管制首席执行官。

布托执政后，在政治、经济和军事领域进行了一系列改革：第一，制定宪法和建立文官政府；第二，取消巴基斯坦文官特权；第三，削弱和限制司法权；第四，削弱军队对政治决策的影响力；第五，改组农村基层组织。

布托的改革政策引起不满，为缓和不满情绪，也为了巩固自己所代表的封建地主阶级利益的新的政治、经济和社会制度，1972 年 1 月 7 日，布托宣布将于 3 月 7 日和 10 日举行国民议会选举和省议会选举。经过激烈角逐，人民党在国民议会中获得 455 个席位，占国民议会总议席的 98.5%，取得压倒性胜利。在省议会选举中，人民党又大获全胜。但是，对于这次选举结果，反对党不予承认。

布托执政后期，各种不满情绪滋长。1977 年 3 月 12 日，巴基斯坦全国联盟上街示威，反对布托对国家犯下的选举欺骗行为，要求重新举行大选。而布托只同意纠正选举中出现的个别舞弊现象，双方僵持不下。3 月中旬，布托提出取消自 1971 年印巴战争以来一直实行的紧急状态，以放松对新闻的限制和释放狱中反对党领导人为条件，促使反对党接受大选结果，但没有成功。反布托运动继续高涨。4 月 9 日，治安防卫部队同群众发生冲突。冲突演变为两派群众之间街头巷尾的激战。4 月 21 日，布托宣布对卡拉奇、拉合尔和海得拉巴三大城市实行军管，但仍未控制住局势。于是，布托表示愿在 6 月中旬举行全国公民投票，以决定他本人是否继续执政。反对党拒绝了布托的主张。7 月初，人民党准备组织力量上街同反对派群众战斗，全国局势进一步恶化。

1977 年 7 月 5 日，巴基斯坦陆军参谋长穆罕默德·齐亚·哈克（Muhammad Zia-Ul-Haq）发动不流血的军事政变，结束了布托对巴基斯坦 5 年零 7 个月的统治。

五　齐亚·哈克统治时期

1979 年 10 月，哈克鉴于当时的国内外形势，宣布只有军队和加强军法管制才能维护国家的统一；保持政治稳定和经济发展，立即取缔所有政党和集会；禁止工厂关门、工人罢工；接管和封闭反对军管法令的所有报纸、杂志社，加强对新闻广播的监督和检查；任何法院和法庭不得重议军事法庭做出的裁决。1980 年 5 月 23 日，哈克总统修改 1973 年宪法，再次加强了军事法庭的权力。修正案规定，军事法庭有权对被指控为有叛国罪的人、贿赂和诱使政府和军队官员渎职的人进行审判，无须审讯即可拘留。修正案还规定，对于军事法庭做出的任何判决，省高等法院和联邦最高法院不得复议重审。1981 年 3 月 24 日，哈克又颁布临时宪法，以国家大法的形式肯定了他实行的军法管制并进一步加强这种管制。

为增强总统和军法管制首席执行官的权力。临时宪法主要从以下四个方面加强军法管制：①赋予总统宣布国家处于紧急状态的权力，有权接收省政府；军法管制首席执行官有权任命一位或一位以上的副总统，在总统伤亡、辞职、离开巴基斯坦或无力履行其职权时，副总统代行总统职权直至新总统产生。②限制政党活动。临时宪法规定，只有在 1979 年 9 月 30 日前在选举委员会登记的政党，总统才允许其开展政治活动；其余政党全部解散，封闭其办事机构，没收其全部财产；新党的成立须经选举委员会首席专员批准；总统有权解散其活动“有损于伊斯兰意识形态或巴基斯坦的主权、统一和安全”的任何政党。③缩小法院的权限。临时宪法规定，最高法院、高等法院和联邦伊斯兰法庭的法官在做出新的宣誓后，方能继续行使法官职权，总统有权临时向最高法院增补一名退休法官或高等法院特别法官；任何法院都不得对 1977 年 7 月 5 日军法管制声明以及之后颁布的全部总统法令和军法管制法令、条例、规定等提出异议；法院无权对军队成员进行裁决，法院有关军队的法令对军队无效，对军队无约束力；高等法院不能保释根据预防法令拘留的人、有前科的人、军事法令和军事条例认为有罪的人以及在警察局已立案的人。④强调伊斯兰教的作用，忽视议会的作用、公民的权利。最后，临时宪法明确规定，要根据伊斯兰教的原则尽可能地恢复民主和代表制机构；不谈议会的作用和公民权利，只提及将成立一个联邦顾问委员会，其成员和作用由总统决定。

为巩固其政权，齐亚·哈克在全国发动了全面伊斯兰化运动。哈克总统认为，巴基斯坦不应仅仅是一个伊斯兰占多数的国家，而且应该是一个真正的伊斯兰国家。齐亚·哈克在内政方面的伊斯兰化运动主要包括以下几个方面。

一是巴基斯坦法律的伊斯兰化。1978 年 12 月，哈克宣布在伊斯兰教的基础上建立司法制度。他建立了一个常设法律事务委员会，简化司法体系，并着手使现存法律与伊斯兰教谕保持一致。1979 年 2 月，哈克宣布建立特别的沙里亚法庭和宗教法庭，以作为对现有法院的补充。沙里亚法庭是最高法庭的一部分，它可以审理任何案件，也可因某种法律与伊斯兰教不一致而将其废除。2 月 10 日，哈克宣布在巴基斯坦建立新的法律体系。1988 年 6 月，哈克宣布沙里亚法为巴基斯坦最高法律，这标志着巴基斯坦法律伊斯兰化的完成。

二是巴基斯坦政治的伊斯兰化。1977 年 9 月 1 日，哈克增补数位伊斯兰激进组织成员为伊斯兰意识形态委员会成员。伊斯兰意识形态委员会的权力进一步扩大，有权制订实施伊斯兰化的计划，提出使现存法律与《古兰经》、“逊奈”保持一致的建议。该委员会成为推动巴基斯坦伊斯兰化运动的主体，采取了制定伊斯兰刑法征收天课、什一税和推行无息银行制度等具体措施。此外，哈克还强化宗教事务部和其他机构的宗教职能，利用伊斯兰教为自己的选举服务。

三是实行非政党选举，组成文官政府。1985 年 2 月 25 日，在全国举行了联邦议会选举。选举按伊斯兰教方式进行，即禁止一切政党参加，实行非政党选举；各党派成员以个人身份参加竞选。

1985 年的全巴选举是巴基斯坦建国以来的第三次大选。这次大选有明显的特点：参加选举的人数众多。参加国民议会选举的登记选民为 3200 多万人，约占 1981 年全国人口的 40%，参加投票选民人数占登记选民人数的 52.9%，投票率与没有任何抵制情况下举行的 1970 年和 1977 年两次大选的投票率（56.62% 和 59.05%）相比，相差不大。此次选举气氛平静，选举中未发生任何重大的骚乱，反对派除表示抵制外，也未发现和指责选举中有舞弊现象。大选后，建立民选政府，巴基斯坦开始了从军法管制向民主治理的过渡。与 1970 年大选后东西巴分裂和 1977 年 3 月大选后全巴内乱相比，这次大选具有历史意义，因为它在一定程度上反映了民意。大选中，哈克政府的 4 名部长、2 名顾问均落选。2 月 25 日，选举产生的 209 名国民议会议员中仅有 47 人来自政党组织，其余多为律师、医生、记者、工程师、运动员、商人、工业家、地主、地方官员和退伍军人等无党派人士，有 1/3 的新当选议员是初露头角的年轻人。选举结果反映了民众希望政局稳定、以经济建设为主和奉行非对抗政策的愿望。

1985 年 3 月 21 日，巴基斯坦国民议会选举赛义德·法哈尔·伊玛姆为议长，参议院选举伊沙克·汗为参议院议长。哈克于 3 月 23 日宣誓就任总统，并提名前铁道部部长穆罕默德·汗·居内久（Mohammad Khan Junejo）任总理。24 日，议会一致通过居内久任总理的提名。4 月 10 日，由 20 名内阁成员组成的居内久文官政府宣誓就职。以和平方式向民选政府移交权力，这在巴基斯坦建国后的政治发展史上还属破天荒，是巴基斯坦政治生活民主化进程中迈出的重大一步。

为了取消军法管制，最终完成从军法管制向文官政府的过渡，1985 年 3 月 10 日，哈克总统修改和恢复了 1973 年宪法。这是巴基斯坦政治发展史上具有历史意义的事件。

居内久就任总理后，提出恢复政党和政党活动、建设民主政治基础的议案。12 月 16 日，参议院通过了 1985 年政党修正法。该法规定，制定政党法的目的，一是保证政治活动的进程尽可能地不受限制；二是任何政党在法律面前均不受歧视；三是政党活动应有利于国家。该法的主要内容有两个方面：其一，当选国民议会和省议会的议员不得改变党籍，以保持政党的稳定性；其二，政党要进行登记，并受法律的监督和制约。

在做好以上准备工作后，1985 年 12 月 30 日，哈克总统在巴基斯坦两院联席会议上宣布，在全国范围内取消军法管制，恢复宪法，取消除受宪法保护以外的一切军事管制法令和条例，解散军事管制机构和军事法庭。当天，居内久总理宣布取消自 1965 年以来实行的长达 20 年的紧急状态，恢复公民基本权利。哈克总统和居内久总理协商后，于 12 月 29 日任命了四个省的文职省长。

居内久总理对哈克总统取消军管给予了高度评价。他赞誉哈克总统是巴基斯坦历史上把政权和平移交给议会的第一个总统。至此，议会开始拥有最高权力，巴基斯坦进入民主治理时期。巴基斯坦结束八年半的军法统治，不仅受到国内各阶层人民和各方面人的士热烈欢迎，而且受到国际舆论的普遍欢迎。

居内久总理执政后宣布了他的施政纲领。其主要内容如下：以巴基斯坦国家意识为基础，建立强大的伊斯兰民主制国家；建立能消除贫困、保证人民富裕的平等的经济秩序；消除文盲，为国家进入现代科学时代做准备；肃清行贿受贿、非法活动和其他社会弊病，让人民享有安全与正义；通过建设强大的国防和执行不结盟的平等外交政策，维护领土完整和提高国家的声望。居内久的施政纲领实质上是要发动一场社会与经济革命，是要把巴基斯坦建成“伊斯兰福利国家”。

六　贝娜齐尔·布托、纳瓦兹·谢里夫两人两次轮流执政

1988 年 11 月 16～19 日，巴基斯坦举行了国民议会选举和各省议会选举，以贝娜齐尔·布托为首的人民党获胜。1988 年 12 月 1 日，伊沙克·汗总统任命贝娜齐尔·布托为巴基斯坦总理，组织新内阁。贝娜齐尔·布托成为巴基斯坦和伊斯兰世界第一位最年轻的女总理。但是，贝娜齐尔·布托在 1990 年 8 月被总统解职。仅隔三年，即 1993 年 10 月，贝娜齐尔·布托再次执政。在贝娜齐尔·布托两次执政期间，巴基斯坦政治经济有了较大发展。由于巴基斯坦政治结构的特殊性，1996 年 11 月 5 日，巴基斯坦总统法鲁克·莱加里以巴基斯坦国内社会治安恶化等原因解散国民议会并解除总理贝娜齐尔·布托的职务。1999 年，贝娜齐尔·布托携家人流亡国外，2007 年 10 月 19 日结束流亡返回巴基斯坦，12 月 17 日在巴基斯坦拉瓦尔品第市举行的竞选集会上遭遇自杀式炸弹袭击，不治身亡。

纳瓦兹·谢里夫（Muhammad Nawaz Sharif）在齐亚·哈克时期开始其政治生涯。1988 年 8 月，他在信德省组织起由 10 个政党参加的伊斯兰联盟。1990 年，伊斯兰联盟在大选中获胜，谢里夫组阁。1993 年，因一项大胆的经济计划引起贝娜齐尔·布托领导的反对党的指责，谢里夫被迫辞职。1997 年 2 月 4 日，谢里夫在巴基斯坦议会选举中再次获胜，开始了他第二次总理生涯。作为一位虔诚的伊斯兰，谢里夫主张将《古兰经》中的教义作为中学生必修课，并在巴基斯坦实现工业革命。谢里夫上台后着手利用议会的力量剥夺总统解散经选举产生的政府的权力，并解散新成

立的安全委员会。1997 年 4 月 1 日，国民议会通过宪法修改案。该修改案剥夺了总统解散政府、任命武装部队首脑和省长的权力。

七 穆沙拉夫执政

佩尔韦兹·穆沙拉夫（Pervez Musharraf）于 1943 年 8 月 22 日出生于德里。幼年时随家人迁居到巴基斯坦最大的城市卡拉奇，并在那里读完了高中。1961～1964 年在巴基斯坦军事学院学习，后在某炮兵团任职，获得过“卓越”“新月”等勋章。1991 年 1 月被提升为少将，成为步兵师指挥官。1995 年晋升陆军中将后镇守与印度接壤的旁遮普省，任战略要地马格拉军区司令员。1998 年 10 月出任巴基斯坦陆军参谋长，同时晋升上将军衔。1999 年 4 月任参谋长联合委员会主席。

1999 年 10 月 12 日，穆沙拉夫在出席斯里兰卡建军节庆祝活动后，与其他 198 名乘客乘坐巴基斯坦国际航空公司 PK－805 航班由科伦坡回国。但在飞机起飞后不久，巴基斯坦国家电视台突然播放了总理谢里夫签发的命令，宣布解除穆沙拉夫的职务，而且不许穆沙拉夫乘坐的飞机降落，要求其飞往阿联酋。面对危险，穆沙拉夫一面命令驾驶员继续按原定计划飞往卡拉奇，一面用无线电与忠于自己的将军取得联系，果断地决定与谢里夫展开较量。卡拉奇驻军得到穆沙拉夫的命令后，迅速占领卡拉奇机场，控制机场指挥塔。飞机在油料仅能维持 7 分钟的紧急情况下最终安全降落。穆沙拉夫指挥的第 10 军也迅速包围了国家电视台、电台以及其他主要设施，并将总理谢里夫所在的总理官邸包围，将谢里夫及其他忠于谢里夫的官员软禁。13 日凌晨，穆沙拉夫宣布解散谢里夫政府，在全国实施军管，成立国家安全委员会，穆沙拉夫任军法管制首席执行官。

1999 年 11 月 10 日，谢里夫被以企图谋杀、劫机等罪名起诉，并被逮捕入狱。2000 年 4 月 6 日，卡拉奇反恐怖法庭以企图谋杀、恐怖、教唆、劫机等罪名判处谢里夫无期徒刑，并处罚款 4 万美元，没收其全部财产。在沙特阿拉伯的斡旋下，谢里夫于 2000 年 12 月 10 日获得特赦，全家流亡沙特阿拉伯。

2000 年 5 月，巴基斯坦最高法院裁定这起“军事接管”是“必要的行动”，承认穆沙拉夫政府的合法性。2001 年 6 月 20 日，穆沙拉夫宣誓就任巴基斯坦总统。2002 年 4 月 30 日，巴基斯坦举行全民公决，公决支持穆沙拉夫在 10 月大选后继续担任总统。同年 11 月 16 日，穆沙拉夫再度就任巴基斯坦总统，任期 5 年。2007 年 9 月，穆沙拉夫被一些反对党领导人及律师向最高法院提出指控，指控其作为总统兼任陆军参谋长违反宪法，而且认为担任陆军参谋长这一军职的穆沙拉夫没有资格参加下一届总统选举。最终，最高法院驳回了这一指控，穆沙拉夫顺利参加了新一届总统选举。2008 年 1 月 24 日，穆沙拉夫在选举中获胜，并于 28 日辞去陆军参谋长一职，于 29 日正式宣誓就任巴基斯坦新一任总统。2008 年 8 月 18 日，穆沙拉夫在伊斯兰堡总统府发表讲话，他表示为了国家和民族的利益，辞去总统职务。

穆沙拉夫上台执政后采取的重大举措是启动南亚和平。2002 年 1 月 5 日，在第 11 届南亚区域合作联盟首脑会议开幕式上，穆沙拉夫在大会发言时突然说：“我向瓦杰帕伊总理伸出真诚的友谊之手，我们必须共同来启动南亚的和平、和睦与进步的历史。”而且在讲完话以后，他真的走向印度总理瓦杰帕伊，向瓦杰帕伊伸出“友谊之手”。[①] 在两国关系处于极度紧张的关键时刻，穆沙拉夫主动与印度改善关系，从而赢得了世界的广泛赞誉。

2001 年 12 月，印度国民议会遭到枪击，印巴两国关系骤然紧张，双方在克什米尔控制线两侧和边界集中了 100 万军队，两个均拥有核武器的国家之间的战争一触即发。在这一危急时刻，穆沙拉夫主动与瓦杰帕伊握手就显得特别重要。穆沙拉夫的“友谊之手”避免了自 1971 年以来印巴之间的最大危机，挽救了南亚和平，防止了印巴进一步陷入一场可能引起核战争的严重冲突。

2003 年 4 月 23 日，穆沙拉夫在欢迎到访的阿富汗总统卡尔扎伊时正式宣布，巴基斯坦愿意就包括克什米尔在内的所有悬而未决的问题与印度举行全面对话。

---

① 易如成：《命运之使者——穆沙拉夫》，世界知识出版社，2003，第 16 ~ 17 页。

经过艰苦努力，2004 年 1 月，在南亚区域合作联盟第 12 届首脑会议上，两国关系得到进一步改善。穆沙拉夫与瓦杰帕伊再次举行会晤，两位领导人就共同关心的问题及克什米尔等重要的地区事务交换了看法。双方认为，前几个月两国为恢复相互信任所采取的措施取得了积极的成果。穆沙拉夫在记者招待会上说："我们书写了历史。"2 月 16 日，两国谈判代表举行正式会晤。会谈中，双方都指出，在过去 50 多年里，克什米尔问题一直是双方争论的焦点，但印巴都认为克什米尔问题不能靠军事行动来解决。

穆沙拉夫另外一个重大举措是参加国际反恐联盟。2001 年发生的"9·11"事件，对于美国来说，其影响不亚于"二战"中的珍珠港事件。对于巴基斯坦来说，最棘手的是，美国发现"9·11"事件是受到阿富汗塔利班政权庇护的本·拉登的"基地"组织所为。而阿富汗塔利班政权是受到世界上仅有几个国家承认的政权，这几个国家中就有巴基斯坦。

美国为了进军阿富汗，打击塔利班，抓捕本·拉登，必须得到巴基斯坦的支持。布什总统打电话要求穆沙拉夫开放巴基斯坦领空，允许以巴基斯坦为基地打击恐怖主义。穆沙拉夫面临空前难题。支持布什打击恐怖主义，必然遭到国内伊斯兰极端宗教势力的强烈反对，而且要与自己培植多年并与之有密切关系的塔利班政权决裂。穆沙拉夫在极其复杂的国际国内形势下，毅然决定参加国际反恐联盟，并站到反恐的最前线。

2001 年 10 月 7 日，美国对阿富汗塔利班政权及拉登领导的"基地"组织进行打击。为了支持美国的军事行动，巴基斯坦允许 50 万美军通过其领土进入阿富汗，并提供 3 个空军基地。巴基斯坦成为美国反恐战争的指挥基地。

巴基斯坦在国内也展开了大规模的反恐战争。巴警方逮捕了不少"基地"组织分子，截获了大量爆炸物以及其他用于恐怖袭击的工具，还挫败了一系列重大的恐怖袭击阴谋。美国对巴基斯坦的反恐成果给予了积极评价。2004 年 2 月，美国特种部队和巴基斯坦军警联合围剿位于巴基斯坦西北地区的"基地"组织，据说，这次围剿行动针对的目标就是

"基地"组织头号人物本·拉登。

穆沙拉夫的反恐努力得到了一定的回报。美国、英国、日本等国家先后取消了因核试验而对巴基斯坦施加的制裁。而且，美国及其盟国还给予巴基斯坦巨额贷款和援助，使巴基斯坦成为仅次于以色列和埃及的第三大美元受惠国。此外，巴基斯坦还与阿富汗新政权建立了友好关系。

穆沙拉夫的第三个贡献是推动巴基斯坦各领域的改革进程。穆沙拉夫执政后提出了 7 点治国方针，全面规划了巴基斯坦的发展方向。这 7 点分别是：重塑民族信心和提高全民士气；通过加强联邦制和消除各省之间的不和以恢复民族凝聚力；复苏经济和吸引投资者；确保法律和法规的顺利实施；推进国家机构非政治化进程；下放权力；消除腐败。

穆沙拉夫通过军事政变上台执政后推行民主制，举行全国大选，如期还政于民。其具体措施有：建立统一的中央行政体系，把国家利益置于最高位置，保持政治经济和国家管理的连续性，结束各省之间、地区之间、部族之间的不和，建立公正、统一的国家。2000 年底，举行了全国地方政权选举，全国有 900 多万选民参加选举，建立了新一届地方政权。2002 年 4 月 9 日，穆沙拉夫宣布举行全民公决。同年 4 月 30 日，全民公决顺利进行，投票结果表明，96% 的投票者支持穆沙拉夫继续执政。2002 年 10 月，又举行了国民会议和省级议会选举，并宣布为妇女预留席位和废除伊斯兰单独选举的制度，从而结束了 20 世纪 80 年代以来一直存在的伊斯兰单独选举的制度，保证了包括基督教徒和印度教徒在内的少数弱势群体能同伊斯兰一起参加全国大选。2002 年 11 月 24 日，选举产生了以米尔·扎法鲁拉·汗·贾迈利为总理的新内阁。穆沙拉夫将政府权力移交给民选总理，兑现了还政于民的诺言。

穆沙拉夫在推行民主政治的同时也打击极端势力，维护国家的稳定。由于巴基斯坦复杂的民族矛盾和宗教教派争端，加之克什米尔争端的存在，极端主义势力在巴基斯坦有着广阔的发展空间，国内恐怖活动时有发生，恐怖组织甚至将矛头指向穆沙拉夫本人。为了打击恐怖主义，2001 年 10 月 22 日，巴基斯坦政府颁布《反恐法》。根据该法，政府有权不经起诉就对恐怖主义疑犯实施长达 1 年的监禁，并有权对疑犯及其家属的银行账号进行调查。2002 年初，巴基斯坦政府在全国逮捕了 2000 多名极端分子，取缔并查封了 600 多处极端组织机构和办事处。

巴基斯坦信德省海得拉巴市反恐怖法庭对美国《华尔街日报》记者珀尔被绑架、谋杀一案做出判决，首犯奥马尔被判处死刑，3 名同案犯被判处终身监禁，同时还判处每名案犯缴纳 50 万卢比（约合 8333 美元）的罚金。

此外，巴基斯坦还协助中国政府打击“东突”分子。穆沙拉夫曾表示，巴方坚决反对恐怖主义，决不允许包括“东突”恐怖主义势力在内的任何人利用巴基斯坦领土从事任何反对中国的活动。2003 年 12 月 23 日，巴基斯坦军方发言人肖克特·苏丹在伊斯兰堡宣布，中国通缉的“东突”恐怖分子头目艾山·买合苏木已在巴方 10 月初的一次反恐行动中被击毙。总的来看，巴基斯坦政府在反恐斗争中取得了初步胜利。

穆沙拉夫执政后不久公布了振兴经济计划，强调自力更生。在宏观上，放弃对经济的过度控制，建立能够持续发展的经济基础；在微观上，打击走私活动，增加税收。

八 纳瓦兹·谢里夫第三次执政

2007 年 8 月 23 日，巴基斯坦最高法院做出裁定，允许流亡海外的谢里夫回国并参加议会选举。2013 年 5 月，谢里夫领导的伊斯兰联盟（谢里夫派）积极开展竞选活动，获得议会 342 席中的 186 席，谢里夫第三次当选总理。

谢里夫就任新总理后，其新政府面临内政、外交方面的诸多难题。内政方面主要是发展经济、改善民生，其次是改善安全形势。谢里夫当选总理后，在国民议会上就关于提升国民经济、改善人民生活环境发表了演说。他指出，大范围的停电、失业、物价上涨、经济衰退给人民带来了极大的不便。由于巴基斯坦面临严重的能源危机，如电力短缺，所以新政府为解决能源危机制订了一系列切实有效的计划。谢里夫于就职第二天就能源问题召开专门会议，会议提出了一系列具体措施：降低发电成本，以此确保合理的供电价格；督促在建发电项目按期完工发电。

基础设施建设方面，谢里夫在就职演讲中明确提出要推进连接中国喀什到瓜达尔港的铁路、公路项目建设，制定并实施中巴经济走廊建设规划，加快巴基斯坦经济发展。

安全方面，明确提出改善巴基斯坦的安全形势，承诺与巴塔和谈。巴塔对谢里夫新政府提出的和解有积极反应，5月17日，巴塔发言人表示，如果新政府有和谈诚意，巴塔会宣布停火。就在同一天，正义运动党候任开伯尔－普赫图赫瓦省首席部长呼吁与塔利班和谈，他称塔利班不是敌人，大家同是这片土地的儿子，应当坐下来协商解决一切问题。但是5月29号美国无人机袭击巴塔二号指挥官，巴塔随即宣布撤回同意对话承诺，巴基斯坦强烈反对，谢里夫称美国侵犯巴基斯坦主权。6月7日，美国的无人机又对北瓦济里斯坦进行袭击，谢里夫公开表示，美国的无人机袭击侵犯巴基斯坦主权，巴基斯坦政府也正式表态，抗议美国的无人机袭击。

在外交政策上，谢里夫致力于改善同印度的关系，提出在1999年《拉合尔宣言》的基础上与印度重建政治互信、发展经贸、促进人员往来，逐步解决各种难题。时任印度总理辛格向谢里夫发去贺电。谢里夫表示，希望邀请辛格参加他的就职典礼。在与阿富汗的关系上，谢里夫多次表示支持阿富汗和平进程，于2013年11月30日对阿富汗进行访问；阿富汗总统卡尔扎伊也在谢里夫当选的第一时间向其表示祝贺。在与美国的关系方面，谢里夫有意加强与美国的关系。在与中国关系方面，谢里夫继续促进中巴关系发展，对发展与华经贸和基础设施建设有较高期望。在就职当天，谢里夫公开提出建设连接中国新疆喀什到巴基斯坦瓜达尔港的公路和铁路，并于7月5日对中国进行国事访问。

第四节　著名历史人物

一　穆罕默德·伊克巴尔

巴基斯坦诗人、哲学家。1877年生于旁遮普省锡亚尔科特城的商人家庭。1895 年进入拉合尔国立学院学习。1899 年获旁遮普大学文学硕士学位。1905 年留学英、德。1908 年获德国慕尼黑大学哲学博士学位，同年在伦敦加入伊斯兰联盟伦敦支部。1911 年任拉合尔国立学院哲学教授。后从事伊斯兰教改革运动。1923 年被旁遮普省省督爱德华·麦克拉根（Edward Maclagan）授予爵士称号。1926~1929 年被选为旁遮普省立法议会议员。

1930 年，伊克巴尔任伊斯兰联盟主席。他第一个明确提出在南亚次大陆西北部建立一个单一的伊斯兰占绝大多数的国家，这为巴基斯坦的建立奠定了理论基础。

哲学上，伊克巴尔认为抽象化了的人的个性即“自我”是世界的本质、生命的源泉和社会发展的动力。他用乌尔都文和波斯文写作。伊克巴尔的诗篇表达了他对民族独立的渴望，宣传了自己的宗教哲理。主要诗作有《驼队的铃声》《赛义德墓志铭》《秘密与奥秘》《杰伯列尔的羽翼》《汉志的赠礼》等。他的诗篇立意新颖、文笔细腻、辞藻华丽，而且他也善于在抒情诗中表达深刻的哲理。此外，他还著有阐述伊斯兰教改革理论的《伊斯兰教宗教思想的重建》等。伊克巴尔受到巴基斯坦人的尊重，被称为巴基斯坦的“精神之父”。巴基斯坦政府规定伊克巴尔 11 月 9 日诞辰作为全国性的节日——伊克巴尔节，并拨款 10 万卢比建立伊克巴尔学院，用以研究他的诗文、哲学和政治思想。①

二 穆罕默德·阿里·真纳

巴基斯坦民族独立运动的领袖，巴基斯坦国创建者。真纳于 1876 年 12 月 25 日生于卡拉奇。父亲蓬迦·真纳是卡拉奇的皮革商人。1892 年，真纳离开印度，前往英国伦敦学习。1896 年取得伦敦林肯律师学院高级律师资格。1896 年，真纳回到卡拉奇，从事律师业务。1897 年，真纳前往孟买，创办律师事务所。1906 年，真纳开始他的政治生涯。这一年他加入了印度国民大会党，并担任党主席达达巴伊·纳奥罗治的秘书。

1912 年，伊斯兰联盟召开会议，真纳应邀参加。这是他第一次参加

① 参见刘乐声、王士录等《巴基斯坦》，上海辞书出版社，1988。

穆盟会议。1913 年，真纳正式加入伊斯兰联盟，同时又是国大党党员、立法议会的议员，成为具有一定影响和地位的知名人物。

第一次世界大战期间，真纳将很大精力倾注于伊斯兰教徒与印度教徒之间的团结工作。第一次世界大战后，印度人民的反英斗争进一步高涨。面对这种形势，1920 年 12 月，国大党在那格浦尔举行年会，通过了不合作纲领。真纳不同意甘地的不合作纲领，于 1921 年脱离国大党，并放弃一切公职，仅保留穆盟盟员资格。

1930 ~ 1934 年，真纳居住伦敦，从业律师。1930 年 11 月 12 日，英国国王在伦敦召开第一次解决印度问题的圆桌会议，真纳是 58 名英属印度代表之一，是穆盟代表团的领导人。著名的伊斯兰哲学家和诗人穆罕默德·伊克巴尔也出席了会议，他认为，真纳长期坚信和为之辩护的伊斯兰与印度教徒的团结是难以实现的，因此主张分治，要求建立统一的伊斯兰国。伊克巴尔的观点对真纳产生了影响。1934 年，真纳被选为穆盟终身主席；同年 10 月，真纳再次被孟买的伊斯兰选为中央立法议会议员。1938 年 4 月 21 日伊克巴尔逝世后，真纳将他建立独立的伊斯兰国家的思想继承下来，成为伊斯兰公认的领袖。1940 年 3 月 22 ~ 24 日，穆盟在拉合尔召开了具有历史意义的第 27 届年会。会议通过了著名的《巴基斯坦决议》。决议要求伊斯兰聚居的省份脱离印度，建立一个伊斯兰国家。真纳创办了《黎明报》，积极宣传拉合尔年会的决议。第二次世界大战期间，真纳将全部精力用于争取建立巴基斯坦国的事业。1944 年 9 月 4 ~ 27 日，真纳就印度未来前途问题在孟买同甘地会谈。甘地坚持印度是一个民族的观点；真纳则认为，伊斯兰和印度教徒分属两个不同的民族，要求国大党同意建立巴基斯坦国。谈判未能达成协议。1947 年 6 月 3 日，《蒙巴顿方案》公布，印度分成印度和巴基斯坦两个自治领。旁遮普省、信德省、开伯尔 - 普赫图赫瓦省及俾路支省组成西巴基斯坦，东孟加拉和阿萨姆的一部分组成东巴基斯坦，东西巴合称巴基斯坦自治领。6 月 10 日，在真纳领导下，穆盟批准了分治方案，开始组建政府。

1947 年 8 月 14 日，真纳宣誓就任巴基斯坦自治领首任总督，被正式授予“伟大领袖”称号。巴基斯坦国家成立后，百废待兴，教派冲突非常严重，国家经济残破不堪。真纳积劳成疾，染上肺结核，于 1948 年 9 月 11 日病逝于卡拉奇，终年 72 岁。①

三 阿尤布·汗

巴基斯坦第二任总统、巴基斯坦伊斯兰联盟（大会派）前主席。1907 年 5 月 14 日，阿尤布·汗生于印度开伯尔－普赫图赫瓦省阿伯塔巴德市附近的里哈纳村。他的父亲里萨德·梅杰是印度军队中的一名低级军官，是个有强烈宗教思想的伊斯兰民族主义者。阿尤布·汗早年在印度阿里加伊斯兰大学读书。由于父亲的关系，他对军事很感兴趣。1926 年，19 岁的阿尤布·汗被选送到英国桑赫斯特皇家军事学院就读。1928 年，他到英国皇家狙击兵团服役。1929 年回印度，在第 14 旁遮普团任职。第二次世界大战期间，他为该团第一营营长，赴缅甸前线对日作战。1947 年初晋升上校，任全印募兵委员会主席，在印度军队中以指挥才能闻名。同年巴基斯坦独立，因得到巴基斯坦首任总理的宠信，历任要职。1948 年 12 月任驻东巴第 14 师师长。1950 年成为巴基斯坦陆军副总司令。1951 年 1 月晋升上将，被总督纳泽穆丁任命接替道格拉斯·格拉西出任陆军总司令。1954 年 10 月出任国防部部长。

1958 年，巴基斯坦政局动荡。阿尤布·汗与米尔扎总统密谋发动了“10·7”军事政变，宣布全国进入军事统治时期。阿尤布·汗起初被指定为军法管制首席执行官和武装部队最高统帅，继而又被任命为总理兼国防部部长及克什米尔事务部部长。10 月 27 日宣誓就职后，他便流放了米尔扎，接管政权，宣布实行总统内阁制，自任总统兼国防部长、武装部队最高统帅、军法管制首席执行官。1959 年 10 月被授予元帅军衔。1960 年 2 月 17 日全国举行“基层民主”选举，当选第一任民选总统。1963 年 5 月参加伊斯兰联盟（大会派），12 月当选党主席。1965 年大选中再次当选总统，并兼任武装部队最高统帅、国防部部长和国家计划委员会主席。

阿尤布·汗改善了对华关系，明确表示愿为中美关系的改善助一臂之

① 参见沈永兴、马细谱主编《世界历史名人谱·现代卷》（二），人民出版社，1998。

力，做中美两国“非常诚实的经纪人”。1965 年 3 月，毛泽东和周恩来会见了访问中国的阿尤布·汗。

1969 年 2 月 22 日，阿尤布·汗发表特别广播讲话，宣布他将不参加下届总统竞选并决定将政权移交于陆军司令叶海亚·汗。1974 年 4 月 20 日因心脏病在伊斯兰堡逝世。主要著作有自传《要朋友，不要主子》。[①]

四 佐勒菲卡尔·阿里·布托

巴基斯坦政治家，第四任总统，第九任总理，巴基斯坦人民党创始人、终身主席。1928 年 1 月 5 日，布托生于信德省拉卡纳县一个富有的贵族家庭，英国殖民统治时期其父曾在孟买政府中担任部长级职务和信德省政府首席顾问。1950 年，布托获美国加利福尼亚伯克利大学政治学和国际法学士学位，接着入英国伦敦基督教会大学和牛津大学法学院深造，于 1952 年获法学硕士学位。1953 年在伦敦林肯律师学院获高级律师资格。大学毕业后，由于成绩优异，受聘于英国南安普顿大学讲授国际法，成为该校第一位亚洲籍讲师。

1953 年，布托从英国返回巴基斯坦，在卡拉奇伊斯兰法学院任宪法学讲师，同时兼任信德省高等法院律师。布托立志改革，积极从事政治活动，1954 年起任信德省青年阵线主席。他因其政治活动才能受到巴基斯坦总统伊斯坎德尔·米尔扎赏识。

1958 年 10 月，布托被吸收入阁，年仅 30 岁，是内阁中最年轻的部长。布托在阿尤布·汗政府中担任部长职务。

在加入阿尤布·汗政府初期，布托积极支持阿尤布·汗总统提出的施政纲领和政策措施。内政方面，他支持土地改革、实现基层民主、制定宪法和实行总统制等一系列主张。外交方面，他赞成阿尤布·汗制定的对美政策和对华友好政策。1966 年，因在结束第二次印巴战争的《塔什干宣言》问题上的分歧，布托与阿尤布·汗总统分道扬镳，暂离政界。

① 参阅沈永兴、马细谱主编《世界历史名人谱·现代卷》（二），人民出版社，1998。

1967年，布托重返政界。当时巴基斯坦人民对阿尤布·汗军人政府的长期统治已感厌倦，人心思变。在此情况下，布托于1967年11月组织巴基斯坦人民党，自任党主席。布托表示，人民党要实行“类似斯堪的纳维亚半岛所实行的社会主义”和英国工党的“社会主义”。布托激烈反对阿尤布·汗总统及其政策，提出要求大选和改革社会经济制度的口号，很快赢得中小资产阶级和知识分子的广泛支持。

1968年11月，阿尤布·汗下令逮捕并监禁布托。但在国内强大压力下，阿尤布·汗被迫于1969年2月释放布托，并且于同年3月将政权移交于陆军司令叶海亚·汗。1970年12月，全巴国民议会选举结束，布托的人民党共获得82个席位，在紧接着举行的省议会选举中，人民党又在西巴基斯坦的两个主要省份信德省和旁遮普省获得多数席位。

1971年12月，叶海亚·汗政府因第三次印巴战争中巴基斯坦的失败而垮台。当时正在出席联合国大会和安理会的布托匆匆回国接管政府，就任总统兼军法管制首席执行官。

上台后，布托提出在巴基斯坦实行“伊斯兰社会主义”的目标，主张“给人民面包、衣服和住房”。他从1972年开始推行国有化政策，实行土地最高限额政策，在外交政策方面基本上坚持了独立自主的立场。

1977年7月5日，陆军参谋长齐亚·哈克上将发动军事政变，布托被捕入狱。拉合尔高等法院和巴基斯坦联邦最高法院对布托进行审讯，认为布托对1974年11月联邦治安部队袭击卡苏里的汽车，导致一人死亡的事件负责。1978年3月18日，拉合尔高等法院宣布布托犯有谋杀罪，判处其绞刑。经过几个月的审理，巴基斯坦联邦最高法院于1979年2月6日做出终审判决，维持拉合尔高等法院原判，判处布托绞刑。1979年4月4日凌晨，曾在国际政治舞台和巴基斯坦政坛叱咤风云的年仅51岁的布托走上绞刑架。著有《独立的神话》《巨大的悲剧》《巴基斯坦及其同盟》《巴基斯坦的政局》等书。[①]

① 参阅沈永兴、马细谱主编《世界历史名人谱·现代卷》（二），人民出版社，1998；陈继东、晏世经主编《巴基斯坦报告（2013年）》，云南大学出版社，2014。

第三章

政　　治

第一节　宪法及宪法修正案

一　建国初期的两部宪法

1. 1956 年宪法

巴基斯坦成立后，由于面临诸多困难，制定宪法的工作被搁置。1949 年 3 月 13 日，总理利亚格特·阿里·汗提出建国目标决议案，为新宪法制定了框架，这实际上是巴基斯坦制宪工作的第一步。该决议案规定：主权属于真主，但是执行权由人民选出的代表掌握；在公正、平等、宽容的伊斯兰原则下建立巴基斯坦联邦共和国；司法独立；保护少数民族的权利，伊斯兰应遵循《古兰经》的教训；在 1947 年成立的制宪会议内成立基本原则委员会，负责起草宪法。1950 年 9 月，基本原则委员会提出，新的政体应是在两院议会制基础上成立的对议会负责的政府。该决议案因东孟加拉省的反对而未能通过。直到 1955 年 6 月第二次制宪会议召开，经过总理穆罕默德·阿里·波格拉的积极工作，制宪会议方取得重大进展，终于制定出巴基斯坦第一部共和制和议会制宪法，即 1956 年宪法。该宪法于 1956 年 3 月 23 日实施，这一天被称为巴基斯坦共和国日。

1956 年宪法的主要内容有以下几点：第一，突出伊斯兰特色，重申 1949 年制定的建国目标决议案，强调巴基斯坦是伊斯兰国家，40 岁以上的伊斯兰方有资格担任总统；伊斯兰应遵循伊斯兰教义原则。

第二，建立强有力的中央政权。总统由联邦和两省立法机构的全部成员组成的选举团选举产生，任期 5 年，可连选连任。总统若不称职，经过国民议会 3/4 代表批准，可以罢免其职务。总统从国民议会议员中任命总理和内阁部长。总统权力受掌握实权的总理及内阁的限制，必须按总理和内阁的建议行使权力。总统有权否决国民议会通过的法案，但国民议会 2/3 多数可以否决总统的否决权；总统有权建议修改国民议会通过的法案，但总统修改法案须经议会多数同意。总统在议会休会期间有权发布法令，但议会会议开始六周后，总统颁布的法令即告期满。当国家处于非常情况下时，总统有权宣布“紧急状态”，在这期间，停止实行宪法规定的公民的基本权利。国民议会为巴基斯坦立法机构，共有 300 个席位，东巴和西巴各占 150 个席位。议员由选举产生，任期 5 年。议会每年召开两次会议，两次会议的间隔时间不得超过半年；对于召开会议的地点，宪法做了特殊规定，即每年必须在东巴的达卡举行一次会议。

第三，司法独立。最高法院、省高等法院等是司法系统的主体。最高法院设 1 名首席法官和 6 名法官，均由总统任命。经国民议会 2/3 多数同意，可以对不称职和生病的法官免职。最高法院有权对联邦政府涉及解释宪法的任何问题的裁决做出判决。省高等法院法官也由总统任命。省高等法院受理低级法院的上诉案件。

第四，巴基斯坦共和国实行联邦制，由东巴和西巴组成。宪法对联邦和省的权力规定如下：联邦政府享有管理国防、外交、货币、港口以及关系国家利益事项的权力，共计 30 项；联邦政府和省政府都有处理民事诉讼和刑事诉讼以及管理经济建设的权力等；省政府负责本地的社会治安、教育、卫生、社会以及发展建设；省政府制定的政策法令必须与联邦政府的有关规定保持一致；省长由总统任命；省长任命省内阁首席部长及其成员；两省议会各由 300 名议员组成，另保留 10 名妇女议员席位；宪法的修正须经国民议会 2/3 多数通过。

1956 年宪法是巴基斯坦第一部宪法，对巴基斯坦政治制度发展具有重要意义，其中的许多基本原则为以后两部宪法所遵循。

2. 1962 年宪法

阿尤布·汗在 1960 年被选为巴基斯坦总统后，立即任命了以夏哈布丁为首的由律师、法官和其他知名人士共 11 人组成的宪法委员会。1961 年 5 月 6 日，宪法委员会提出宪法报告，建议实行有限制的总统制、联邦制政府，实行一院制和成年选民直接选举制。阿尤布·汗对这些建议持否定态度，他在对宪法做了若干重大的、根本性的修改后于 1962 年 3 月 1 日颁布。新宪法也没有像原先许诺的那样交由公民投票决定，而是在 1962 年 6 月 8 日召开国民议会第一次会议时生效，所以人们称该宪法为“1962 年宪法”（亦称“阿尤布·汗宪法”）。从 1962 年 6 月到 1969 年 3 月，巴基斯坦按照 1962 年宪法进行治理。

1962 年宪法除继续坚持 1956 年宪法中关于伊斯兰教在国家中的地位和作用、实行联邦制、维护司法独立外，最大的特点是大力强化总统权力。1962 年宪法提出，议会制政府不适合巴基斯坦，因而采取总统制。总统不仅是国家元首，而且是政府首脑和武装力量最高统帅，在立法、行政和财政方面拥有广泛的权力。总统有权任命联邦政府各部部长和各省省长，有权任命检察长、最高法院首席法官、首席选举专员和其他许多传统上拥有相对独立行政权力的重要官员。宪法的修改需要征得总统同意，总统甚至可以因议会不同意而选择以公民投票的方式解散议会。

1962 年宪法的特点是对民众、议会都不信任，总统独揽大权，司法并未真正独立，因此其公布和实施成为之后巴基斯坦政治生活中存在重大争论的问题之一，这也是导致阿尤布·汗下台的一个重要原因。1969 年 3 月 25 日，阿尤布·汗宣布把权力移交给陆军总司令叶海亚·汗。叶海亚·汗宣布废除 1962 年宪法，解散国民议会和省议会，实行军法管制。1970 年 12 月，全国举行大选，穆吉布·拉赫曼领导的人民同盟在东巴基斯坦获胜，而佐勒菲卡尔·阿里·布托领导的人民党在西巴基斯坦获胜。1971 年 3 月 26 日，东巴独立，成立孟加拉国。同年 12 月，叶海亚·汗将权力移交给布托，布托出任总统。

二 1973 年宪法的产生及其主要内容

1971 年 12 月布托担任总理和总统后，着手制定巴基斯坦新宪法。1972 年 4 月 15 日，布托政府向国民议会提交巴基斯坦临时宪法草案。国民议会经讨论修改后，于4月17日批准了巴基斯坦临时宪法，4月20日经布托签署后生效。1973年2月17日，国民议会开始讨论宪法草案，4月10日，国民议会134名议员投票表决，125票赞成，从而通过了巴基斯坦第三部宪法。1973年8月14日，新宪法正式颁布实施，故称为“1973年宪法”（也称“布托宪法”）。

1973年宪法分为序言、正文、附表几个部分。其中正文部分有导语、基本权利与政策原则、巴基斯坦联邦、省、联邦与省的关系、财政、财产、合同与诉讼的关系、司法机关、选举、伊斯兰条款、紧急状态条款、宪法的修改以及其他规定，共计13编。附表内容包括宪法第8条第3款第2项的说明、第43条第3款的说明、就职的誓词、立法事项表与联邦法事项表，法官的报酬、服务条件和待遇、第268条第2款中“非经总统批准不得变更、废除或修改的法律”的说明。

1973年宪法的主要内容如下。

巴基斯坦的国体是西方议会制和总统制相结合。议会是国家最高立法机构和权力机关，由国民议会和参议院组成。国民议会又称下议院，有200个席位，按人口比例分配给各省，由成年选民自由选举产生；参议院又称上议院，有63个席位，各省议会14席，联邦直辖部落地区5席，联邦首都地区2席。议会处理的议案分为两大类，第一类议案由国民议会提出并通过后交参议院审议，参议院在收到议案的90天内做出是否同意或修改的决定，若逾期不做决定，则视为通过；如果议案经修改通过或被参议院拒绝，国民议会须重新审议，如果第二次通过，则只需上报总统批准。第二类议案两院均可以提出并通过，通过后交另一院审议，如果另一院同意，则由提出议案的院报经总统批准；如果议案被另一院拒绝或在90天内被否决或经修改通过，则两院举行联席会议，如果两院联席会议多数通过，则直接报总统批准。

联邦政府最高行政机构是以总理为首的内阁，各省为省长和以省首席部长为首的省政府。总统为国家元首，代表巴基斯坦伊斯兰共和国。总统批准由国民议会提名的总理候选人担任总理职务并接受总理及内阁的宣誓；总统有权任命各省省长、总检察长、首席选举专员和首席法官以及最高法院的其他法官；总统有权决定赦免和缓刑，并有权对巴基斯坦国内任何法院、法庭做出的判决，决定减免刑、暂缓执行或改判；总理应向总统汇报关于内政外交的情况和联邦政府拟向议会提出的所有立法建议；总统因身体或精神不适或被指控有违宪或严重不端行为时，可予免职；议会两院联席会议经议会全体议员2/3多数同意即可宣布总统不适合担任总统职位；总统在履行其职权时，应根据总理的建议行事，此类建议对总统具有拘束力。

总理是政府首脑，由国民议会多数选举产生。总理有权任命内阁各部部长及国务部长。总理及内阁对国民议会负责。国民议会可以以3/4多数通过不信任案撤换总理，但在不信任案中须提出继任总理人选，而且在审查联邦财政预算期间国民议会不得提出不信任案，如果不信任提案未获通过，6个月内不得再提出新的不信任案。

宪法规定，巴基斯坦是联邦制国家，由四个省组成。省长是各省的宪法首脑，首席部长是省政府首脑，首席部长及其政府对省议会负责。联邦与省之间的立法、行政关系由宪法加以规定。联邦议会有权制定适用于巴基斯坦全国的法律，省议会有权制定适用于本省的法律。总统可以任命四省中一省的省长作为其代理人。

此外，宪法还规定，巴基斯坦是伊斯兰国家，一切现行法律必须同《古兰经》和圣训所规定的伊斯兰戒律保持一致；设立伊斯兰委员会，就所有法律与伊斯兰教的关系及其他相关问题发表咨询意见；只有伊斯兰才能担任国家最高职务；伊斯兰必须遵循伊斯兰原则，按伊斯兰教义生活；同世界其他伊斯兰国家建立并保持兄弟关系。

1973年宪法的特点在于限制并削弱了总统权力，加强了议会的权力，建立了议会制联邦政府，给各省以充分的自治权，促进了巴基斯坦民主政治制度的发展。

三 1985年宪法修正案

齐亚·哈克执政时期，为完成从军法管制向民主治理过渡，1985年3月2日，哈克总统对1973年宪法进行了如下修改：将议会改名为咨询会议（议会）；强调巴基斯坦的伊斯兰属性；扩大总统的权力，以保持总统与总理间权力平衡；各省省长有权任命省首席部长，但须经过总统批准；宪法的修改不仅需要国民议会2/3多数同意，而且还须得到各省议会同意；成立由总统、总理、三军参谋长、参谋长联席会议主席和四省首席部长组成的国家安全委员会，作为咨询机构而非决策机构。

国民议会对哈克提出的宪法修改进行了长期的激烈辩论，最后国民议会以多数票通过该修正案。10月31日，参议院也通过了这一修正案。

1985年宪法修正案对1973年宪法的修改和恢复是哈克总统为取消军管、实行民治采取的重要步骤，因此哈克称1985年3月10日为恢复宪法日，是巴基斯坦政治发展史上具有历史意义的日子。由于对1973年宪法内容所做的修改比较广泛，多达43条，所以有人称1985年宪法修正案为“1985年宪法”。

四　1997年宪法修正案

1985年10月31日批准的巴基斯坦宪法第8修正案，赋予总统解散议会、解除总理职务的权力，对之后巴基斯坦的政治产生了深远影响。宪法第8修正案被形容为悬挂在民选立法机构头上的“达摩克利斯之剑”。从1988年至1996年4届民选政府均被总统仗“剑”解散。宪法第8修正案成为影响巴基斯坦政局稳定的重要因素。

1993年，谢里夫准备修改宪法第8修正案，但遭到伊沙克·汗总统的强烈反对，谢里夫被解职。1997年2月再次执政后，谢里夫与莱加里总统达成协议，不在近期内修改宪法，并接受了莱加里总统对旁遮普省省督的任命，从而稳住了莱加里总统。但一俟时机成熟，谢里夫就采取突然行动，在一夜之间完成了几任政府一直想实施都未实施的政治改革。4月1日，谢里夫突然发表电视讲话，提出修改宪法第8修正案的动议。第二天，国民议会和参议院均以多数通过了这一提案，取消了总统解散国民议会及任命省督的权力，改由总理任命省督和军队首脑。总统权力被削弱，民主得到加强。

1997 年 4 月 2 日的修宪体现了政府与反对党空前的合作精神，国民议会以 190 票对 0 票通过了修宪提案。

五 2003 年宪法修正案

巴基斯坦国民议会于 2003 年 12 月 29 日以 248 票比 0 票通过了加强总统权力的宪法第 17 修正案。这样一来，巴基斯坦总统穆沙拉夫将有权解散国民议会和任免总理。这是穆沙拉夫与主要反对党“联合行动同盟”（MMA）达成妥协的结果。作为交换条件，穆沙拉夫将在 2004 年 12 月 31 日前辞去陆军参谋长职务。尽管存在一些分歧，但修正案在无人投反对票的情况下得以通过。与穆沙拉夫在 2003 年 8 月 21 日提出的修正案相比，这一妥协结果在一定程度上限制了穆沙拉夫的权力。例如，他在罢免总理时必须提前与总理商议，并在 15 天内获得最高法院的支持。

1999 年 10 月 12 日，穆沙拉夫解散谢里夫政府，自任军法管制首席执行官。巴基斯坦国内外要求恢复议会和民选政府的呼声不断，穆沙拉夫也在逐渐兑现其还政于民的诺言。2001 年 6 月 20 日，他颁布“临时宪法令”，宣誓就任总统。2002 年 4 月 30 日，巴基斯坦举行全民公决，穆沙拉夫获得今后 5 年继续担任总统的合法地位。同年 10 月，巴基斯坦举行了自 1999 年政变以来的首次地方和联邦议会选举，并于 11 月组成了以贾迈利为总理的民选政府。然而，穆沙拉夫颁布的宪法修正案颇受争议。根据修改后的宪法，他将继续担任总统并兼任陆军参谋长，有权解散政府和国民议会，有权委任巴基斯坦武装部队参谋长联席会议主席和三军参谋长。这一宪法修正案赋予总统极大的权力，而且只是在巴最高法院的授权下做出的，并没有送交国民议会审议和批准，因而引来国内外一片反对声。于是，穆沙拉夫表示，当年 10 月议会选举后产生的新一届国民议会将有权推翻宪法修正案。在 10 月的大选中，支持穆沙拉夫的伊斯兰联盟（领袖派）虽然联合部分党派成功组阁，但两大反对党——巴基斯坦人民党议员团和“联合行动同盟”在议会中拥有较多席位，它们在很多问题尤其是在修宪问题上与穆沙拉夫存在根本分歧。

自2002年11月新一届国民议会开幕以来，反对党持续开展抵制宪法修正案的活动，坚持只有议会才有修改宪法的权力，要求限制穆沙拉夫的权力，并迫使其早日脱去军装。国际社会也有要求限制穆沙拉夫权力的声音。2003年4月底，双方达成初步妥协，决定共同组成委员会就宪法修正案进行讨论，将有争议的部分交国民议会表决。5月，巴基斯坦政府一位重量级人物向反对党建议，让反对党考虑给予穆沙拉夫两年时间脱下军装，这显示政府原先的强硬立场有所松动。此间舆论认为，穆沙拉夫此次同意与反对派达成协议是经过反复权衡的结果，目的在于对内顺应社会对民主的要求，对外树立国家的良好形象，同时也使自身的权益得到保证。执政联盟和反对党在协议中同意共同支持修改宪法，反对党在国民议会和省议会的代表在投票时不得缺席且不得投票反对总统。

六 2010年宪法修正案

巴基斯坦国民议会于2010年4月8日一致投票通过宪法第18修正案，同意废除前总统穆沙拉夫颁布的宪法第17修正案。该修正案共有102项条款，包括将总统部分权力移交给总理，并在涉及中央与地方分权等重大敏感问题上做出调整；总统权力向总理和议会集中，总统只是象征性的国家元首，无权解散议会、撤换总理，总统在总理建议下任命三军领导人、省长等重要官员。宪法第18修正案取得了以下成果。立法方面，总理和议会的权力得以加强，总理掌握国家实权，拥有人事豁免权；通过建立政党介入和控制国家重大事务，议会的权威得到极大巩固；地方政府的自治权得到扩大，废除了中央和省的“共同立法表”，大部分立法权转交省议会。经济方面，中央授权各省向国内外发行债券，在国家经济委员会的监督下提供担保以增加其财政职能；各省的资源如汽油、矿产等与中央平分。司法方面，中央成立“行动委员会”确保地方权力的实施；改革司法机构，确定了司法人员任命机制，即先由司法委员会提名，后由执政党与反对党对等组成的特别议会委员会确认；为从法律上防范军人政变，规定政府只承认正式任命的总统。

第 18 修正案在一定程度上改变了国内政治力量对比和宪政架构，有利于巴基斯坦政治经济社会的发展，但是也面临着许多问题，如党派之争，地区、民族分裂的潜在危险，军人干政现象的持续存在，未能从根本上解决巴基斯坦的社会矛盾。

2010 年 12 月 22 日，巴基斯坦议会一致通过宪法第 19 修正案，赋予总理一定的任命高等法院和最高法院法官的权力，并由总统对决定结果进行最终确认。2012 年 2 月 20 日，巴基斯坦议会通过宪法第 20 修正案，取消了由总统任命看守政府总理的权力，改由总理和反对党领导人协商确定。除此之外，宪法第 19 修正案还包括延长选举委员会任期等内容。①

第二节 国家机构

一 国家元首

总统是巴基斯坦象征性的国家元首，由国民议会和参议院两院联席会议选举产生。总统候选人的资格：必须是伊斯兰，且是年龄在 45 岁以上的巴基斯坦公民。

总统任期 5 年，可以连选连任，但连任不得超过两届。总统因外出或因生病不能履行职责时，由总理代行其职务。

二 政府首脑

总理是全国最高行政首脑。1973 年宪法规定，总理由议会两院联席会议选举产生，并由总统任命。任何更换总理的决定都需要国会简单多数通过，同时在决议中提出继任人选。总理病故或自动离职时，总统可以指定最有名望的部长履行总理职责，直到新总理选出。1985 年宪法修正案规定，总理由总统直接任免。1997 年宪法修正案又废除了总统直接任免

① 参考李青燕《巴基斯坦宪政改革及其影响》，《国际问题研究》2010 年第 5 期。

总理的条款，从而扩大了总理的职权。2003 年宪法修正案规定，总统有权罢免总理，但需要同总理协商；总理是内阁首脑，领导内阁，主管全国日常事务和向总统提供建议。2010 年 12 月 22 日，巴基斯坦议会一致通过宪法第 19 修正案，赋予总理一定的任命高等法院和最高法院法官的权力，并由总统对决定结果进行最终认可。2012 年 2 月 20 日，巴基斯坦议会通过宪法第 20 修正案，取消了由总统任命看守政府总理的权力，改由总理和反对党领导人协商确定。

三　内阁

内阁是全国最高行政机构，对议会负责。内阁由总理及各部部长组成，而且内阁成员必须是国会议员。

组成内阁的主要部门有：国务部，商业和贸易部，文化、体育和旅游部，教育部，财政、经济事务、计划和发展部，食品和农业部，外交部，卫生、特殊教育和社会福利部，住房、就业和环境部，信息和广播部，工业部，内务部，克什米尔事务和北方事务部，人力和海外巴基斯坦人部，法律、司法和议会事务部，麻醉品控制部，石油和天然气资源部，人口福利部，生产部，铁道部，宗教事务和少数民族事务部，科学和技术部，土邦和边境地区部，妇女发展部，青年事务部。

各部设部长，部长之下又设有国务部长，以协助各部部长进行管理。各部内又设有司，每个部所设司级机构数量不等；司是独立部门，负责政策制定，每个司设一位司长和一位副司长，还设有一个或多个独立或半独立的直属企业。比如，生产部掌握多个制造公司，如国家化肥生产公司、国家水泥公司、炼油和石油化学公司等。

每个司下设一个至多个局级部门，每个局下又设多个办事处，这些处遍布全国。

联邦政府中设有一些地位十分重要的独立机构，如首席检察官、审计长、选举委员会、联邦公共服务委员会、伊斯兰意识形态咨询委员会、联邦土地委员会、首席部长视察委员会、最高司法委员会、全国财政委员会、国家经济委员会、公务人员考选委员会等。

联邦政府各部和司、局的工作，受1973年布托颁布的有关条例约束。这些条例规定了各部的职能，各部部长、司长、局长的权限和应遵循的原则。根据宪法原则，各部部长须由总理从议会议员中选任。

四　联邦独立委员会

全国财政委员会　负责中央和省财务工作的独立机构。主要职责是对所得税、销售税、出口税等税收的分配和补助金的分配提出建议。由总统和省长协商后任命，任期5年。提出的任何建议都须经国民议会和省议会讨论。

国家经济委员会　为维持国家经济的持续发展和实现经济发展中始终一致的目标，并系统地阐述和制定国家的金融、商业和经济政策而由总统负责建立的经济机构。成员由总统任命，是负责国家宏观经济政策的重要机构。

选举委员会　专门负责中央及地方选举事务的独立机构。由总统任命的选举专员任主席，任期5年；委员由选举专员和高等法院首席法官协商，从各高等法院中各选一名法官充任。其职责是：为国民议会和省议会的选举准备名册，每年修改一次；组织国民议会和省议会的选举；在议会解散期间，在半年内筹划新的选举，如果议员空缺，则需要进行补选；负责总统选举事宜。

选举专员与本届议会共存，未得到高等法院首席法官和最高司法委员会的同意，总统不得罢免选举专员。选举委员会除在中央设有机构外，在各省及地方均设有相应机构。

公务人员考选委员会　独立于政府和司法部门的机构。主要负责国家和地方公务员的考核、任命、升降、撤职和退休等事务。委员会主席和委员在联邦政府由总统任命，在地方由省长任命；委员会的规模根据实际情况而定。

最高司法委员会　负责监督法官履行职责的机构。由总统任命，成员包括最高法院首席法官，两名最高法院法官以及各省高等法院首席法官。主要职责是颁布最高法院和高等法院法官必须遵守的行为准则并监督执行。

伊斯兰教意识形态咨询委员会 其主要职能是研究使现存法律与《古兰经》、“逊奈”中的教谕保持一致的问题；向中央及省政府提出使巴基斯坦伊斯兰按照伊斯兰教原则生活的方法。随着巴基斯坦伊斯兰化的加强，该委员会的作用逐步扩大。

五 省政府及地方政府

省政府受联邦政府领导。联邦政府掌握重要权力，但各省也享有一定的自主权。省政府负责本省的民事、刑事事务，维持本省治安；发展本省教育事业；管理本省农业、工业、商业和交通运输业；处理本省与外省有关事宜。各省为了维护本省的经济和政治利益常与联邦政府发生冲突。

1. 省政府

省内阁是省最高行政机构，由首席部长领导，由各部部长组成。省内阁集体向省议会负责，主要行政职责是在本省贯彻执行中央政府的政策和法律，并协助中央工作。

省长是省最高行政长官，由总统任命，任期 5 年。任职资格是：国民议会议员，年龄 35 岁以上。

省长的主要职权有：与总统协商任命省议会议长；从省议会中选任省首席部长和各部部长；省议会通过的议案须经省长批准方能生效；在省议会休会期间制定和公布有关法令，其颁布的法令与省立法机构颁布的法令具有同等效力。

省首席部长由省议会中的多数派领袖担任，1973 年宪法规定，省首席部长由省议会选举产生，但最后均须由省长任命。省内阁各部部长则由省长与总统协商从省议会议员中选任。首席部长辞职时省内阁自动解散。省议会可以以多数票通过不信任案，罢免首席部长。首席部长空缺时，由最有资格的部长履行其职责。首席部长可以对省长的工作提出建议，也可以要求省长解散省议会。

省议会是省立法机关。设议长、副议长职，议员人数根据各省情况而定。议员均由选举产生；议员资格、任期和职责与国民议会议员相同。省议会通过的议案，必须经省长批准后方有效。议案送交省长后，省长需在一周内做出答复，若一周内未做出答复，议案则被视为通过。

省议会的主要职责有：为本省制定法律和法令；规定省政府的组织结构和各行政部门的职责；选举或罢免省首席部长；弹劾包括省长在内的行政和司法官员。

2. 地方政府

巴基斯坦省级行政区之下的地方政府分为地区、县、区（市）和乡镇四级。

地区政府由省政府直接领导，主要职责是贯彻执行中央政府和省政府的政策；监督和协调下级地方政府的工作；负责本地区的经济发展和社会进步工作。

地区政府一般由 63 人组成，其中省政府委派 23 人，本地区选举 40 人。主席由省政府任命，主要负责本地区的日常行政事务，并领导所属各县的行政工作。

巴基斯坦现有 13 个地区，其中旁遮普省 5 个，分别是巴哈瓦尔普尔、拉合尔、本尔坦、拉瓦尔品第和萨戈达；开伯尔－普赫图赫瓦省 3 个，分别是德拉·伊斯梅尔·汗、马拉坎德、白沙瓦；信德省 3 个，分别是海得拉巴、卡拉奇、凯尔普尔；俾路支省 2 个，分别是卡拉特和奎达。

县政府一般由 65 名委员组成，其中地区政府委派 26 人，本县选举 39 人。县政府最高行政长官由地区政府委派，称为副专员，负责本县的日常行政事务，代管税收、治安等工作。

县政府主要负责本县的经济发展、社会进步。

区政府由 25 名委员组成，其中 7 名由县政府副专员任命，18 名由本区选举产生。每区平均管辖 15 个乡或 150 个村。区政府主要是协助县政府做好本区各项工作。

市政府与区政府平级，是由县所辖的行政机构。市政府一般由 14 名委员组成，其中县政府委派 4 名，市民选举 10 名。政府主席由县政府委派，副主席由选举产生。市政府主要负责城市发展规划、经济发展；改善居民的生活条件；管理城市的公共卫生等。

在巴基斯坦，14 万人以上的城镇便称为市，由县政府领导。市政府之下设有市辖区政府，是市政府所辖的最基层政府，与乡镇政府同级。市辖区政府由 6 ~ 10 名委员组成，均由本区居民选举产生；委员会设主席。市辖区政府主要负责本区社会福利事业、计划生育工作，提高居民的道德修养水平。市辖区政府数量由市的规模大小而定。市辖区政府管辖区的居民人口在 8000 ~ 10000 人，最多不超过 14000 人，但不得少于 4000 人。

乡、镇政府与市辖区政府是巴基斯坦最基层的行政机构。乡政府由 10 ~ 15 名委员组成；委员由本乡年满 21 岁的巴基斯坦男女公民选举产生；委员的资格是本乡常住巴基斯坦男女公民，年满 21 岁。平均每 800 人选出 1 名乡政府委员，巴基斯坦共有 37959 个村庄，组成约 3414 个乡政府。

镇政府由 9 名成员组成；成员的选举与乡政府委员相同。巴基斯坦共有 222 个镇委员会。

乡政府和镇政府均各设 1 名主席和副主席。主席和副主席从本乡、镇委员会中选举产生，若有 2/3 的委员赞成，可撤换主席或副主席。

乡、镇政府委员会主要负责本乡、镇的工农业发展，征收各种税收，修建和护理本乡、镇道路，改善环境卫生、居民的福利和健康状况，解决饮水等问题。

第三节　立法与司法

一　立法机构

议会是巴基斯坦最高立法机构，实行两院制，即国民议会（下院）和参议院（上院）。

1. 国民议会

国民议会是巴基斯坦最重要的立法实体，是巴基斯坦人民实行民主、多党制的具体载体。国民议会通过辩论、要求休会、质询等方式和常务委员会对行政机构实行监督，以保证政府的行为遵守宪法及保护公民的基本权利。国民议会的其他主要职能是选举和罢免总统、通过法律和法令、制定税收政策、审批提案和审批年度财务计划和报表等。

根据巴基斯坦宪法第 18 修正案，国民议会由 342 名议员组成，包括妇女和非伊斯兰，议员在巴基斯坦成年公民中选举产生。议员席位分配情况如下：伊斯兰议员 332 席，非伊斯兰议员 10 席，女议员 166 席。其中旁遮普省 183 席，信德省 75 席，开伯尔－普赫图赫瓦省 43 席，俾路支省 17 席，联邦直辖部落地区 12 席，联邦首都地区 2 席。非伊斯兰中，基督教徒 4 席，印度教徒 4 席，锡克族、佛教徒和其他少数民族团体 2 席。

国民议会由议长负责。国民议会议长是巴基斯坦仅次于总统、总理和参议院议长的第四号人物，同时也是继总理之后继任总统的第二号人物。国民议会议长责任重大，即使在议会被解散时，他也需要继续留任，直至新议长选出。

国民议会新当选议员宣誓后方能成为正式议员。宣誓结束后，所有议员签名。议员的誓词如下。

> 我庄严宣誓：我将效忠于巴基斯坦。作为一名国民议会议员，我将尽我的一切所能，忠实地按照巴基斯坦伊斯兰共和国宪法和法律、议会条例，为巴基斯坦主权、领土完整和国家繁荣贡献力量。我将力争维护巴基斯坦价值基础——伊斯兰意识形态。
>
> 我将保卫巴基斯坦伊斯兰共和国宪法。愿真主保佑我。

国民议会议员的座位安排，由议长决定。一般说来，内阁成员坐在议长的右边，反对党议员坐在议长的左边。

议员任期 5 年，因议会被解散或议员辞职、死亡，任期可能会缩短。

议员的基本资格是：必须是巴基斯坦公民；年龄不低于 18 岁；必须参加本届议会的选举；必须完成巴基斯坦伊斯兰共和国宪法第 62 条所规定的任务。

对国民议会的开会时间也做了规定，每年必须召开三次会议，两次会议的间隔时间不得超过 130 天。

根据宪法第 54 条第 1 款，巴基斯坦总统签署议会开会的召集令，在召集令中规定会议召开的日期、会期和地点（通常在议会大厦），必须立即在全国广播电视中公布议会的会期，通常是将开会的通知送到每位议员的家中。国民议会议长也可以根据25%议员的要求，宣布召开国民议会会议。如果有25%的国民议会议员提出要求，会议必须在14天内举行。议员也可因特殊情况请求议长休会。

根据宪法第87条第1款，国民议会设立秘书处，负责人为秘书长。所有对外联络、命令或报告都须经秘书长签名。议员提出的所有问题、动议或解决办法亦须秘书长同意。秘书长还是国民议会所有委员会讨论记录的总负责人。秘书处下设司法、行政管理和公共关系三个分部。

2. 参议院

根据1973年宪法，巴基斯坦于1973年8月6日又成立了参议院。根据宪法第18修正案，参议院共104个议席，设主席和副主席各一人。议员名额的分配是：各省14名；联邦直辖部落地区8名；普通议员2名，其中1名是妇女，1名为联邦首都地区选出的包括阿訇在内的技术专家；由各省议会选出的女议员4名；由各省议会选出的包括宗教学者在内的技术专家4名；非伊斯兰4名。

参议院是一个常设立法实体，是巴基斯坦政治生活连续性的象征。宪法对参议员的选举方法做了规定，参议员任期6年，每3年更换一半；若因死亡、无能力、失职或调职出现职位空缺，则由各省议会议员进行中期补缺选举。参议员年龄不得低于30岁，而且必须参加某一省的选举。

参议院主席和副主席任期3年，均由参议员秘密投票选出，所获票数必须过半方能当选。根据宪法，参议院主席在总统到国外访问或总统因死亡、撤职和辞职而使总统职位空缺时，可代行总统职权；如果参议院主席也出国或因故不能代行总统职权，则由国民议会议长代行总统职权，代行总统职权的时间一直到新总统被正式选出或总统返回巴基斯坦，或直到总统恢复履行职务时为止。

作为议会的一部分，参议院有权通过法案；有权提出修改宪法议案；有权提出除财政议案以外的一切议案，而且只需简单多数票通过（宪法修改案需2/3的多数票）；有权向内阁提出质询；对国民议会提出的议案有一次否决的权力。

参议院有12个常设委员会。根据宪法规定，这些委员会有权讨论各部存在的任何问题，并有权召集有关部门讨论相关问题。这12个委员会是：内阁、政府机构、妇女、管理和公共事业委员会；国防、军工生产和航空委员会；商业、工业、生产、通信和铁路委员会；石油与天然气资源，水力资源委员会；财政与经济事务，计划与发展，统计与居民福利委员会；外交事务，克什米尔事务，北部地区、邦和边境地区委员会；新闻广播、文化、体育与青年事务和旅游委员会；教育、科学和技术研究委员会；司法与议会事务、宗教事务和少数民族事务委员会；内政、劳工、人力和海外巴基斯坦侨民委员会；食品与农业、畜牧业、农业研究，地方政府和农村发展委员会；卫生、环境与城市事务，特殊教育和社会福利委员会。

除这些常设委员会，还设有条例、程序和财政委员会以及落后地区发展委员会、图书馆委员会等。

参议院每年须举行3次会议，两次会议之间相隔80天以上。经1/4参议员同意，参议院主席有权召集会议。

参议院有自己的秘书处，处理参议院日常事务；秘书处第一负责人是参议院所有委员会的秘书长。

参议院创办有新闻杂志，刊登参议院工作简讯。

二　司法机构

巴基斯坦中央设最高法院；各省设高等法院，另有其他法院行使民事和刑事裁判权。最高法院和高等法院根据巴基斯坦联邦宪法设立；其他法院是根据议会法令或省议会法令而设立。根据宪法，还设立了司法专员（或称司法巡视官）。

1. 法院系统

最高法院　是巴基斯坦最高司法机构，由1名首席法官和若干名法官组成。除首席法官外，有13名法官。首席法官由总统亲自任命，其他法官则由首席法官推荐，由总统任命。最高法院法官必须是巴基斯坦公民，担任5年以上高等法院法官，或在高等法院担任15年律师。首席法官和其他法官 65 岁退休。

最高法院享有原始裁判权、上诉裁判权和司法裁判咨询权。最高法院可对联邦政府、省政府或省与省之间的争执做出判决。如果最高法院认为巴基斯坦宪法所保障的基本权利受到侵犯，它将采取一切适当的措施来保障这些基本权利。这些均属原始裁判权。上诉裁判权是指最高法院有权对高等法院、联邦沙里亚法院和部门上诉法院提出的判决、公告、决议做出裁决。司法裁判咨询权是指在任何时候对任何法律问题，总统都可以向最高法院提出咨询，最高法院则向总统提供相关的法律解释。

最高法院常驻地是伊斯兰堡，但也轮流在拉合尔、卡拉奇、白沙瓦和奎达设立临时法庭。

全巴基斯坦的行政和司法机构均须协助最高法院办理案件。最高法院做出的任何司法决定对全巴基斯坦的所有法院都具有约束力。最高法院有权对它做出的任何判决或最后决定进行复查。

高等法院 省最高司法机构。伊斯兰堡首都区受旁遮普的拉合尔高等法院管辖。高等法院由首席法官和若干名法官组成。旁遮普省拉合尔高等法院、信德省高等法院、开伯尔－普赫图赫瓦省白沙瓦高等法院和俾路支省高等法院现在分别有 40 名、20 名、14 名和 4 名法官，其中均包括首席法官。

高等法院法官经总统和首席法官协商后由总统任命。高等法院法官需具备以下资格：必须是巴基斯坦公民，年龄 40 岁以上，在高等法院担任律师或司法官员满 10 年。高等法院法官工作到 62 岁退休。

拉合尔高等法院常驻地在拉合尔，另在巴哈瓦尔普尔、木尔坦和拉瓦尔品第设有分院。信德省高等法院设在卡拉奇，另在苏库尔设分院。白沙瓦高等法院设在白沙瓦，另在阿伯塔巴德和德拉·伊斯梅尔·汗设有分院。俾路支省高等法院设在奎达，另在锡比设分院。各省设分院需内阁官员与高等法院首席法官协商后方能决定。

高等法院有原始裁判权和上诉裁判权。根据宪法，高等法院享有的原始裁判权是指它可对以下法律问题做出判决，如在本司法管理辖区内，命令某人避免做违法的事或做法律所要求的事；宣布未经司法当局认可的条例、条规非法；审理受拘留的人。除根据宪法做出原始裁判外，高等法院还可根据巴基斯坦的任一法律做出原始裁判。高等法院有权撤销低级法院对任何民事和刑事案件的审理权，而改由高等法院审理。高等法院所享有的上诉裁判权是指它可以对低一级民事和刑事法庭做出的判决、公告、命令和处罚等进行复审。

高等法院有权对自身及其下属各级法院制定适当的条例、条规；有权监督和管理所有下属法院。

沙里亚法院　联邦沙里亚法院由 8 名伊斯兰法官组成，其中包括 1 名首席法官，均由总统任命。除首席法官外，其余法官中有 4 名具有高等法院法官资格，3 名为伊斯兰教法官。

沙里亚法院拥有原始裁判权和上诉裁判权。沙里亚法院可以检查和决定法律或法律条文是否与《古兰经》和“逊奈”一致。如果认为某项法律或法律条文与伊斯兰教训诫相矛盾，沙里亚法院可宣布该法律或法律条文无效。对于任何与伊斯兰教训诫相矛盾的联邦法律或省法律，总统或省长须采取措施加以修正，以使其与伊斯兰训诫保持一致。

对刑事法庭关于酗酒、偷盗、通奸和诬陷通奸案件的判决，沙里亚法院有绝对的权力做出自己的裁决。

沙里亚法院常驻伊斯兰堡，但也在拉合尔、卡拉奇、白沙瓦和奎达设有巡回法庭。

民事法院　在巴基斯坦，省以下各地区均设有民事审判法院，这是审理民事案件最主要的原始裁判法院。除地区审判法院之外，还有许多民事审判法庭。地区法院对其下属民事审判法庭拥有监督管理权，也有权取消民事审判法庭对案件的审理权，而改由自己行使，还有权对民事法庭的判决进行复审。

刑事法院　在巴基斯坦，每个地区都设有刑事审判法院和地方治安法院。死刑和酗酒、偷盗、通奸和诬陷通奸案则归刑事审判法院审理；刑事审判法院可根据法律做出各种判决。对触犯法律但未构成死刑罪的案件则由地方治安法院审理。地方治安法院又分为一级地方治安法院、二级地方治安法院和三级地方治安法院。对刑事审判法院判决不服者，可以上诉到高等法院；对地方治安法庭判决不服者，可以上诉到刑事审判法院，如果刑期在4年以上，则可以上诉到高等法院。

特别法院和法庭 特别法院和法庭是在宪法的授权范围内为审理特殊案件而设。在巴基斯坦，有以下特别法院和法庭：审理银行犯罪特别法院、特别海关法院、交通运输特别法院，药品（麻醉品）法院、劳工法院、反腐败特别法院、商业法院、保险业上诉法庭、所得税上诉法庭、行政法庭。特别法院需要上诉的案件，由高等法院审理，劳工特别法院和交通运输特别法院例外。特别法庭是享有极大权力的司法实体，其管辖的案件若提起上诉，则直接由巴基斯坦最高法院受理。

为减少案件延误和节省时间，巴基斯坦增加了高等法官、附属刑事法官、民事法官和地方治安法官人数。

2. 法律与司法司

法律和司法司是联邦政府及部、司、局以及省政府关于法律问题的顾问和协商机构。另外，还代表巴基斯坦政府管理诉讼，负责任命法律官员。

法律和司法司的另一个重要职能是代表巴基斯坦政府管理诉讼。1989/1990财政年度，法律和司法司接到联邦政府各部、司诉讼状11330件。

1989/1990财政年度，向各级法院和法庭提出1740件诉状，其中最高法院141件，高等法院576件，行政法庭278件，劳工法院108件，初级法院613件，沙里亚法院24件。

法律和司法司还负责任命法律官员，其中包括首席检察官、副首席检察官和常设辩护律师以及法律顾问。为任命司法顾问及负责有关法律事务，组成了有首席检察官、法律和司法部部长、司法秘书参加的委员会。

1988年9月，联邦法律和司法部成立了联邦法律研究院。

3. 司法监察公署

司法监察公署是受“莫塔锡布”（Mohtasib）的影响而设立的。莫塔锡布是早期伊斯兰教思想中的概念。现在许多伊斯兰国家建立了莫塔锡布公署，以保障本国公民受到法律的公正对待。18世纪，瑞典国王查理十二世（karl XII）模仿奥斯曼帝国，在瑞典建立相似制度，后来西方国家相继采纳这一制度。

这一司法制度在巴基斯坦的建立和完善，经历了一个过程。1972 年巴基斯坦临时宪法第 276 条规定，在联邦和各省设立司法监察专员。但是，这一制度正式建立并发挥作用是在 1983 年发布“建立司法监察公署令”之后。

司法监察专员由总统任命，任期 4 年。除因丧失工作能力和处置失当外，不得中途撤换。即使因丧失工作能力和处置失当，需要撤换，也必须由最高司法委员会集体决定。值得注意的是，该职位不具有政党和政治属性，因而不受党派和政局的影响。

司法监察专员的主要工作是调查分析及修正因联邦机构或联邦政府（不包括最高法院、最高司法委员会、联邦沙里亚法院、高等法院、巴基斯坦外交与国防以及陆海空三军官员）处理不当而造成的冤假错案；强化管理当局的责任意识。

司法监察专员可以对联邦机构或政府的决定、工作程序、工作态度以及实际工作情况做出是否为弊政的判断。不作为罪及违法罪是指与法律、条例、规则相违背，或背离常规或程序的行为；不合法、独断专行或不合理、不公正、偏执、压制和歧视等行为；因动机不纯和腐败而失职的行为。此外，还包括管理中玩忽职守、懈怠、无能、不称职以及未尽义务等相关行为。

司法监察专员有权要求有关当局修改或取消不正确的决定，在规定时期内勒令有关人员加以改正，若未能达其目的，有权向总统陈述，再由总统做出执行的决定。

巴基斯坦历任总督、总统和总理分别见表 3 - 1、表 3 - 2、表 3 - 3。

表 3 - 1　巴基斯坦历任总督

姓名	任职时间
穆罕默德·阿里·真纳	1947. 8. 14 ~ 1948. 9. 11
克瓦贾·纳泽姆丁	1948. 9. 14 ~ 1951. 10. 19
古拉姆·穆罕默德	1951. 10. 19 ~ 1955. 8. 7
伊斯坎德尔·米尔扎	1955. 8. 7 ~ 1956. 3. 23

表 3－2　巴基斯坦历任总统

姓名	任职时间
伊斯坎德尔·米尔扎	1956. 3. 23 ~ 1958. 10. 27
穆罕默德·阿尤布·汗	1958. 10. 27 ~ 1969. 3. 25
穆罕默德·叶海亚·汗	1969. 3. 25 ~ 1971. 12. 30
佐勒菲卡尔·阿里·布托	1971. 12. 30 ~ 1973. 8. 14
法扎尔·伊拉希·乔杜里	1973. 8. 14 ~ 1978. 9. 16
穆罕默德·齐亚·哈克	1978. 9. 16 ~ 1988. 8. 17
古拉姆·伊沙克·汗	1988. 8. 17 ~ 1993. 7. 18
瓦西姆·沙迦德	1993. 7. 18 ~ 1993. 11. 14
法鲁克·艾哈迈德·莱加里	1993. 11. 14 ~ 1997. 12. 2
瓦西姆·沙迦德	1997. 12. 2 ~ 1998. 1. 1
穆罕默德·拉斐克·达拉	1998. 1. 1 ~ 2001. 6. 20
佩尔韦兹·穆沙拉夫	2001. 6. 20 ~ 2008. 8. 18
阿西夫·阿里·扎尔达里	2008. 9. 9 ~ 2013. 7. 30
马姆努恩·侯赛因	2013. 9. 9 ~

注：1947 年 8 月至 1956 年 3 月，巴基斯坦实行总督制，穆罕默德·阿里·真纳、克瓦贾·纳泽姆丁、古拉姆·穆罕默德、伊斯坎德尔·米尔扎为总督。1956 年 3 月 23 日，巴基斯坦公布了第一部宪法，改国名为巴基斯坦伊斯兰共和国，改总督制为总统制，国家元首称总统。

表 3－3　巴基斯坦历任总理

姓名	任职时间
利亚格特·阿里·汗	1947. 8. 15 ~ 1951. 10. 9
克瓦贾·纳泽姆丁	1951. 10. 19 ~ 1953. 4. 17
穆罕默德·阿里·波格拉	1953. 4. 17 ~ 1955. 8. 11
乔杜里·穆罕默德·阿里	1955. 8. 11 ~ 1956. 9. 12
H. S. 苏赫拉瓦迪	1956. 9. 12 ~ 1957. 10. 18
I. I. 昌德里加尔	1957. 10. 18 ~ 1957. 12. 16
费洛兹·汗·努恩	1957. 12. 16 ~ 1958. 10. 27
努鲁尔·阿明	1971. 12. 7 ~ 1971. 12. 18

续表

姓名	任职时间
佐勒菲卡尔·阿里·布托	1973.8.14～1977.7.5
穆罕默德·汗·居内久	1985.3.23～1988.5.28
贝娜齐尔·布托(女)	1988.12.2～1990.8.6
古拉姆·穆斯塔法·贾托伊(看守内阁总理)	1990.8.6～1990.11.6
穆罕默德·纳瓦兹·谢里夫	1990.11.6～1993.7.18
莫因·库雷什(看守内阁总理)	1993.7.18～1993.10.19
贝娜齐尔·布托(女)	1993.10.19～1996.11.5
马里克·梅拉吉·哈里德(看守内阁总理)	1966.11.5～1997.2.17
穆罕默德·纳瓦兹·谢里夫	1997.2.17～1999.10.12
米尔·扎法鲁拉·汗·贾迈利	2002.11.24～2004.6.26
乔杜里·舒贾特·侯赛因(过渡总理)	2004.6.26～2004.8.20
肖卡特·阿齐兹	2004.8.27～2007.11.16
穆罕默德·米安·苏姆罗	2007.10.16～2008.3.25
优素福·拉扎·吉拉尼	2008.3.25～2012.4.26
拉贾·佩尔韦兹·阿什拉夫	2012.6.22～2013.3.25
米尔汗·哈萨·霍索	2013.3.25～2013.6.5
穆罕默德·纳瓦兹·谢里夫	2013.6.5～

第四节　政党、团体

一　主要政党

巴基斯坦的政党颇具政治特色。在建国后短短60年中，巴基斯坦先后存在的政党达数百个，其中只有少数几个政党存在的时间较长，其余政党均是昙花一现，生命力不强；但新的政党又不断涌现，现有政党大约200个。一方面，政党本身不稳定，与巴基斯坦特殊的历史和现实的政治结构——总统、军队和政府“三驾马车”并存有直接关系；另一方面，政党林立，时聚时散，这又给巴基斯坦政治发展带来不利影响。总的来看，巴基斯坦政党政治的效率不高。

巴基斯坦政党的兴衰与政党领导人的生死有直接关系，领导人去世后，该党也随之衰落，这种现象在大党中表现得特别突出。比如，巴基斯坦曾经影响最大的伊斯兰联盟，因真纳逝世很快分裂为几派，实力遭到极大削弱，从而也对巴基斯坦政治发展产生很大影响。

巴基斯坦政党的地域性特别明显。许多政党的活动范围局限在一个省或一个城市。比如，巴基斯坦人民党主要在信德、旁遮普活动；民族民主党主要活动范围是俾路支省和开伯尔－普赫图赫瓦省；伊斯兰促进会（又称伊斯兰党）主要在旁遮普活动；伊斯兰神学者协会的主要基地在旁遮普；全国移民运动主要在卡拉奇开展活动。这种活动特点对巴基斯坦政治的稳定乃至国家的统一形成威胁。

巴基斯坦政党强调亲缘关系，各政党或派别利用亲缘关系进行政治斗争。比如，人民党创始人阿里·布托死后，布托夫人、布托的女儿和儿子继承其遗志，但因为贝娜齐尔·布托和其弟穆尔塔扎·布托有矛盾，人民党分裂为几派。

巴基斯坦建国后政局动荡，政权更迭频繁，导致军人干政，所以政党常处于被取缔状态。截至 1997 年，即巴基斯坦建国 50 年，军队直接掌管政权时间长达 25 年。其余时间军队虽未直接统治国家，但仍在政治生活中发挥着很大影响。在 1996 年 11 月贝娜齐尔·布托被解职事件中，军队起了重要作用。所以，巴基斯坦政党政治具有很大的局限性。

巴基斯坦伊斯兰联盟（Pakistan Muslim League，PML） 巴基斯坦伊斯兰联盟的前身是 1906 年 12 月 30 日创建的全印伊斯兰联盟，全印穆盟在巴基斯坦运动中，发挥了极为重要的作用，它是巴基斯坦运动的领导者和组织者。1930 年，全印伊斯兰联盟主席阿拉玛·穆罕默德·伊克巴尔提出在印度西北地区“建立一个单一伊斯兰国家”的设想。1940 年，全印伊斯兰联盟通过了建立巴基斯坦的拉合尔决议。1947 年巴基斯坦独立后，全印伊斯兰联盟改名为巴基斯坦伊斯兰联盟。

自巴基斯坦建国到 20 世纪 60 年代，巴基斯坦伊斯兰联盟是全国人数最多、影响最大的政党。党主席穆罕默德·阿里·真纳是巴基斯坦第一任总督。1955 年 8 月，巴基斯坦伊斯兰联盟同联合阵线组成联合政府。

1962 年，巴基斯坦伊斯兰联盟分裂为巴基斯坦伊斯兰联盟大会派和巴基斯坦伊斯兰联盟理事会派。前者的基本纲领是信仰伊斯兰教，主张各省平等，恢复 1956 年宪法，实行议会体制改革；后者在阿尤布·汗总统担任党主席后，于 1964 年 3 月成为执政党，主张贯彻 1962 年宪法，实行总统制和间接选举制，保持西巴的行政统一，限制东巴自治，鼓励发展私营企业，积极反对帝国主义、殖民主义，加强巴基斯坦与其他伊斯兰国家的联系。1969 年阿尤布·汗下台后，巴基斯坦伊斯兰联盟遭到极大削弱。1972 年 10 月，巴基斯坦伊斯兰联盟实现统一。后几经分裂和重组。

巴基斯坦伊斯兰联盟（领袖派）［Pakistan Muslim League（QA）］ 成立于 2001 年 3 月 25 日。现任主席为乔杜里·舒贾特·侯赛因。该党从穆盟（谢派）中分裂出来后，吸引后者诸多著名政治人物加盟，并在 2001 年地方政府县、市长选举中赢得 1/3 的席位，成为巴政坛上一支重要的政治力量。其主要势力范围在旁遮普省，在其他三省影响亦不断扩大。

巴基斯坦伊斯兰联盟（谢里夫派）［（Pakistan Muslim League-Nawaz Sharif，简称穆盟（谢派）］ 成立于 1906 年，当时称作全印伊斯兰联盟，1947 年巴基斯坦立国后改用现名。80 年代前几经分裂。1986 年 1 月由穆盟帕加罗派改组而成。1988 年 11 月大选前一度分裂，后又重新合并。党章规定要在巴实现政治、社会和经济改革。1993 年 3 月 18 日穆盟主席穆罕默德·汗·居内久病逝后，穆盟分裂成谢里夫派和居内久派（亦称恰塔派）。在同年的大选中，穆盟（谢派）成为巴基斯坦第二大党，也是最大的反对党。在 1997 年 2 月的大选中穆盟（谢派）在国民议会以 2/3 多数的议席赢得了胜利，组建政府。该党主席穆罕默德·纳瓦兹·谢里夫出任总理。1999 年 10 月 12 日，陆军参谋长穆沙拉夫接管政权，谢里夫被捕并被判刑，其夫人库尔苏姆代理党务。2000 年 11 月，以舒贾特·侯赛因为首的部分穆盟领导人反对加入国家民主联盟同人民党合作，与库尔苏姆等领导人产生分歧。前者组成穆盟（哈基基派），后者仍为穆盟（谢派），谢里夫为主席。12 月 10 日，谢里夫获释并流亡沙特，指定前卫生部长哈希米为穆盟（谢派）代主席。在 2002 年大选中，穆盟（谢派）在国民议会和参议院分获 19 席和 4 席。穆盟（谢派）现为参议院第二大党，国民议会第一大党。穆盟（谢派）领袖谢里夫于 2013 年 6 月当选新总理，成为巴历史上首位三度出任总理的政治家。穆盟（谢派）还在旁遮普省执政。

巴基斯坦人民党（Pakistan People's Party，PPP） 1967 年 11 月，佐勒菲卡尔·阿里·布托在拉合尔成立了巴基斯坦人民党。该党的基本纲领是“我们的信仰——伊斯兰教；我们的政治形式——民主；我们的经济制度——社会主义经济”，主张实行共和制；保障民主和自由；废除垄断资本，对重工业、银行、交通和保险公司等关系国计民生的部门实行国有化；肃清封建残余，实行土地改革，鼓励农村合作化运动；改善工人的生活条件和劳动条件，保障罢工权和工人的其他权利。该党宣称，要在实行社会主义经济的基础上，把巴基斯坦建设成一个没有阶级、没有压迫的新社会。该党的主要支持者在信德省和旁遮普省，主要成员是民族资产阶级、知识分子、青年学生和政府职员。

1971～1977 年，巴基斯坦人民党成为执政党。执政期间，人民党政府在全国进行土地改革，将土地免费分给农民，对银行、保险业和其他数十个基础工业部门实行国有化。在 1977 年 3 月全国大选中，人民党获得巨大胜利。反对党对选举结果不满，双方发生激烈冲突，齐亚·哈克宣布全国实行军事管制，人民党不能执政，而且党主席布托被捕并于 1979 年 4 月 4 日被杀害，人民党的其他领导人先后被捕入狱。布托夫人努斯拉特·布托和女儿贝娜齐尔·布托为继承布托的事业进行了不屈不挠的斗争。1988 年 12 月，人民党与莫哈吉移民运动以及其他几个独立政党联合，组成新政府，执政 3 年多。1993 年，贝娜齐尔·布托领导的人民党再次执政。1996 年 11 月 5 日，因被指控贪污腐化和治国无方，贝娜齐尔·布托被解除总理职务。人民党现分裂为三部分：一部分是元老派，一部分是贝娜齐尔·布托的支持者，另一部分是贝娜齐尔·布托的弟弟穆尔塔扎·布托的遗孀辛瓦·布托领导的烈士派。1997 年初举行的大选中，由于分裂，人民党力量遭到削弱，加之贝娜齐尔·布托被解职，人民党元气大伤，未能获胜。现任党主席为巴基斯坦已故前总理贝娜齐尔·布托之子比拉瓦尔·布托（Bilawal Bhutto）。人民党现为参议院第一大党、国民议会第二大党。

联合行动同盟（Mutahidda Majlis-e-Amal，MMA） 成立于2002年1月，是由巴基斯坦神学会（努拉尼派）、伊斯兰神学会（萨派）、伊斯兰神学会（法派）、伊斯兰促进会、贾弗里教规运动党和圣训党6个宗教政党为赢得全国大选组成的竞选联盟。主席为沙阿赫迈德·努拉尼（巴基斯坦神学会努拉尼派主席，2003年12月逝世），副主席为萨吉德·阿里·纳克维（贾弗里国家领导党主席）。联合行动同盟对穆沙拉夫全民公决计划和修宪计划持反对态度。2002年全国大选中，联合行动同盟在国民议会和参议院分别获得60个和18个议席，成为国民议会第三大、参议院第二大政治力量，并在开伯尔－普赫图赫瓦省单独执政。

伊斯兰促进会（Jamiat-i-Islami，JI） 1941年8月成立于拉合尔，创始人是毛拉那·阿布·阿拉·毛杜迪，主要活动基地在旁遮普，成员包括伊斯兰教神职人员和宗教意识浓厚的农民和城市小市民，也有部分知识分子参加。伊斯兰促进会主张把巴基斯坦建成一个神权国家，由埃米尔统治；严格遵循伊斯兰教义，在巴基斯坦实行沙里亚法；保护土地和其他生产资料私人占有制；在对外政策上，要求加强与伊斯兰国家的友好合作关系，反对与社会主义国家建立外交关系。伊斯兰促进会组织严密，最高领导人拥有很大的权力。由50人组成的中央咨询委员会，包括总书记（又称埃米尔）、教育委员、新闻情报委员、联系群众委员、社会福利委员、青年委员、农民委员和劳工委员等。在各省、县（市）、区建有类似的基层组织，下一级组织须对上一级组织负责。伊斯兰促进会拥有固定的收入，开办了许多学校、医院；在青年学生中积极开展活动。它与世界伊斯兰协会有着密切的联系。伊斯兰促进会于1951年11月在卡拉奇建立新的组织，1952年8月通过新的党章；1958～1962年巴基斯坦实行军管时被取消，1962年又开始活动；1970年全国大选中在议会中获得4个席位，在各省立法机构中各得1个席位。伊斯兰促进会反对布托政府的社会改革政策，反对齐亚·哈克有关大选的政策和政党法。在1997年初的巴基斯坦全国大选中，伊斯兰促进会拒绝参加大选，认为腐败的政治家应被绳之以法并被禁止参加竞选。伊斯兰促进会现由卡齐·侯赛因·艾哈迈德领导，仍是巴基斯坦最大的宗教政党。

伊斯兰神学者协会（Jamiat Ulema-i-Islam，JUI/F） 1941年成立于拉合尔，主要活动地区在旁遮普省，是巴基斯坦政治中一个较为重要的宗教性政党。它反对财富过分集中在少数人手里；提倡在国内实行公正的社会秩序；要求用法律保护伊斯兰教以及广大伊斯兰的利益；减少国会中资本家的代表。20世纪70年代，伊斯兰神学者协会分裂为三派，各派对当时执政的布托人民党政府持不同态度。齐亚·哈克执政后，拒绝与政府合作。伊斯兰神学者协会现由前国民议会外交委员会主席大毛拉法扎卢尔·拉赫曼领导，对阿富汗塔利班民兵组织持同情态度，现在主要支持力量由旁遮普省转移到接近阿富汗的开伯尔－普赫图赫瓦省。伊斯兰神学者协会是1996年末下台的贝娜齐尔·布托政府的盟友。1997年初参加了全国大选。

巴基斯坦伊斯兰神学者协会（Jamiat Ulema-i-Islam，JUI/S） 1947年成立，是由巴基斯坦正统的伊斯兰神学家组成的一个政治组织，创始人是巴达尼。齐亚·哈克执政时期，巴基斯坦伊斯兰神学者协会由大毛拉努拉尼领导，现任领导人是大毛拉沙米乌尔·哈克。它主张坚持伊斯兰教义，反对军队介入政治，在国内实现公正和团结，曾反对布托政府实行的改革。巴基斯坦伊斯兰神学者协会在伊斯兰教上层社会有一定的影响。参加了1997年大选。现与巴基斯坦伊斯兰联盟和伊斯兰促进会关系密切。阿富汗塔利班军事组织中的许多成员曾在巴基斯坦伊斯兰神学者协会开办的宗教学校学习。

人民民族党（Awami National Party，ANP） 1975年11月7日成立，其前身是民族人民党，虽然名称变了，但其纲领和领导集团成员均无重大变化。人民民族党的纲领更强调伊斯兰教的地位和作用。其纲领的主要内容有：坚持《古兰经》及“逊奈”的各项原则；消灭地主和资本家对工农劳苦大众的剥削制度；所有公民不论社会地位、宗教信仰和财产状况，一律平等；奉行独立自主的外交政策，发展与爱好和平国家的友好关系，拒绝参加各种形式的军事同盟。人民民族党的主要活动区域在开伯尔－普什图省和俾路支省。20世纪80年代帮助人民党反对戒严令。1988年人民党在选举中获胜后，两党的联盟瓦解。人民民族党参加了1997年全国大选，并与巴基斯坦伊斯兰联盟结盟。

进入 90 年代，巴基斯坦政党的变化较大，有些曾有相当影响的政党势力大减；同时，不断涌现出一些新的党派。参加 1997 年全国大选的主要政党还有正义运动、巴基斯坦人民党沙希德·布托派、移民民族运动、移民民族运动哈基基派等。

正义运动（Tehrik-i-Insaaf，PTI） 1996 年 4 月由前巴基斯坦板球队队长伊姆拉·汗创立。伊姆拉·汗在 1992 年率领他的球队在世界杯比赛中获得冠军，成为板球运动风行的巴基斯坦的民族英雄，1995 年与英国一位百万富翁的女儿结婚后，他回国并积极参加政治活动，在全国各地发表演说，抨击政府。正义运动的主要纲领是“铲除腐败”。正义运动第一个宣布参加 1997 年全国大选。由于以反腐败作为竞选纲领，所以深受广大中下层民众的拥护。

移民民族运动（Mutahida Qaumi Movement，MQM/A） 成立于 1985 年，领导人是阿尔塔夫·侯赛因。移民民族运动致力于为 1947 年印巴分裂时从印度迁移到巴基斯坦的讲乌尔都语的伊斯兰争取权利，主要活动地区是卡拉奇，在该地区有着深厚的群众基础。移民运动于 1985 年在巴基斯坦政治舞台上异军突起，在卡拉奇和海得拉巴的地方选举中获胜，1988 年全国大选中，在联邦议会和省议会选举中分别获得 13 席和 27 席。移民民族运动参加了联合政府。1992 年分裂为阿尔塔夫派（主流派）和哈基基派（正宗派）。1993 年，以抗议政府及军方对其镇压为由抵制大选，但在省议会选举中取得重大胜利。参加了 1997 年全国大选，并成为一些主要政党拉拢的对象。阿派曾于 1993 年大选中罢选，在 1997 年大选中获得 12 个国民议会席位，并与穆盟（谢派）联合执政。1998 年 8 月，宣布退出穆盟（谢派）的执政联盟。在 2002 年 10 月的大选中，在国民议会和参议院分获 17 席和 6 席，与穆盟（领袖派）联合组阁。

巴基斯坦人民党沙希德·布托派（Pakistan People's Party /Shaheed Bhutto，PPP/SB） 由穆尔塔扎·布托组建，穆尔塔扎·布托于 1996 年 9 月 20 日被枪杀后，由他的遗孀辛瓦·布托领导。布托派因阿西夫·阿里·扎尔达里涉嫌策划谋杀穆尔塔扎·布托，在1997年大选中与谢里夫的伊斯兰联盟合作，组成竞选联盟，在人民党影响力最大的信德省展开广泛的竞选活动。

二　主要社会团体

巴基斯坦全国工会　1962年成立。总部设在卡拉奇。办有刊物《巴基斯坦全国工会联合会新闻》。

巴基斯坦劳动者联合会　1966年成立。东西巴分裂以前称西巴劳动者联合会。在巴基斯坦工人运动中战斗力较强。成员多为产业工人，主要在全国的重要工业中心城市如卡拉奇、海得拉巴、拉合尔等地活动。

工会巴基斯坦联合会　1947年成立。在巴基斯坦具有比较广泛的群众基础。主要在卡拉奇、拉合尔、古杰兰瓦拉、白沙瓦、木尔坦和莱亚普尔等城市开展活动。

巴基斯坦工人联合会　1951年成立。总部设在白沙瓦，主要活动地区是开伯尔－普赫图赫瓦省。

全国工会联合会　1963年成立。与伊斯兰神学者协会关系密切，与国外自由工会国际会议、美国、英国、德国等国的工会组织建立了联系。

全国进步工人联合会　1971年成立。政治上拥护伊斯兰社会主义党的主张，积极参加该党发动的政治运动。

全巴工会中央联合会　1970年成立。主要活动地区在卡拉奇。

全巴妇女联盟　1950年成立。在国内各大城市均设有分会。主要从事福利活动；开展广泛宣传，争取妇女权利；主张妇女在立法机构中的代表不少于代表总数的10%；支持人民党政府进行的政治、经济和文化方面的改革；主张扩大巴基斯坦妇女与国际妇女界的交往，加强与世界各国妇女的文化往来。

巴基斯坦妇女民主协会　1950年成立。主要在卡拉奇、白沙瓦、拉合尔、拉瓦尔品第和海得拉巴等地开展活动。成立时协会的主席是塔赫拉·马哈尔·阿里·汗。是世界妇女协会的成员，与许多国际妇女组织建立了联系。提出的政治口号是“我们要和平、民主，不要战争”，号召妇女积极参加政治、经济斗争；支持工人阶级为改善劳动条件和提高工资而进行的斗争；要求提高妇女、儿童健康水平，改善社会福利；主张对生活必需品实行限价。

全巴铁路工人联合会 1948 年成立，是铁路工人中影响较大的同业工会组织。

巴基斯坦运输工人联合会 总部设在卡拉奇，是巴基斯坦运输工人中最大的组织。

西巴基斯坦农业工人联合会 1954 年成立，总部设在拉合尔，是农业工人的组织。

开伯尔－普赫图赫瓦省劳动者联合会 1971 年成立，总部设在白沙瓦。主要在开伯尔－普赫图赫瓦省活动，是该省工人运动中影响较大的组织。

旁遮普农民联合会 1948 年成立，是国内最有影响的农民协会组织之一。在 20 世纪 70 年代初领导了规模巨大的要求进行深入的农业改革和反对任意驱逐佃农的运动。曾积极支持布托的农业改革。

信德农民联合会 1937 年成立，主要活动基地在信德省，是巴基斯坦历史最悠久、影响最大的农会组织之一。主张废除封建土地所有制，要求制定新的土地税和水税。

进步大学生组织 全国大学生组织领导下的一个青年学生联合组织。提出的口号主要是经济性的，要求改善学生的生活条件，保证他们毕业后的就业等。

第四章 经　济

第一节　经济发展概述

从总体上看，巴基斯坦经济发展可以分为六个时期：建国初期，政局不稳，经济发展陷于停滞；阿尤布·汗执政时期，政局稳定，经济发展迅速，但仍存在一些问题；佐勒菲卡尔·阿里·布托执政时期，推行政治民主与经济改革，经济发展速度下降；齐亚·哈克执政时期，实行军法管制和经济改革，经济发展迅速；代议制政府时期，经济继续发展，但发展速度没有军法管制时期快；穆沙拉夫执政的最初几年，经济发展速度加快，国民生活水平进一步提高。2009/2010财年，GDP为1755亿美元，增长率为4.1%，高出2008/2009财年2.1个百分点；人均GDP为1054美元，略高于2008/2009财年。巴基斯坦经济增长主要靠消费拉动。2009/2010财年，消费支出对经济增长的贡献率为3.94%。2005/2006财年以来，巴基斯坦经济年均增长率为4.9%，消费支出对GDP增长的贡献率平均为4.17%。2014/2015财年，巴基斯坦GDP增幅为4.24%，同比增加0.2个百分点，全年税收为2.6亿卢比。投资占国内生产总值的比重为15.1%，储蓄占国内生产总值的比重为14.5%，失业率为6%，通货膨胀率低于5%。

巴基斯坦工业化程度低，卡拉奇和旁遮普的中心城市存在多样化经济，而全国其他地区为欠发达地区。2011年，巴基斯坦国内生产总值约为2020亿美元。按购买力平价衡量，为83816.4万美元，人均国内生产总值估计为1197美元，人均购买力平价为4602美元，债务与国内生产生产总值比率为55.5%。根据世界银行评估，巴基斯坦具有重要的战略禀赋和发展潜力。巴基斯坦21.04%的人口每天消费低于1.25美元，在国际贫困线下。15岁及以上人口的失业率为5.5%。据预测，到2050年巴基斯坦国内生产总值将达到3.33万亿美元，届时巴基斯坦将成为世界第18大经济体。

巴基斯坦经济保持较高的增长率，特别是大规模的经济改革改善了经济前景，加快了经济增长，尤其是在制造业和金融服务部门。近几年，巴基斯坦服务业发展迅速，工业化进程稳步推进，产品结构不断优化。服务业是最大的产业部门，大约53%的GDP来自服务业；其次是工业，大约占GDP的27%；再次是农业，大约占20%。但是巴基斯坦服务业结构不合理，整体素质不高，近年来巴基斯坦经济取得了长足的进步，经济结构由主要以农业为基础转变为以服务业为基础。卡拉奇证券交易所和世界其他新兴市场一样增值，大量外资投入电信、房地产和能源等领域。其他主要产业包括软件业、纺织业、水泥业、通信业、钢铁业、造船业、航空航天业和军火业。现在国内外普遍认为巴基斯坦经济又回到20世纪80年代的高速增长轨道，宏观经济整体保持稳定。

第二节 农业

农业是巴基斯坦国民经济中的重要部门。全国有70%的人口生活在农村，从事农业生产和其他以农业为基础的活动。农业劳动力占劳动力总数的53%。不过，农业在国内生产总值中的比例逐年下降，从1954/1955年度的46.2%下降到2000/2001年度的24.6%，40多年内下降了21.6个百分点。

一 农业发展历程

巴基斯坦农业经历了停滞→发展→停滞→再发展的曲折起伏的过程。

建国后前10年，巴基斯坦整个农业生产停滞不前，农业产量甚至不及建国之初。20世纪50年代农业生产停滞不前的主要原因是政府禁止粮食自由贸易和低价收购农民粮食，极大地挫伤了农民的生产积极性。

20世纪60年代是巴基斯坦农业获得较大发展的10年。这期间基本上是阿尤布·汗在执政。阿尤布·汗总统实施新的粮食政策，取消对粮食的严格控制，鼓励农民多生产粮食，发动绿色农业革命。农业政策的改变，促进了农业生产的发展。20世纪70年代前七年，由于国内政局动荡、印巴战争爆发和东巴独立，巴基斯坦农业受到一定影响。但总的来看，巴基斯坦农业处于持续增长期。

20世纪80年代，巴基斯坦农业进入高速发展时期。种植业发展较快，1983~1988年，林业产值年均增长率为10.8%，畜牧业为6.2%，渔业为4.5%，主要作物为2.3%，其他作物为3.6%。巴基斯坦农业发展获得的最大成就是在20世纪80年代初获得的。此时，巴基斯坦实现了粮食自给。

进入20世纪90年代，巴基斯坦农业保持持续发展势头。1992/1993年度，农业增长速度高达5.28%，1992/1993年度，主要农作物增长率为15.72%，尤其是稻米和糖的生产创历史最高纪录。1993/1994年度，发展速度下降幅度较大，只有2.63%。小麦产量增长8%，比1992/1993年度有所下降；其他农作物产量增长率为3.71%。家畜产量增长5.98%，另外，渔业和林业的增长率分别为3.38%和8.03%。

巴基斯坦农业保持较好的发展势头，与巴基斯坦政府所采取的一系列政策措施分不开，尤其不应忽视20世纪50年至70年代，巴基斯坦历届政府所进行的农业改革和所实施的农业政策为巴基斯坦农业的持续发展奠定了基础。

巴基斯坦政府对农产品采取价格支持政策，该政策覆盖多种农产品，政府每年都制定小麦、水稻、棉花和甘蔗等农产品的价格支持政策。作为政府主要干预措施之一，它不仅影响农民，而且影响农产品加工者和消费者。公布的农产品支持价格，需要和农产品的需求和供应情况、生产成本、国内和国际市场价格的总体走势，不同农作物间的比价，以及农业和非农业部门的贸易条件等因素保持协调。小麦、水稻、甘蔗和棉花作为享有支持价格的农作物，在巴基斯坦占有很大份额，政府非常关注这 4 种农产品在贸易中的价格以及其与种植面积的关系。小麦是巴基斯坦的主要粮食作物之一，在巴基斯坦农业储藏及供应公司和省级食品部门的支持下，政府每年可把 400 万吨小麦作为运营储备和至少 100 万吨小麦作为战略储备。政府每年也公布甘蔗的支持价格，鼓励农民提高甘蔗产量，农民能从糖厂那里得到价格保障。与其他农作物一样，皮棉的支持价格由农业物价委员会定期公布。支持价格由种植者、巴基斯坦轧棉协会和巴基斯坦纺织协会磋商后敲定。巴基斯坦生产的棉花超出国内需求，因此每年都会有足够数量用于出口。同样，公布的水稻最低支持价格也确保了种植户可以获得价格保障。

2004～2011 年，巴基斯坦启动国家水道改善计划（NPIW），对全国将近 144164 条水道中的 86003 条水道实施了衬砖的砌筑方法。据估计，没有改造以前，从渠首到田间会流失多达 30% 的灌溉用水，这个项目将帮助解决这个问题。旁遮普省政府发起了名为“旁遮普灌溉农业生产率提高工程”（PIPIP）的大型项目，该项目包括高效灌溉系统，除了用激光平整农田外，还实施滴灌和喷灌。

二　土地改革

巴基斯坦建国后，在全国范围内实行过 3 次大规模的土地改革。改革的目的是调整农村中的封建土地关系；发展资本主义农业；缓和阶级矛盾；提高农业产量，满足国内对粮食日益增长的需要。

20 世纪 50 年代初，巴基斯坦进行的租佃关系改革并不统一，各省分别进行，但改革的内容和目的是相同的。各省颁布的主要法令有 1950 年旁遮普租佃法修正案与旁遮普保护和恢复租佃权利法；1950 年信德租佃法；1950 年开伯尔－普赫图赫瓦省租佃法；1950 年东孟加拉土地征收和租佃法；1951 年开伯尔－普赫图赫瓦省保护和恢复租佃权利法与 1952 年第 6 号法；1952 年旁遮普租佃法修正案；1952 年旁遮普保护和恢复租佃权利法修正案。这些法令涉及的主要改革内容有以下几方面：废除永久租佃制，有条件地给佃农以土地所有权；保证佃农的租佃权，限制地主夺佃；规定地租额；严禁向佃农收取地租以外的其他杂费。

阿尤布·汗在西巴基斯坦实行了较为彻底的土改方案。1959 年 2 月，巴基斯坦发布了“军法管制第 64 号法令”，即《西巴基斯坦土地改革条例》。这次土改取得了一定成果，政府收回了 103.5164 万公顷土地；有 18.3371 万户无地和少地的农户获得了 97.021 万公顷土地；废除免税特权后，政府每年新增 310 万卢比的土地税收，大约有 405 万公顷分散地合并为最低限额或经济限额的整块地。20 世纪 70 年代布托执政时期，政府多次颁布土地改革法令，其中最重要的是布托上台初期颁布的土改法令。

经过多次土地改革，巴基斯坦农业资本主义有了一定发展，农业资本家人数增加了。农业资本家采用拖拉机、管井、化肥和杀虫剂等现代技术，雇用农业工人。农业资本主义发展主要集中在旁遮普省和信德省。总的来看，由于土地改革的主要目的是限制大地主的经济权力，并未消灭封建制度，所以农业资本主义发展较为缓慢，农村中的封建土地租佃制度仍然存在。农业资本家、封建地主、自耕农和佃农构成了巴基斯坦农村中的主要阶级。

由于天灾、经济和战争的原因，巴基斯坦国家粮食安全状况急剧下降。2013 年，巴基斯坦日常食品（面粉、大米、食用油、茶叶、辣椒等）价格上涨了 35%。虽然看上去国家粮食产量很多，但实际上巴基斯坦国内的粮食短缺问题一直没有得到解决。长期以来，巴基斯坦政府一直对农业及粮食生产实行较强的干预，采取了一系列农业、贸易和宏观经济政策，以实现保持较低消费价格、向农民提供价格稳定的生产资料和支持农产品加工业发展的政策目标。巴基斯坦政府一直努力使农产品价格维持在低于世界市场价格的水平，并通过设置贸易壁垒来实现这一目标。

三 畜牧、渔、林、种植业

巴基斯坦有发展畜牧业的有利条件，全国 70% 左右的土地可以放牧，俾路支省和开伯尔-普赫图赫瓦省拥有广阔的天然牧场，特别是俾路支省，其80%的居民以牧业为生。为发展畜牧业，政府采取了许多有力措施：引进国外良种进行杂交繁殖，培养抗病能力强、生育期短、成熟快的良种；免费为牧民提供良种牛羊，实行人工授精，帮助牧民改良品种；建立兽医网，加强防病治病工作；鼓励众多的家庭饲养场进行商业生产；通过提供优惠贷款、免税进口机器和设备、免税进口外国良种和疫苗等办法鼓励私人投资畜产品加工业。

此外，政府还大力培养高级畜牧、兽医等专门人才。费萨拉巴德农业大学和坦多贾姆农业大学拥有先进的实验仪器和设备，可供350名畜牧、兽医本科生和160名研究生使用，白沙瓦农业和畜牧专科学校已升格为农业大学，专门设立了畜牧系。由于政府的大力支持和鼓励，巴基斯坦农牧业得到较大发展。

巴基斯坦林业在国内生产总值中所占比例不大，但由于森林在国民经济生活中的重要作用日益突显，尤其是在改善环境中发挥着越来越重要的作用，巴基斯坦政府更加重视发展林业，广泛开展一年两次的植树造林运动，在屋前房后和河道两旁的空地、荒地、沙丘广植树木，并且鼓励农民植树造林。

巴基斯坦林产品产量增加明显。木材产量从1998年的38亿立方米增加到2002年的89亿立方米；松香、麻黄属植物等的产量从1998年的3.83万吨增加到2001年的4万吨。

巴基斯坦政府鼓励农民种植经济林木，以增加收入和农业出口。俾路支省北部、东北部和其他丘陵地区地形复杂，气候变化大，雨水较多，宜于种植柑橘、杧果、香蕉、苹果、石榴、杏、李、桃、葡萄、枣等果树以及马铃薯、洋葱等蔬菜。1989/1990年度，柑橘、苹果、香蕉、李、杏、葡萄、石榴、杧果8类水果产量合计为267.9万吨，比1980/1981年度的191.8万吨增长了39.7%。政府在制订的计划中提出，到2000年，水果蔬菜种植面积达到100万公顷，水果、蔬菜产量年均增长率达到70%。1992/1993年度，主要水果产量达343.4万吨，其中柑橘167万吨，杧果79.4万吨，苹果33.8万吨，香蕉5.2万吨，杏 12.2 万吨，桃 4 万吨，葡萄 3.7 万吨，石榴 38.1 万吨。政府大力开拓中东市场，向中东尤其是海湾国家出口水果、蔬菜。据巴基斯坦统计局统计，2008/2009 财年，巴基斯坦水果出口占出口商品总量的 0.9%，增幅为 11.1%；出口额为 1.9198 亿美元；2012/2013 财年出口 71 万吨，出口额为 3.89 亿美元，同比增长 8.61%；2013/2014 财年出口 78.43 万吨，出口额达到 4.35 亿美元。

巴基斯坦海岸线长达 1100 公里，大陆架面积 1 万平方公里，大陆架外专属经济区面积 25 万平方公里，海域面积约为陆地面积的 30%，海洋动植物资源十分丰富，有鱼类 760 多种，具有发展渔业的有利条件。

1988 年 6 月 14 日，巴基斯坦政府颁布了新的渔业政策，不再建立合资渔业公司，深海捕鱼只能在离巴海岸线 56 公里以外的专属经济区进行，并且只有悬挂巴基斯坦国旗的船只才能在深海捕鱼。深海捕鱼的拖网船只不得超过 10 艘，并须有政府开具的许可证，许可证有效期 5 年，每年换发一次；须缴纳许可证费 50 万卢比和船只保险费 20 万卢比；在从 1988 年开始的 3 年中，由巴基斯坦船员替代所有外国船员。

此外，巴基斯坦政府重视渔港、鱼类加工厂的建设，在俾路支省南部修建了现代化的帕斯尼渔港、瓜达尔渔港，还修建了位于卡拉奇附近的拉兰吉渔港，并投资 2.5 亿卢比修建卡拉奇渔港。

1999～2002 年，巴基斯坦的渔业（包括淡水鱼业和海洋渔业）产量分别为 65.45 万吨、62.3 万吨、62.96 万吨和 65.45 万吨。2014～2015 年，巴基斯坦渔业产量为 76.5 万吨，其中海洋渔业产量 48 万吨，内陆渔业产量 28.5 万吨。水产品出口量为 14 万吨，占出口总量的 18%，出口额约为 3.5 亿美元；主要出口目的地有中国、泰国、阿联酋、韩国、马来西亚、沙特阿拉伯、欧盟等，水产品出口主要使用冷冻集装箱运输。

为促进农业发展，巴基斯坦政府通过行政手段直接干预和支持农业发展。首先是增加农业发展费用。并对发展农业的投资逐年增加，并鼓励国有银行向农民贷款。

其次，从 20 世纪 70 年代开始，巴基斯坦政府对农业生产实行保护价格政策。在作物播种前公布翌年有关作物的保护价，鼓励农民扩大生产，调整作物种植结构；收获季节到来后，政府按保护价收购，保护农民的利益。政府成立专门委员会，核定保护价，提交政府实行。获得政府保护价格政策支持的作物有小麦、大米、棉花、甘蔗、油料、洋葱、马铃薯、鹰嘴豆等。

再次，加强对农产品销售市场的管理。政府取消了对“榨糖区”的规定，蔗农可以自由出卖自己的产品；取消对大米收购的垄断，取消粮食在各县间流通的禁令等。为保护生产者和消费者的利益，巴基斯坦政府加强了对农产品市场的管理，在全国建立和扩大法定市场。国家所属的农产品供销公司、农产品储存服务公司在农产品上市时，按保护价向农民购买，在农产品下市、市场价格上扬时，向消费者出售收购的农产品，从而保护消费者的利益，平抑物价，防止中间商人的盘剥。农产品销售渠道的畅通在很大程度上有利于仓储能力的提高。

最后，发展农业教育和科研，推广农业生产新技术。巴基斯坦重视农业高等教育，全国现有费萨拉巴德农业大学、坦多贾姆农业大学、戈马尔大学和白沙瓦农业大学，另有位于拉瓦尔品第的巴拉尼农学院、旁遮普省的木尔坦农学院。

巴基斯坦农作物分为两季，早春作物 9～12 月播种生长，翌年 4～6 月成熟收割；秋季作物 4～6 月播种生长，10～11 月成熟收割。由于地区、温度的差异，作物播种和收获的时间变化较大。作物又分为主要作物和次要作物，小麦、棉花、稻谷、玉米、珍珠粟、高粱、绿豆、大麦、甘蔗、油菜、芥子、芝麻、花生和烟草是巴基斯坦的主要农作物。

小麦是巴基斯坦的主要食物，全国各省灌溉区和非灌溉区都普遍种植，其种植面积占农作物总种植面积的 37.1%。巴基斯坦出口大米，换回大量外汇。大米品种较多，比较有名的是巴斯玛蒂大米，主要产地是旁遮普省，其他品种各省都有种植。甘蔗主要集中在开伯尔－普赫图赫瓦省。

其他主要农作物如玉米、绿豆的产量有一定增长，珍珠粟、高粱、大麦、油菜籽和芥子、烟草的产量有所下降。

1961～2011 年，玉米、水稻和小麦的种植面积分别增长 128.9%、111.7% 和 91.9%；大麦、高粱、小米的种植面积分别下降 58.8%、

58.4%和44.9%；甘蔗、棉花、水果、蔬菜不仅总产量和单产量有所增加，而且播种面积也呈增加趋势。但由于天灾、经济和战争等原因，巴基斯坦国家粮食安全状况并不乐观。2013年，巴基斯坦日常食品（面粉、大米、食用油、茶叶、辣椒等）的价格上涨了35%。虽然看上去国家粮食产量很多，但是实际上巴基斯坦国内的粮食短缺问题一直没有得到解决。

第三节　工业

巴基斯坦建国后，真纳较为系统地阐述了巴基斯坦的工业发展战略。真纳认为，国民经济的发展有赖于工业化；为了解决巴基斯坦的贫困和失业，改变国家贫穷落后的面貌，就必须尽快实现工业化。巴基斯坦工业化发展战略应遵循优先发展轻工业和大力鼓励扶持私人资本这两条原则。

巴基斯坦政府在1948年和1959年颁布的工业发展政策都是在真纳的工业发展战略思想指导下制定的，都突出了尽快实现工业化的愿望，强调了私营经济在工业化发展中的重要作用，提出了优先发展轻工业特别是优先发展充分利用本国原材料、对进口替代有重要作用的消费品工业。依靠私营部门通过优先发展轻工业来迅速实现工业化，是巴基斯坦建国到20世纪60年代末70年代初一直贯彻执行的工业发展政策。

为贯彻执行这一工业化政策，巴基斯坦政府制定了许多具体措施。首先，帮助私营部门筹集发展资金；其次，实行保护关税和贸易保护政策；最后，制定优惠的税收政策和其他政策，保证私人资本获取高额利润。

20世纪五六十年代特别是60年代，巴基斯坦工业和经济发展取得巨大的成就。60年代被称为巴基斯坦工业和其他经济部门迅速“发展的十年”和“黄金时代”。

1971年12月30日佐勒菲卡尔·阿里·布托上台执政后，在巴基斯坦实行工业国有化政策，前后长达5年。实行工业国有化政策是布托改革的重要组成部分。布托希望通过工业国有化政策对国家经济进行结构性改革，以从根本上克服东巴独立后巴基斯坦面临的严重经济困难。同时，布托也希望工业国有化能加强政府对经济的控制，增强政府的经济实力，以削弱大地主和大工业家的影响，使政府能集中更多的财力、物力加快国家经济发展。

布托政府的工业国有化政策主要包括三方面的内容。首先，政府在1972年1月12日接管10类基础工业的31家公司。这些基础工业包括钢铁、重型机械、电子设备、汽车制造和装备、拖拉机制造和装备、各类化工业、金属加工和水泥生产等。为此，布托政府建立领导机构，专门管理被接管的工厂。其次，巴基斯坦政府在1973年和1974年先后将榨油业和银行业收归国有。最后，巴基斯坦政府在1976年7月实行农村工业国有化政策。

布托执政时期，巴基斯坦工业国有化取得了一定成就，在一定程度上增强了政府的经济力量，削弱了大资产阶级的经济实力。工业生产集中程度发生了明显的变化，国有化前，41家大工业集团控制着全部制造业资产的41.7%；国有化后，变成39家大工业集团控制着制造业资产的31%。其中，国有化前，最大的10家工业集团控制的制造业资产比重为24.8%；国有化后，9家最大的工业集团只控制着制造业资产的18.2%，下降幅度更大。

巴基斯坦工业国有化在一定程度上为广大民众带来实际利益，这对巴基斯坦在失去东巴后振奋民族精神、增强巴基斯坦的民族凝聚力、巩固巴基斯坦的主权独立和领土完整都具有十分重要的历史意义。

国有化后巴基斯坦公营部门得到发展，基础工业得到加强，从而对巴基斯坦经济发展产生了积极影响。银行国有化后，国家通过行政、立法手段将资金转向需要的地区和部门，比如，国有化前的1972/1973年度，商业银行为农业提供的贷款为8570万卢比；国有化12年后的1986/1987年度，商业银行给农业的贷款增加到157.44亿卢比，比1972/1973年度增长了180多倍。这对农业的发展无疑起到了积极的推动作用。

布托的工业国有化政策具有明显的时代特点，是在巴基斯坦分裂后面临严重的困难条件下实施的。当巴基斯坦政治经济和社会生活转入正轨后，工业国有化政策失去了其存在的历史条件。因此，齐亚·哈克上台执政后又在巴基斯坦开展了非国有化运动。

1977年7月齐亚·哈克发动军事政变，并实行非国有化和鼓励私营部门发展的工业政策。

1990 年 11 月 6 日，纳瓦兹·谢里夫第一次出任总理。谢里夫政府主张通过自由化和私有化解决经济发展中存在的问题，并最终达到促进经济发展的目的。谢里夫政府的自由化、私有政策主要有三方面的内容：首先，取消政府对经济的直接干预，鼓励私营企业自由发展；其次，取消外汇管制，为外国资本提供良好的投资环境；再次，取消国家资本主义，实行国有企业和公用事业私有化，对伊斯兰商业银行和联合银行实行私有化改造。

1993 年 8 月，巴基斯坦看守政府总理库雷什继续推行私有化计划，重点是拍卖公用事业单位、国家航空公司和港口设施；他还许诺改革国家银行，给予银行自主经营权。贝娜齐尔·布托第二次上台执政后，继续推行自由化、私有化政策。但是，私有化、自由化政策进展不大。贝娜齐尔·布托也因经济困难和社会治安混乱等原因于 1996 年 11 月再次被解除总理职务。

以纳瓦兹·谢里夫为首的穆盟在 1997 年 2 月的大选中获胜，谢里夫第二次执政。谢里夫执政后提出一项私有化计划，改革经济体制，减少国家对经济生活的干预，实现国有企业私有化；改善投资环境，更广泛地吸收国内外私人投资；管理好出口加工区，逐步将内向型经济转变为外向型经济；通过引进资金和技术，提高产品质量，增强产品在国际上的竞争力。

巴基斯坦的矿产资源较为丰富。已探明的主要矿藏及其储量为：天然气，4920 亿立方米；石油，1.84 亿桶；煤，1850 亿吨；铁，4.3 亿吨；铝土，7400 万吨。此外，还有大量的铬矿、大理石、白云石、石膏、石灰石、镁矿、岩盐，森林覆盖率达到 4.8%。巴基斯坦最大的工业部门是棉纺织业，此外还有毛纺织、制糖、造纸、烟草、制革、机器制造、化肥、水泥、天然气、石油等工业。

第四节 交通运输业与旅游业

一 交通运输业

交通运输业是一个国家经济社会发展最重要的基础产业之一。独立之初，巴基斯坦交通运输业非常落后，全国只有 50367 公里公路、8553 公里铁路和 7 艘运输船，船只装载能力仅为 59414 吨，注册汽车仅有 21209 辆。经过 50 多年的发展，巴基斯坦已建立了较为完善的公路、铁路、航空、航海运输网。

公路 巴基斯坦独立后，对原有公路进行了大规模的改建和扩建，柏油公路现已遍布全国各地，成为巴基斯坦交通运输的主要支柱。到 2003 年底，巴基斯坦全国公路总里程达 249959 公里。白沙瓦到卡拉奇和卡拉奇到海得拉巴的高速公路最繁忙。巴基斯坦国有高速公路管理局负责高速公路的发展规划和建设。巴基斯坦国有高速公路里程仅占其公路总里程的 4%，但承担了 60% 的公路运输量。巴基斯坦国有高速公路管理局在 1993/1994 年度计划实施的建设项目有：5 号国道线（从卡拉奇经拉合尔、白沙瓦到托卡海姆）的双道建设项目，拉瓦尔品第到古杰兰瓦拉共 217 公里长的公路改建项目，拉合尔支线建设项目，印度河流域 1200 公里长的高速公路建设项目，25 号国道线（卡拉奇—库兹达尔—奎达—查曼）高速公路建设项目，40 号国道线（奎达—洛昆迪—塔夫坦）高速公路建设项目，通向中亚地区的 35 号国道线（哈桑纳巴达—阿伯塔巴德—吉尔吉特—昆杰拉布）高速公路项目，拉合尔至伊斯兰堡 335 公里长的公路项目，瓜达尔至拉托德洛公路项目，麦克兰海岸公路项目，以及其他公路建设项目。此外，还有多项道路重建和改造项目。

铁路 巴基斯坦独立 50 年来，铁路运输业也有了长足发展，现在全国各省、市之间均有铁路相连，在一些中小城镇间也修筑了铁路。2003 年，巴基斯坦全国共有铁路 11515 公里、车站 781 个。巴基斯坦主要铁路干线有：白沙瓦—卡拉奇线，主要站点有拉瓦尔品第、杰卢姆、古杰兰瓦拉、古吉拉特、拉合尔、萨希瓦尔、木尔坦、巴哈瓦尔普尔、罗赫里、凯尔普尔、海得拉巴；卡拉奇—哈比布·科特线，经科特里和达杜连接罗赫里—奎达线；拉合尔—马里线，途经莱亚普尔、萨戈达和孔迪安。1999/2000 ~ 2001/2002 年度，巴基斯坦铁路分别运送旅客 6800 万人次、6900 万人次、6500 万人次，分别运送货物 500 万吨、

600 万吨、600 万吨，获得的收入分别为 98.89 亿卢比、119.35 亿卢比、148.9 亿卢比。

近年来巴基斯坦政府加大了对铁路基础设施建设的投资力度，在“2030 远景规划”中确立了“使铁路成为国家主要运输形式、运输系统逐渐盈利、有力促进国家经济发展”的目标。其内容主要包括：一是逐步升级现有轨道和信号系统，目前巴基斯坦铁路已经启动换轨工程，拟将全国铁路轨道统一为宽轨；二是新建部分路段，增加复线里程；三是建设连接瓜达尔港马斯吞（Mastung）的铁路，并连接至全国铁路网；四是修建和改进连接邻国的铁路。

航空 巴基斯坦共有 9 个国际机场和 27 个国内机场，开辟了 30 多条国际航线。2016 年，巴基斯坦各机场旅客运输量约为 1500 万人次，货邮运输量为 31.8 万吨。伊斯兰堡、拉合尔和卡拉奇分别为巴基斯坦北部、中部和南部地区的航空枢纽。巴基斯坦国际航空公司承担了 80% 的国内人员运输和几乎全部的货邮运输。其中，与中国、印度、阿富汗等邻国以及欧洲、北美、东南亚许多国家都有直航。截至 2016 年，巴基斯坦已与 94 个国家和地区签署了双边航空协议，32 家外国航空公司有定期往返巴基斯坦的航班。

港口和海运 海运在巴基斯坦经济中有着非常重要的意义，全国对外贸易的 90% 是依靠海运。巴基斯坦有三大海港——卡拉奇港、卡西姆港和瓜达尔港，卡拉奇港是巴基斯坦最大港口，是目前巴基斯坦的主要门户港，共有 33 个泊位，其中集装箱泊位 8 个，通过能力 65 万标准箱（TEU）/年；干散货泊位 22 个，通过能力 1200 万吨/年；液体散货泊位 3 个，通过能力 1400 万吨/年。卡西姆港是巴基斯坦第二大港口，位于卡拉奇港口东南，共有码头泊位 11 个，包括 1 个铁矿石、煤炭泊位，泊位设计能力为 336 万吨/年；多用途泊位 4 个。除上述码头泊位外，卡西姆港还配有铁路站，有铁路连接国家铁路网与港口多功能泊位后堆场区，可同时允许 4 辆火车装卸作业。瓜达尔港位于俾路支省西南边陲的瓜达尔镇，现正在运营一期工程，共建有 3 个 2 万吨级多用途泊位。港口设计任务吞吐量为：集装箱 10 万吨/年，杂货 27 万吨/年。瓜达尔港是巴基斯坦通往欧洲、非洲和中东航程最短的港口，而且作为“一带一路”的首个战略港口，瓜达尔港具有非凡的战略意义。

二 旅游业

巴基斯坦拥有丰富的旅游资源，北部冰雪覆盖的高山、南部的阳光海滩、古老的文化遗址每年都吸引大批国内外旅客。喀喇昆仑山、兴都库什山和喜马拉雅山成为冰川爱好者的理想乐园。该地区由于有中巴公路相通，从而为世界旅游者提供了极为方便的条件。巴基斯坦有许多风景优美的旅游河谷，如卡干、斯瓦特、吉尔吉特、浑扎、奇特拉尔，这些河谷中有许多野生动植物。

20 世纪 70 年代以来，巴基斯坦政府采取有力措施促进旅游业发展。其主要措施有成立旅游发展公司，管理旅游发展事务。在此之前的 1964 年，巴基斯坦政府制订了发展旅游业的 20 年远景规划和 5 年执行计划，1970 年成立巴基斯坦旅游发展公司，专管全国旅游发展事务。该公司在拉合尔、拉瓦尔品第、白沙瓦和穆里分别建有一流的酒店，在各地设有 400 多个分支机构。另外，还成立有巴基斯坦旅游有限公司、巴基斯坦旅馆协会和巴基斯坦汽车旅馆公司。1972 年，巴基斯坦联邦政府正式成立旅游部，这标志着巴基斯坦旅游业发展进入一个新时期。

此外，巴基斯坦政府还大力发展旅馆业。1947 年独立时，巴基斯坦全国只有 4 家设备较好的旅馆。经过政府的努力，到 20 世纪 80 年代中期，全国已有 262 家大旅馆，其中有五星级宾馆 7 家，四星级宾馆 27 家，三星级宾馆 43 家，二星级宾馆 75 家，一星级宾馆 7 家。此外，在其他旅游景点还建有中低档旅馆。

巴基斯坦政府重视发展旅游交通业，投入大量资金发展旅游航空业。“五五”和“六五”计划分别投入 27 亿卢比和 40 亿卢比用于发展航空运输业。截至 2016 年，巴基斯坦航空公司已开辟 71 条旅游航线，修建和扩建了旅游沿线公路，购置了新型旅游客车，等等。

巴基斯坦政府注意提高旅游业质量。政府对旅游业实行优惠政策，减免部分税收，降低旅游费用；增设旅游项目，开发新的旅游景点，增加民风民俗、雪山狩猎、沙漠旅游、印度河游以及攀登北国冰山的冒险旅游等；出版宣传物，提高旅游景点的知名度；培训旅游服务人员；放宽对私人旅游业的限制；简化外国游客入境手续等。

经过几十年发展，巴基斯坦旅游业已成为巴基斯坦经济的重要部门。巴基斯坦旅游业赚取了大量外汇。1978/1979～1988/1989 年度，巴基斯坦旅游业赚取的外汇收入从 1 亿美元增加到 3.38 亿美元，10 年间增长了 2.38 倍，比同期商品出口收入的增长速度快。1988/1989 年度，旅游业外汇收入占商品出口收入的 7.25%。旅游业的发展推动了巴基斯坦落后地区的发展，据统计，国内游客大约有一半是从经济发达的地区到经济不发达的地区旅游，国外游客中也有 77% 的人到这些地区休闲度假、观光游览。这些游客在落后地区的消费开支增加了这些地区的收入。有资料显示，落后地区从旅游业中获得的收入从 1977/1978 年度的 58.94 亿卢比增加到 1986/1987 年度的 136.36 亿卢比，增长了 1.3 倍，年均增长率为 9.75%。更值得注意的是，旅游业的发展带动了落后地区交通运输业、服务业和其他行业的发展。

1972～1989 年，到巴基斯坦的外国游客人数从 10.1 万人次增加到 90 万人次，年均增长率为 12.05%；旅游外汇收入从 0.106 亿美元增至 3.38 亿美元，增长近 31 倍，年均增长率达 22.6%。2001 年，到巴基斯坦旅游的外国人达 500 万人，其中欧洲人 205 万，美洲人 82 万，南亚人 124 万，太平洋与东亚人 43 万，中东人 31 万，非洲人 15 万。在“世界经济论坛”2014 年发布的旅游竞争力排名中，巴基斯坦在 140 个国家中排第 122 位，人身安全仍然是游客赴巴的最大顾虑。2014 年，在巴基斯坦旅游业产值超过 5000 亿卢比（约合 48 亿美元），预计到 2025 年将超过 1 万亿卢比。2014 年，在巴基斯坦旅游业消费中，92% 由国内旅行者贡献，8% 由外国旅游者贡献；83% 为休闲游，17% 为商务旅行。Jovago 预计未来几年巴基斯坦旅游行业仍会快速增长，电子商务的发展将帮助巴基斯坦旅游业进一步挖掘旅游业发展潜力；到 2020 年，赴巴旅游人数将超过 200 万人次。

第五节 财政金融

一 国家预算和财政政策

巴基斯坦国家预算分为联邦政府预算和地方省政府预算，均为复式预算，即由经常性预算和建设性预算构成。国家预算是指从当年 7 月 1 日起至次年 6 月 30 日止中央政府和省政府经常性预算以及建设性预算的收支计划。联邦政府预算是巴基斯坦国家政治权力的财力保证和维持与保护经济建设的工具，它规定了联邦政府的活动范围和方向，体现联邦政府的政治和经济政策。联邦政府预算报告内容一般涉及 3 个财政年度，即回顾上一年度社会经济发展计划的执行情况，分析和估价本财政年度的经济形势，安排下一年度的社会经济发展计划。因此，联邦政府预算报告是研究巴基斯坦政治、经济和财政政策的重要官方文件。

20 世纪 50 年代以来，巴基斯坦的国家预算有以下几个特点。

（1）财政赤字严重。赤字财政是巴基斯坦财政政策的一项基本内容；债务负担重，还本付息已成为经常性预算的最大支出项目，暗示着依赖外援进行经济建设是财政政策的基本内容；税收在经常性预算收入总额中的比例和间接税在税收收入总额中的比例呈下降趋势，但税收和间接税仍是财政收入和税收收入的主要来源；在保证中央集中财政大权的同时适当扩大地方财权，调动地方发展经济的积极性，同时又可减轻中央的财政负担。

巴基斯坦经济长期依赖外援，偿还债务已成为财政支出的最大项目，在今后相当长的时期里仍将是政府的一大开支。

国防开支也一直是巴基斯坦政府最大的开支之一。由于巴基斯坦与印度关系紧张，两国在克什米尔问题上经常发生冲突，加之军队在国家政治中发挥着举足轻重的作用，因此尽管国家财政拮据，但历届政府都未削减国防开支。

（2）偷税漏税现象相当严重。全国近 1.3 亿人中，纳税者不到 100 万人。1996/1997 财政年度，巴基斯坦政府扩大税收范围，开辟新税源，增加原有税收项目的税额。总的来看，城市、工商界税收加重，农村税源开发不足。农业是巴基斯坦国民经济的支柱产业，占国民生产总值的1/4，全国一半以上的劳动力从事农业生产。但农业税一直是税收的薄弱环节。控制农村大部分财富的地主每年仅纳税200万卢比（57万美元），这与农业在国民经济中的地位极不相称。布托人民党的基础在农村，布托政府时期，由于不愿损害大地主阶级利益，只将农业税征收标准从250卢比增加到400卢比，并对农村的房地产税做了小幅调整。新增加的税收中，影响面最大的是销售税，几乎覆盖除面粉、大米、食油、糖等生活必需品以外的所有商品。其中，普通销售税提高3%，仅此一项政府收入就可以增加135亿卢比；对进口商品和工业制成品另外加征的销售税又可为政府带来123亿卢比的收入。此外，电话、水泥、房地产、买车、购房、国外旅行等项目的执照税都有不同程度的增长。另有一些税种也做了适当调整，以保护民族工业、环境和森林资源，鼓励出口工业发展，打击走私。

巴基斯坦政府增加税收是为实现把财政赤字控制在国内生产总值的4%以内的目标而采取的必要措施。但由于这次增税的幅度和覆盖面都很大，对市场价格产生了一定影响。巴基斯坦政府要摆脱财政赤字、高通货膨胀率和沉重的外债负担，必须进一步改革财政体制。首先是继续改革税收制度，扩大税收面，实行公平征税政策，完善税收管理制度，增加税收收入；其次是国有企业私有化，减轻政府的财政负担，减少偷税漏税现象；最后是改善中央和省以及省与省之间的财政关系。

中央政府经常性预算支出项目主要有国防费用、还本付息开支、行政管理费用、维持法律和秩序费用、社团服务费、社会福利开支、经济服务费、商品补贴、拨给各省政府的财政津贴。

巴基斯坦政府财政收支经常处于不平衡状态，财政赤字严重，还债支出巨大，发展支出比重过低。巴基斯坦的国家预算近年来存在财政赤字严重、偷税漏税现象严重的问题。巴基斯坦外债、内债负担沉重，已经成为经济发展的巨大包袱，每年巨额的债务支出严重挤占了社会和经济发展资金。

由于征税的幅度和覆盖面都很大，对市场价格产生了一定影响，2009/2010～2015/2016年度巴基斯坦财政收支情况不容乐观，如表4－1所示。

表 4-1　2009/2010～2015/2016 年度巴基斯坦财政收支状况

单位：亿美元

类别＼时间	2009/2010 年度	2010/2011 年度	2011/2012 年度	2012/2013 年度	2013/2014 年度	2014/2015 年度	2015/2016 年度
收入	253	187	195.23	298	248	268	298
支出	338	383	372	481	329	373	425
差额	-85	-196	-176	-183	-81	-105	-127

资料来源：《巴基斯坦财政部年度经济报告（2009/2010）》、《巴基斯坦财政部年度经济报告（2010/2011）》、《巴基斯坦财政部年度经济报告（2011/2012）》、《巴基斯坦财政部年度经济报告（2012/2013）》、《巴基斯坦财政部年度经济报告（2013～2014）》《巴基斯坦财政部年度经济报告（2015/2016）》，中华人民共和国外交部网站，http：//www.fmprc.gov.cn/web/。

二　货币政策

巴基斯坦货币政策的主要目标有两个：将货币发行量控制在一定范围内以保持货币币值和物价稳定，同时为国民经济各部门特别是优先发展部门提供充足的生产信贷，增加就业机会，以有利于国民经济高速发展。

巴基斯坦国家银行受托执行国家的货币政策。1948 年，巴基斯坦银行法授权巴基斯坦国家银行管理银行券的发行、保持储备，以稳定货币，有效地执行国家货币和信贷制度。1956 年，巴基斯坦国家银行法进一步扩大了对国家银行的授权，要求国家银行管理和控制巴基斯坦货币和信贷体制，使货币和信贷体制的完善和发展有利于国家、有利于货币稳定、有利于充分利用国家的生产资源。1974 年银行国有化后，联邦政府任命两名正副董事长和 8 名董事组成董事会。8 名董事中有一名是联邦政府财政部部长，其余为工业、农业、贸易和商业等国民经济不同部门的代表。巴基斯坦国家银行行政首脑为行长，行长实际管理银行业务，主持董事会会议，副行长协助行长工作。行长和副行长均由联邦政府任命，任期 5 年，可连任。巴基斯坦国家银行控制货币发行量，保证货币稳定。1 卢比以上面额的纸币只能由国家银行发行，国家银行是全国唯一一家货币发行银行。货币发行量由国家银行同年度计划协调委员会、国家信贷咨询委员会根据国内生产发展计划指标和国际价格形势，进行讨论后共同决定。

巴基斯坦国家银行通过各种方式控制信贷资金的增减。根据银行法规定，各商业银行应将其一定比例的活期和定期存款存入国家银行，并通过国家银行办理非现金估算，这样，国家银行就集中了银行系统的储备金。国家银行可改变银行利率，在公开市场买卖政府证券，运用存款储备金制度改变各银行的法定存款储备量，控制信贷数量，还可干预各银行的部分业务，目的是控制贷款的数额，从而控制货币资产的过量增加。

通过提高贴现率，限制政府向银行透支和借款，减少银行对政府证券的投资，巴基斯坦国家银行可以限制政府财政赤字，稳定卢比币值和物价。

三 信贷政策和金融系统

建国后至1974年银行国有化期间，巴基斯坦商业银行为少数垄断财团所控制，为追求高额利润，它们只向有利可图的大工业和一些财团货款，从而使急需资金的农业、中小工商业的发展受到极大限制。1974年1月巴基斯坦商业银行国有化后，国家银行执行有利于整个国民经济发展的信贷政策。

支持实现工业化，特别是支持私营部门的发展，鼓励外国私人资本投资。为满足工业信贷的需要，巴基斯坦先后成立了巴基斯坦开发银行、国民投资信托公司、巴基斯坦投资公司、小型企业金融公司、国家开发金融公司、巴基斯坦-科威特投资公司、巴基斯坦-利比亚合股公司、银行家股份有限公司、沙特阿拉伯-巴基斯坦工农业投资公司、地区发展金融公司。

增加对农业生产的贷款支持。首先，支持农村基础设施建设，发展公路交通、电力、通信、水利等耗资大、农民无力承担的大项目。此项支出从“一五”计划的2.07亿卢比增加到“五五”计划的88亿卢比和“六五”计划的30亿卢比。其次，增加对个体农民的贷款。70年代初，政府要求商业银行必须向农民提供信贷，1976年政府改组联邦合作银行，使合作银行向农业提供大量贷款；国家银行也向农业开发银行和联邦合作银行提供优惠贷款以支持其农贷活动，同时为商业银行发放的短期农业贷款实行担保（担保50%）。

增加对小农和小型工商业企业主的贷款。60年代初，巴基斯坦政府重视向小农、中小工商业者提供贷款。1972年，巴基斯坦成立小型企业金融公司，专门向小型企业发放贷款；9月又成立国家信贷咨询委员会，专门开展小额贷款计划，而且给不向农业提供贷款的商业银行下达指令性贷款计划，规定商业银行必须完成所分配的小额贷款指标。由于巴基斯坦政府实行了有效的信贷政策，1984/1985年度，中小工商业者获得的贷款从1972/1973年度的0.42亿卢比增加到23亿卢比，增长了54倍。到1986/1987年度，商业银行小额农业贷款已达73亿卢比。

建国后，巴基斯坦银行业发展迅速。截至2001年6月30日，巴基斯坦的主要国有银行有巴基斯坦国民银行、哈比卜银行、第一妇女银行、巴基斯坦联合银行，国有专业银行有巴基斯坦农业发展银行、巴基斯坦工业发展银行、联邦合作银行、旁遮普省合作银行以及省级银行，如开伯尔银行和旁遮普银行。国内私有化的银行有巴基斯坦联合银行（有限）、伊斯兰商业银行（有限）；私有银行有阿什卡里商业银行（有限）、博兰银行、费萨尔银行等13家。巴基斯坦的外国银行有香港与上海合作银行、多哈银行等。

巴基斯坦银行分支机构从1948年的23家增至1989年的6884家，增加了298倍，农村支行发展更快，5000人以上的居民点都有了银行分支机构，大大方便了农村民众的信贷储蓄。截至2002年6月30日，巴基斯坦国内银行分支机构有7093家，外国银行分支机构85家。1990年底，全巴银行存款余额2780亿卢比，是1947年（11亿卢比）的250多倍。银行资产总额从1961年底的71亿卢比增至1990年底的6828亿卢比，增长了95倍。在巴基斯坦，银行获得的利润高于其他大型企业。1985/1986年度，政府控制的79家公营部门共盈利60亿卢比，其5家商业银行盈利为15亿卢比，占25%。在巴基斯坦的外国商业银行也有较大发展，1989年12月，其资产总额为500亿卢比，存款余额为380亿卢比，贷款余额为277亿卢比，税前利润达18亿卢比。巴基斯坦国家银行总资产2000年6月30日为3737亿卢比，2001年6月30日为3931亿卢比，2002年6月30日增加到4609亿卢比。

外国银行对巴基斯坦经济发展起了重要的促进作用：为巴基斯坦出口商提供外汇贷款，支持巴基斯坦出口，对巴基斯坦外贸起了促进作用；为巴基斯坦利用外资建立各种工商企业服务，为在巴基斯坦的跨国公司服务，对加强巴基斯坦与国际经济联系，对巴基斯坦经济现代化做出了一定贡献；通过在其他国家的分行帮助巴基斯坦在国际市场上获得信贷；为巴基斯坦培训高级职员，提供先进的银行经营管理技术，推动巴基斯坦银行改革和发展。

巴基斯坦本国银行存在许多问题，比如，管制过死，效率不高；审计制度不健全，违法乱纪现象严重；法制不健全，拖欠贷款问题严重；金融伊斯兰化，效益低。

第六节 对外经济关系

一 对外贸易

建国以来，巴基斯坦进出口商品结构和贸易伙伴发生了一定变化。首先，出口商品结构变化明显，出口商品种类增多，制成品比例提高，但拳头产品品种仍有限，整个出口受农业生产影响较大；其次，进口增长速度快，进口货物从日用必需消费品转向资本货物和中间货物，但消费品在进口货物中仍占有相当高的比例；最后，贸易伙伴增多，贸易地区扩大，同发展中国家的贸易发展较快，但与发达国家的贸易仍占主导地位，少数几个国家和地区占了巴基斯坦对外贸易的一半以上。

为促进对外贸易发展，巴基斯坦政府采取了许多有力措施：调整工业发展战略，使外贸政策同国民经济发展政策相一致；充分利用现有设备能力，新建工业项目，扩大出口基础；放宽对进口机器设备和原材料的限制，发展国内生产；给出口商提供各种优惠，如提供低息出口信贷、提供税收和其他财政优惠、奖励出口和实行出口补贴；提高产品质量和开拓新市场。巴基斯坦政府要求驻外使馆把发展同驻在国的经贸关系作为重要任务，加强对驻在国市场行情的调查研究；鼓励出口商打开新市场；派遣贸易代表团出国考察，举办巴基斯坦商品博览会；实行对应贸易，大量出口商品到巴基斯坦的国家，也应进口巴基斯坦商品；向发展中国家提供进口巴基斯坦机械产品的贷款。建立出口加工区，引进外国资本和先进技术，在卡拉奇、卡西姆、拉合尔、白沙瓦和俾路支省建立出口加工区，另在全国15个城市中建设“出口型工业城市”；对外商在加工区投资提供优惠条件；放宽进口限制，取消禁止进口的商品种类；加强组织领导，完善外贸体制。

巴基斯坦出口商品以纺织品为主，占出口总额的60%左右。由于出口品种比较单一，受国际市场需求和价格波动影响较大。因受经济整体发展水平的制约，巴基斯坦出口增长缓慢，而且出口市场比较集中，贸易多元化不明显。进口方面，多年来进口额大于出口额，贸易逆差已成惯例。近年来，巴基斯坦政府一直努力加速工业化，扩大出口，缩小外贸逆差，与90多个国家和地区有贸易往来。

2003/2004财年出口目标是121亿美元，同比增长8.4%。截至2004年2月底，本财年前8个月出口达78.775亿美元，同比增长13.8%，这主要得益于对美国、欧盟和其他新兴市场纺织品出口的增加。初级产品出口同比增长1.5%，其中大米和香料出口分别增长17.4%和32.1%。纺织制成品出口增长15.7%，其他制成品增长2.2%，石油制品出口增长33.5%；其他商品出口增长50.8%。巴基斯坦政府将2004/2005财年的出口目标定为137亿美元，与2003/2004财年相比，实际实现增长12%；进口额预计为167亿美元；贸易逆差预计为30亿美元。截至2014年2月，巴基斯坦的出口额达到247亿美元，外汇储备为95亿美元，通货膨胀率为8.6%。

出口实现突破性增长是2011/2012财年巴基斯坦对外贸易最显著的特点。由于2011/2012财年棉花和粮食等国际大宗商品价格大幅上升和国际市场对巴基斯坦商品需求上升双重因素叠加，加之政府采取多种手段促进出口，巴基斯坦主要出口商品均实现大幅增长。纺织品和食品依然是最主要的出口商品。前20位出口商品中纺织品占一半，棉布、针织品、棉纱、床上用品、成衣等主要纺织品出口额均大幅增长；纺织品出口总额高达138.05亿美元，同比增长35.1%，占巴基斯坦出口总额的比重由2010/2011财年的53.0%进一步上升至55.6%。2011/2012财年，巴基斯坦各类大米依然畅销，虽然较2010/2011财年稍有下降，但出口额仍达21.56亿美元。此外，巴基斯坦还解除了小麦出口禁令，小麦出口额达到5.87亿美元，促使食品类出口额增至44.81亿美元，同比增长36.5%，占巴基斯坦出口总额比重由2010/2011财年的17%上升至18%。

进口方面，巴基斯坦政府确定2004年进口目标是128亿美元，同比增长5%。前8个月进口额达90.938亿美元，同比增长17.2%。进口增长的主要原因是非食品、非原油商品进口同比增长29.4%，其中纺织机械类进口3.63亿美元，增长11.28%；道路车辆进口4.06亿美元，增长29.8%；电动机械进口1.53亿美元；数据处理设备进口1.35亿美元；发电设备进口1.82亿美元；建筑和矿山机械进口6071亿美元，等等。机械类和原材料进口增长迅速，表明巴基斯坦国内经济活动在增强，经济增长在加速。2010/2011年度，进口额达到323亿美元，2015/2016年度达到442.19亿美元（见表4-2）。

表4-2 2010/2011~2015/2016年度巴基斯坦进出口状况

单位：亿美元

时间 类别	2010/2011年度	2011/2012年度	2012/2013年度	2013/2014年度	2014/2015年度	2015/2016年度
出口	202	204	247	210	199	221.88
进口	323	331.5	398	371	378	442.19
差额	-121	-127.5	-151	-161	-179	-220.31

资料来源：《巴基斯坦财政部年度经济报告（2010/2011）》、《巴基斯坦财政部年度经济报告（2011/2012）》、《巴基斯坦财政部年度经济报告（2012/2013）》、《巴基斯坦财政部年度经济报告（2013~2014）》《巴基斯坦财政部年度经济报告（2015/2016）》，中华人民共和国外交部网站，http://www.fmprc.gov.cn/web/；WTO，*Trade Profiles 2016*，2016。

二 外资和外援

利用外资和外援发展本国经济是巴基斯坦经济发展中的一个重要特点。外资和外援在巴基斯坦经济发展中发挥了重要作用，但也带来了许多不利影响。

从20世纪50年代初开始，巴基斯坦获得的外资外援逐年增加，而且增加的速度较快。20世纪50年代，巴基斯坦平均每年获得1.57亿美元的外援，60、70年代分别上升到5.85亿美元和10亿美元，80年代达到20亿美元。

巴基斯坦获得的外援由赠款、赠款式贷款和贷款构成，但随着时间的推移，获得的赠款逐年减少，贷款逐年增加。在实行经济计划前期，巴基斯坦获得的赠款占其所得外援的64.57%，贷款只占35.43%，而“六五”计划期间（1983～1988），巴基斯坦获得的赠款在外援中的比例下降到21.51%，贷款比例上升到78.49%。

巴基斯坦获得的援助方式主要有工程援助和非工程援助，工程援助的比例从“一五”计划期间的49%上升到“六五”计划期间的83.6%，非工程援助则从51%下降到16.4%。可见工程援助逐年增加，而非工程援助逐年减少。

美国对巴基斯坦的经济援助最多，其次是海湾产油国，再次是苏联、中国、澳大利亚、罗马尼亚等。为向巴基斯坦提供经援，美国、英国、挪威、荷兰、日本、意大利、德国、法国、加拿大、比利时10国，以及亚洲开发银行、国际复兴开发银行、国际开发协会、国际金融公司和国际农业发展基金共同组成援巴财团。

由于政局动荡、管理乏力等原因，巴基斯坦未能有效利用外援，外援使用率逐年下降。巴基斯坦使用的经援占外国承诺经援的比例从“二五”计划的82%下降到1986/1987年度的53%。

作为发展中国家，巴基斯坦2000年的国民生产总值为650亿美元，人均购买力约合2000美元。

巴基斯坦的投资回报率为16%～60%。在巴基斯坦投资的600多家外国公司中包括雀巢、英国化学工业公司（ICI）、利文兄弟公司、都市银行、西门子、壳牌、飞利浦、索尼、中国中兴电子集团、可口可乐、英国石化、OMV石化、三菱、丰田、铃木等世界知名的跨国企业。

由于诸多因素影响，自1995年以来，进入巴基斯坦的外资一直呈下降趋势。经过巴基斯坦政府的努力，进入21世纪后外资的流入开始回升。

根据巴基斯坦国家银行的最新统计数字，流入巴基斯坦的外资总额已由2001/2002年度的4.84亿美元增加到2002年7月至2003年6月间的7.98亿美元，增幅达65%。

在巴基斯坦投资的大国分别是英国（2.134亿美元）、美国（1.86亿美元）、阿联酋（1.155亿美元）、沙特阿拉伯和日本。从2002年7月至2003年5月，巴基斯坦吸引外资的主要领域为金融业（2.055亿美元）、石油天然气业（1.596亿美元）、化工业（8190万美元）、交通业（8030万美元）、商业贸易（3720万美元）、能源业（3110万美元）、纺织业（2470万美元）和电信业（2270万美元）。

巴基斯坦的商贸环境日益自由化、制度化。外资进入巴基斯坦制造业，无须征得政府批准。工业、建筑业和服务业三个领域的外商独资企业，可以自由地汇出利润或红利。宽松的关税与税务制度、大片的土地以及巨大的国内市场，使巴基斯坦备受外资青睐。此外，巴基斯坦在海湾和中亚的枢纽地位也使其备受关注。

巴基斯坦政府还设立了一些对出口货物实行免税政策的出口加工区。巴基斯坦还为投资者提供了具有吸引力的鼓励政策，其中包括投资者完全拥有工业项目的所有权，提供廉价的熟练、半熟练的劳动力，免税进口机械设备。出口加工区实行完全自由化的市场经济；保证工业、社会、基础设施等部门100%的外国所有权；资本、利润和红利全额返还；提供初始折旧补贴，占可折旧资产的50%；减免进口税。

出口加工区的投资领域包括工农业、石油和天然气、仓储设备、信息技术和电信、农业合作、高附加值纺织服装、巴基斯坦实体和中小企业的私有化。目前，位于卡拉奇、里萨尔普尔、锡亚尔科特和萨因达克的出口加工区已在运作。巴基斯坦的这些出口加工区实行一个窗口办公，即所有手续，包括从批准投资计划到落实，提供水、电、气等全部公用设施，授权进口等，都由出口加工区管理局一家办理。从批准计划到实际建成一个工业或仓库/贸易单位，一个月内即可完成。进出口授权可在处理日当天完成。为促成快速交易，政府已允许银行在海外设立分支机构，出口加工区的保险公司不受管制法规的限制。

对外国投资者优先开放的商业领域包括：原油、天然气、石化工业、采矿业、农产品深加工、基础设施及相关服务业、旅游业、信息产业和皮革业、宝石加工业、汽车业和电子行业等。

2002 年 8 月 21 日，国际货币基金组织的一个工作组表示将向巴基斯坦发放第三笔总额 1.14 亿美元的贷款。工作组负责人克劳斯·恩德斯说："根据巴基斯坦近几个月来的经济表现，以及巴政府保证将沿着现行的经济改革路线继续发展的承诺，他将向国际货币基金组织的管理委员会建议，结束对巴基斯坦进行的观察期。"观察期的结束意味着国际货币基金组织认可巴基斯坦现行的经济政策，那么这笔 1.14 亿美元的贷款就指日可待。工作组在发表的一份声明中称，卢比的走强和海外资本的流入显示巴基斯坦经济前景良好。

2003 年底，巴基斯坦与国际货币基金组织达成协议，在 3 年中获得由其提供的总额 13 亿美元的贷款。

总之，外援对巴基斯坦经济发展起了极大的促进作用。第一，外援是巴基斯坦经济发展资金的重要来源，对巴基斯坦制定经济发展战略、确定经济发展速度具有关键性的作用；第二，巴基斯坦利用外援促进了能源、交通、通信等基础设施的建设；第三，外援用于农业、工业、矿业，带动了整个国民经济发展；第四，粮食援助和支持国际收支的援助部分缓解了粮食短缺和国际收支严重失衡的问题。

巴基斯坦是一个贫穷且不发达的国家，国内政治斗争不断，与其邻国印度冲突不断，耗费了大量的人力和物力。虽然人力发展指数偏低，外国投资很少，影响巴基斯坦经济前景，但从 2001 年开始，外国援助以前所未有的规模涌入巴基斯坦，从 2002 年起，经济得到持续改善。由于海外汇款数量急剧增加，外汇汇率创历史新高。巴基斯坦接受来自发展援助委员会（ODA）捐助国的双边援助净流量总额在 2009 年为 14.29 亿美元，2010 年为 25.9 亿美元，2011 年为 28.29 亿美元，2012 年为 17.84 亿美元，2013 年为 19.43 亿美元。从 2000 年开始，巴基斯坦政府着手进行宏观经济改革。由于发展费用仍然很低，地区紧张因素仍然存在，巴基斯坦的经济改革受到影响。巴基斯坦 GDP 的增长还得依靠农作物。对外国石油的依赖使经济受石油价格波动影响较大，经济对外开放和现代化的努力容易受到干扰。

三 劳务输出和侨汇收入

侨汇在巴基斯坦国民生产总值中占有相当重要的地位，是巴基斯坦国民生产总值的重要组成部分，是促进国民生产总值增长的重要因素，侨汇收入的增减直接影响国民生产总值的增减。侨汇是巴基斯坦平衡国际收支的重要来源，因此为鼓励劳动力输出、增加侨汇收入，巴基斯坦政府采取了许多措施：加强组织领导，建立专门的领导机构，统一管理劳动力输出工作；颁布劳动力输出政策，严惩非法犯罪活动；为输出劳工提供劳动保护；加强技术培训，关心侨眷的生活和福利。

巴基斯坦人到国外谋生的历史较久，早在英国人统治时期，就有不少来自次大陆西北部省份的劳工到美洲、欧洲和亚洲其他地区和国家谋生，其中多数在英国。20 世纪 70 年代初以来，由于中东石油经济繁荣，产油国进行大规模的经济建设，需要大批劳动力和技术。人力资源丰富的巴基斯坦利用相同的宗教信仰和相邻的地理位置等因素，向中东产油国大量输出劳动力。这些劳动力在海湾产油国从事许多职业，主要为医生、工程师、技术员、普通工人、教师、警察、军队士兵等。1977 年，在沙特阿拉伯、科威特、阿联酋、巴林、阿曼、卡塔尔海湾 6 国的巴基斯坦劳工达 50 万人，1982 年增至 120 万人，平均每年输出近 12 万人。巴基斯坦也向其他中东国家和其他地区输出劳动力，但主要集中在中东产油国。1983 年，在世界各地工作的巴基斯坦人共计 240 万人，而在中东石油生产国工作的巴基斯坦人就有 200 万人，占海外巴基斯坦劳动力的 83.3%，占当年中东石油生产国外籍劳工总数（550 万人）的 36.4%。

由于大量输出劳动力，巴基斯坦侨汇收入也逐年增加。1972/1973 年度为 1.36 亿美元；1981/1982 年度为 22.48 亿美元；1991/1992 年度有所下降，为 14.7 亿美元；2002/2003 财政年度前两个月更是高达 7 亿美元；2005/2006 年度为 46 亿美元；2009/2010 年度增加到 89.1 亿美元；2012/2013 年度更进一步，上升到 139.2 亿美元。其中，从中东汇回的侨汇有升有降，1981/1982 年度为 18.5 美元，比 1972/1973 年度增长近 60 倍；1991/1992 年度降为 9.9 亿美元；1993/1994 年度为 7.9 亿美元；1999/2000 年度为 9.84 亿美元；2001/2002 年度增加较快，达到 24 亿美元，比 2000/2001 年度翻了一番多。劳工汇款额增速时高时低；劳工汇款和职工报酬占 GDP 比重总体增加，但 20 世纪 90 年代呈下降趋势，但 21 世纪以来又逐年增加，从 2000 年的 1.45% 上升至 2014 年的 6.91%。

第五章

军　　事

第一节　概述

一　建军简史

巴基斯坦军队的前身是英国在印度建立的殖民地军队。按照印巴分治原则，巴基斯坦分得6个装甲营、12个炮兵团、30个步兵团、2所军校以及一些培训中心。从建国时起，巴基斯坦军队人数就严重不足。由于与印度在规模上的悬殊，分治时巴基斯坦得到的军事物资、人员和设备很少。而且，这很少的设备也未真正到位。当时，巴基斯坦需要15万士兵、4000名军官，但实际上只有2500名军官。

独立后的前9年，巴基斯坦还是英国的自治领，其军队仍称英国皇家军队。独立时，英国皇家军队中有1/3的士兵为巴基斯坦人，但军官中只有1/8。驻巴基斯坦的8个步兵团中，有60个连是印度人和锡克人，需要与印度交换29个伊斯兰连。独立之初，构成巴基斯坦陆军主体的是3个步兵团。首任陆军总司令是弗兰克·麦瑟维爵士。1947年8月14日，建立海军，有4艘护卫舰，共计3490人，其中军官217人，士兵2914人，其他人员359人。第一任海军司令为J. W. 杰福德海军少将。巴基斯坦分得原英属印度皇家空军装备及兵员的一小部分。其中仅有两个战斗机中队，以及35架二战时期英国生产的“风暴”螺旋桨战斗机和部分用于运输保障用途的飞机。合格的飞行员不足10名。

直到 1956 年 3 月 23 日巴基斯坦共和国成立，巴基斯坦才真正有了自己的军队。独立后，巴基斯坦继承了旧的殖民地军队的指挥系统。建国初期，各兵种间的事务由卡拉奇的陆军处负责，后来交由陆海空联合秘书处处理，但当时海军和空军还未完全独立。后来才有海军和空军总司令部，单独进行建设，执行自己的任务。为协调三军工作，巴基斯坦建立了三军联合委员会，陆军司令任协调员。但该委员会缺乏效率，只能做些礼仪性的事情，每一军种几乎都是各行其是。20 世纪 70 年代，巴基斯坦对军事指挥系统进行重大改革，开始引入现行的指挥系统。

二　国防政策

巴基斯坦宣称其国防政策是：维护国家独立、主权和领土完整；反对印度称霸南亚，争取同南亚小国加强军事合作，共同抗衡印度；主张建立“南亚无核区”，同印度签订互不侵犯条约；适当增加军费，努力建设一支与其“安全环境”相适应的武装力量，重点提高武器装备现代化水平；武器生产贯彻多方引进与自产相结合的方针，强调发展国防工业，努力提高自力更生能力；面对印度的核威慑，积极发展核武器；在加强正规军建设的同时积极发展准军事部队，保持充足的预备役兵源。

三　军事战略

冷战结束后，巴基斯坦调整了军事战略，将 20 世纪 80 年代形成的东抗印度、西堵苏联以防止苏联通过阿富汗南下扩张的战略，调整为集中主要力量对付印度。巴基斯坦将 80% 的兵力部署在东部边境，将 20% 的兵力部署在西部边境。在作战指导思想上，鉴于其国土狭长、纵深浅的特点，强调“先发制人”“速战速决”，避免久拖不决的消耗战。在武装力量建设上，实行稳步扩军的方针，力争实现武器装备现代化，要求在兵力数量上与对手保持均势，在武器装备上力争胜对手一筹。在发展核武器问题上，采取“以牙还牙”的政策，积极发展核武器，谋求对付印度的核威慑。

四 军衔与兵役制度

军官军衔分3等11级：将官4级（上将、中将、少将、准将），校官3级（上校、中校、少校），尉官4级（上尉、中尉、少尉、准尉）。

巴基斯坦实行募兵制。新兵招募的年龄：陆军17~21岁，海军17~20岁，空军16~28岁。士兵服役年限：陆军7年，海、空军7~8年。士兵服役期满后转为预备役。预备役服役年限：陆军8年，海、空军5年。军官最高服役年龄：将官59岁，校官52岁，尉官48岁。

巴基斯坦军人在国家政治生活中拥有较高的地位，薪俸待遇很丰厚。军官不仅有很高的基本工资，而且能获得许多特殊补贴和生活津贴，退休后还能领取养老金。

巴基斯坦陆海空三军军服式样、颜色与英军相似，陆军军服为褐色，海军军服为深蓝色，空军军服为浅蓝色。

军队节日：国防节，9月6日。

五 国防预算

自1947年独立以来，巴基斯坦的国防开支不断增加，一直在联邦政府财政预算中占很大的比例，最高时占联邦政府经常开支总额的74%（1966/1967年度），最低时也达32.6%（1988/1989年度），一般保持在35%~50%。国防开支多、增加快、比例高，是巴基斯坦联邦政府财政预算的一个突出特点，它从一个重要方面反映出巴基斯坦政府的内外政策。2008/2009年度，巴基斯坦国防预算为2955亿卢比，占政府预算支出的14.7%；2009/2010年度为3429亿卢比，占政府预算的13.9%；2010/2011年度为3415亿卢比，占政府预算的12.3%；2014/2015财年达到7001.48亿卢比，是2010/2011财年的两倍多，占政府总预算的16.2%；2015/2016财年为781.162亿卢比，占政府总预算的17.5%。

巴印关系、军队的作用、国内外政治形势的变化是左右巴基斯坦国防费用的主要因素。可以看出，如果巴印两国能解决克什米尔问题，真正实现两国关系正常化，那么，这不仅可以直接导致国防费用的降低，而且可能影响巴基斯坦国内政治力量结构的变化，促使其军队职业化。另外，世界发展的主流是和平，这必将对巴基斯坦产生影响，使巴基斯坦国防费用得到进一步控制。然而，由于巴基斯坦所处的政治地缘环境以及历史和现实的原因，巴基斯坦的国防预算不断增加，并且增加幅度越来越大。

第二节　国家安全机制

一　国家安全委员会

巴基斯坦领导人穆沙拉夫于1999年10月25日宣布，巴基斯坦正式成立国家安全委员会，负责处理国家日常工作，直到他决定举行大选为止。委员会由穆沙拉夫本人主持，另外包括两名军方高层人物和四名文职人员。2009年，总理吉拉尼取消了国家安全委员会，直到2013年，总理谢里夫才决定重建国家安全委员会，任命纳赛尔·汗·詹久阿为国家安全顾问。

二　内阁国防委员会

内阁国防委员会这一国家安全机制最早是由贝·布托建立的。贝·布托借鉴印度国家安全机构模式，试图建立文官控制军队机制。1973年宪法的颁布是一项重要措施，为文官控制军队奠定了基础。1976年5月，布托发表了最高防务机构白皮书，详细阐述了巴基斯坦国家安全机构的组成、作用和职能。

内阁国防委员会为最高决策机关，主席由总理兼任，成员包括国防、外交、财政、内政等部部长，参谋长联席委员会主席、三军参谋长、国防部秘书长一般均出席内阁国防委员会会议。

国防部是贯彻执行内阁国防委员会决议的最高军事行政领导机构，主要负责三军的财务管理、武器生产与采购。国防部首脑为国防部部长，国防部秘书长负责主持日常工作，下设防务局、生产局和国防情报局。

参谋长联席会议在行政上受国防部领导，但在军事上直属总统指挥，主要负责拟定三军联合战略计划、研究武装力量的兵力与编成、向内阁国防委员会提供国防咨询，成员有三军参谋长和国防部秘书长，主席由三军参谋长轮流担任，任期 3 年。

武装力量由正规军、准军事部队和预备役部队组成。正规军分为陆、海、空三个军种。总统通过国防部和参谋长联席会议领导和指挥全军。

三 国防委员会

内阁国防委员会负责确定国家安全的整体目标，国防委员会则负责将这些目标转化为具体的军事政策。国防委员会为内阁国防委员会提供各种防务机构的作用、规模及预算，以及国内生产和国外购买武器装备政策的建议。国防委员会由国防部部长负责，通过国防国务部部长、国防部部长、国防部秘书长以及参谋长联席委员会协调并落实目标。国防委员会由国防部长任主席，成员包括财政部部长、国防国务部部长、外交部部长、参谋长联席委员会主席、三军参谋长、国防部和财政部秘书长、外交部秘书、国防部和财政部秘书。有时也邀请其他各部部长和官员参加国防委员会会议。现任主席是穆沙希德·侯赛因。

四 参谋长联席委员会

巴基斯坦的最高军事机构，负责统筹国家安全事务中有关军事方面的问题。由一位常设主席和三军参谋长组成，国防部秘书也参加所有会议。委员会秘书处可以说是一个三军间的机构，由作战/计划处、训练处、条约及协议处、工程处、后勤处、三军公共关系处、人事处以及动员/爱国训练/纪律处组成。主席由陆、海、空军参谋长轮流担任，一般任期三年，其地位高于武装部队的任何一位官员，现任主席为阿齐兹·汗上将。在和平年代，委员会主席权力不大，对三军没有指挥权，其权力仅局限于为防务计划和国家安全问题协调和总理三军。在战争或紧急时期，委员会主席则是总理的首席参谋，负责监督和实施所有军事行动。参谋长联席委员会在行政上受国防部领导，但在军事上直属总统指挥。

第三节　军队组织系统

一　武装力量

巴基斯坦武装力量由正规军、准军事部队和预备部队组成，正规军分为陆、海、空三军。2016 年，巴基斯坦现役武装力量总兵力 61.7 万人。

陆军　陆军 52 万人。编成 9 个军，21 个师（18 个步兵师、2 个装甲坦克师、1 个炮兵师），24 个独立旅（7 个步兵旅、1 个机械化旅、7 个装甲坦克旅、9 个炮兵旅），7 个工程兵旅，1 个特种兵旅，16 个航空中队。另外，还组建了战略力量司令部、防空司令部和陆军航空司令部。现任陆军参谋长为卡马尔·贾维德·巴杰瓦。

截至 2014 年，巴基斯坦军队陆基武器种类及数量为：坦克，2646 辆；牵引火炮，1700 门；装甲车，4620 辆；自行火炮系统，500 套；多管火箭发射系统，200 套；迫击炮，3200 门；地形装甲载具，3400 辆；高炮武器，2500 件；后勤车辆，11500 辆。此外，还拥有多种地对地、地对空、空对空、空对地导弹。

巴基斯坦陆军主战坦克和牵引火炮的情况分别见表 5－1 和表 5－2。

表 5－1　巴基斯坦陆军主战坦克

单位：辆

主战坦克	数量	特征
Al-Khalid（MBT 2000）	400	巴基斯坦进攻主战坦克
Al-Zarar	400	从中国进口 T－59 主战坦克的改进型
T－80 UD	320	沙漠主战坦克
T－85 II－AP	300	巴基斯坦自行生产的坦克
T－69 II－AP	400	从中国进口 T－59 主战坦克的改进型
T－63 & 60 系列	100	水陆两用轻型坦克
T－59	400	正被 Al-Zarar 坦克代替
T－54/55	50＋	100mm 炮口改进型

表 5－2 巴基斯坦陆军牵引火炮

单位：门

型号	数量	口径	型号	数量	口径
M－110	60	203mm	M－198	148	155mm
M－109A2	150＋	155mm	M－114	144	155mm
M－109A5	115	155mm	M59	30	155mm
A－100E	42	300mm	T59－I	410	130mm
KRL122	40	122mm	T54	490	122mm
AZAR	52	122mm	T60	200	122mm
M－115	28	203mm	M56	113	105mm
MKEK PANTER	72	155mm	D－30	143	122mm

其他装备如下：

自行炮：240 门，其中 105 毫米 50 门、155 毫米 150 门、203 毫米 40 门。

火箭炮：122 毫米 45 门。

迫击炮：81 毫米 500 门、120 毫米 225 门。

地地导弹："哈塔夫－1" 型 80 枚、"哈塔夫－3" 型和 "沙欣－1" 型各 30 枚、"高里" 型 12 枚。

反坦克导弹："眼镜蛇"、"陶" 式等共 800 枚。

火箭筒：89 毫米若干具。

无坐力炮：75 毫米和 106 毫米若干门。

高炮（高射机枪）：2000 余门（挺），其中 14.5 毫米和 35 毫米合计 200 门，37 毫米、40 毫米和 57 毫米若干门。

地空导弹："毒刺"、"红眼睛" 和 RBS－70 型合计 350 枚，"安扎" 500 枚。

飞机：航测机 1 架、联络机 86 架、观测机 90 架。

直升机：攻击直升机 20 架、运输直升机 114 架。

海军 海军 2.5 万人（含海军航空兵、海军陆战队和海上保安部队）。基地设在卡拉奇（舰队司令部）。海军编成 1 个舰队、5 个海军航空兵中队。海军最高行政长官为海军参谋长。

装备如下：

潜艇：10艘，其中“卡林”级1艘、“初日”级2艘、“汉格尔”级4艘、小型潜艇3艘。

驱逐舰：“征服者”级2艘。

护卫舰：8艘，其中导弹护卫舰6艘、常规护卫舰2艘。

导弹快艇：5艘。

巡逻艇：5艘。

扫雷艇：3艘。

支援舰：9艘。

海军航空兵装备作战飞机5架、武装直升机9架。

海军陆战队约1200人。

空军 空军6.5万人，其中飞行员3000名。编成10个战斗机中队、7个攻击机中队、1个侦察机中队、1个海上巡逻反潜机中队、2个运输机中队、1个救援直升机中队、1个运输直升机中队和7个地对空导弹连。现役作战飞机有：F－16A/C战斗机，45架；F－7战斗机，140架；JF－17战斗机，49架；幻影IIIEP/OF/RP战斗机，69架；幻影5EF/F/PA，84架。特殊任务飞机有：猎鹰20/200（EW），2架；“空中之王”350（Recce），4架；Saab 2000（AEW），4架；Y－8（ZDK－03）（AEW），3架。

加油机：伊尔－78，4架。

运输机：C－1308/E/L－100，16架；CN235，3架；Saab 2000，1架；Y－12，3架。

战斗直升机：Bell 205，5架；Bell 412，1架；Mi－171，6架；SA330，1架；SE3160，10架。

教练机/直升机：F16B/D，31架；FT－5，25架；FT－6，9架；FT－7，9架；K8，39架；Mirage IIIBE/D/DP，17架；Mirage 5DPA，2架；SA316，8架；T－37，18架。

二 军队组织和管理系统

巴基斯坦陆海空三军武装部队最高统帅由总统担任。但2010年的宪法第 18 修正案限制了总统的权力，规定总统在总理的建议下任命国防部部长、陆海空三军参谋长。

国防部由财政署、后勤署、行政署、准军事部队组成，负责军事预算、准军事部队的组建和训练以及人事安排、军工生产和后勤。国防部常设领导机构是一个由国防秘书领导的文官小组。

参谋长联席会议在三军首脑联络部协助下工作。三军计划局局长、管理局局长、情报局局长、军医局局长以及公共关系协调局局长组成三军首脑联络部，其主要职责是协调国防部与参谋长联席会议之间的工作。现任参谋长联席委员会主席为佩尔韦兹·穆沙拉夫。参谋长联席委员会下设陆军司令部、海军司令部、空军司令部。

陆军司令部由负责作战和情报部门的参谋长和副参谋长、陆军军需兵司令兼军需局局长等组成。参谋长负责领导总工程师、军事秘书、军事法官以及军队中的文职人员。陆军作战部队有步兵、装甲兵、工程兵、通信兵；陆军的辅助部分包括军械制造、后勤、通信、机械工程、文化教育、军事警察、军马饲养、兽医、军垦农场等。

巴基斯坦陆军编制为军、师、旅，每个军由 2 个或 2 个以上的师组成，由一名陆军中将指挥，设指挥部；军长对陆军参谋长负责。每个师由 3 个或 3 个以上的旅组成，每个旅下辖 3 个营。步兵师是独立的地面部队，由步兵、炮兵、工程兵、通信兵和后勤单位等构成。

巴基斯坦陆军除作战部队和辅助部门外，还下辖各类准军事部队，如国民警卫队、海岸警卫队、边境部队、边境保安队、别动队以及地方民兵武装。

巴基斯坦海军由海军参谋长指挥，由参谋长和副参谋长负责海军司令部。司令部设在伊斯兰堡。

巴基斯坦空军由以空军参谋长为首的空军司令部指挥，编成攻击战斗机中队、战斗机中队、侦察机中队、海上反潜侦察机中队、运输机中队、救援直升机中队、运输直升机中队、地空导弹连等。使用的武器主要从美、英、法等国进口。

三　军事训练

巴基斯坦新兵的教育训练因兵种不同存在差异。陆军新兵经过所在部队的基础训练教育后，还要进行3个月左右的单兵训练。陆军主要的军事院校有：1905年创建的奎达指挥参谋学院，培训陆军高级指挥人才；1948年建立的巴基斯坦军事学院，学制两年半，学生毕业后获得学士学位。其他军事院校有陆军军官学校、军事情报学校、陆军体育学校、陆军管理学校、陆军航空学校、陆军音乐学校、装甲兵学校、炮兵学校、高射炮兵学校、军事工程学院、陆军军用器材学校、无线电及机械工程学校、陆军教育学校、陆军新兵学校等。

巴基斯坦海军新兵首先在巴基斯坦军事学校接受6个月的基本训练，再到“巴布尔”号轻型巡洋舰上接受18个月的训练，最后在舰艇上实习。

巴基斯坦空军新兵首先到里萨普尔空军学院学习两年，主要学习理论课和进行高空飞行训练。毕业后还要参加其他业务学习和训练，合格后方能进入战斗队。巴基斯坦空军院校除里萨普尔空军学院外，还有空军参谋学院、空军航空工程学院。

巴基斯坦兵源充足，但兵源的质量不高。只要年满17岁、能阅读简单的教科书便有资格参军。志愿兵服役年限一般为7年。经过严格挑选和培养的军官服役年限较长，将级军官不受退役年限限制。

第四节　军队在国家中的作用

一　军法统治

巴基斯坦文官政府软弱无能，不能有效地克服社会、政治和经济危机，致使巴基斯坦军人于1958年10月7日发动政变，阿尤布·汗将军上台执政，担任总统兼国防部长和武装部队最高统帅，开始了巴基斯坦历史上第一次军法统治时期，直到1962年才解除军事管制，恢复宪法。在实行军管期间，阿尤布·汗禁止政党活动，取消公民自由权，控制新闻出版，建立特别军事法庭。在从 1958 年 10 月开始实行军管到 1962 年 7 月恢复政党活动的大约 4 年时间里，任何法院都不得对军事管制法表示异议。

1969 年 3 月 25 日，阿尤布·汗在人民的抗议浪潮中辞去总统职务，陆海空三军支持陆军总司令叶海亚·汗接替政权，担任巴基斯坦历史上第二任军法管制首席执行官。

1977 年 7 月 5 日凌晨，巴基斯坦陆军参谋长穆罕默德·齐亚·哈克接管了布托的人民党政府，自任军法管制首席执行官，揭开了巴基斯坦独立以来第三次军法统治的序幕。哈克在向全国做的广播讲话中宣布，布托政府已被解散，巴基斯坦已建立新的临时政府；重要的行政事务将由军事委员会处理；自己将履行陆军参谋长的职责，并兼任军事管制首席执行官和政府行政首脑；解散国民议会和各省议会，免去中央政府各部长职务，各部秘书继续领导各自的部门；免去各省省长职务，由各省高等法院首席法官担任各省代理省长；省政府由省军事管制执行官领导，各省各部的秘书继续负责他们各自的部门。

在 10 多年的军人统治期间，齐亚·哈克任用军队高级将领担任文职部门的行政长官。1980～1988 年，共有 96 名高级军官被安置在中央行政部门。齐亚·哈克还以低于市场的价格把城市市区的土地卖给高级军官用来建筑私房；有的军官将这些土地高价转卖，从中牟取暴利。通过这些措施，齐亚·哈克扶植了一个享有特权的军人阶层，从而巩固了他的军政权。

齐亚·哈克全面修改 1973 年宪法，通过国家宪法巩固军人统治和他的独裁权力。修改后的宪法赋予总统控制内阁、议会和解散政府的独裁权力。1988 年 5 月，齐亚·哈克不仅根据 1985 年宪法修正案，解除了居内久的总理职务，解散国民议会，还根据此修正案，在军队与文职政府间建立“桥梁”，身兼总统和陆军参谋长，以此控制军队。经齐亚·哈克修改后的宪法赋予军管法令、军管行为和军事法庭的判决以权威性和合法性，从而限制了文职法庭（civil service tribunal）的权威，加强了军队和齐亚·哈克的个人统治。1984年底，齐亚·哈克一手操纵了公民投票，成为“民选”总统，从而使其统治“合法”地延续到1990年。

齐亚·哈克经过多年精心经营，在巴基斯坦建立起了制度化的军人政治，从而对巴基斯坦政治发展产生了深远影响。此后，巴基斯坦虽然建立了民选的文官政府，但军队仍继续干涉政治发展，1996年11月，巴基斯坦军人再次向政府施压。

1999年10月15日，巴基斯坦参谋长联席委员会主席兼陆军参谋长穆沙拉夫上将发布临时宪法令，宣布在全国实行紧急状态，终止巴基斯坦宪法，解散联邦议会和省议会。

临时宪法规定，在紧急状态期间，穆沙拉夫担任巴基斯坦军法管制首席执行官，总统塔拉尔将继续行使职权，巴基斯坦武装部队负责巴基斯坦的所有事务。

2000年5月，巴基斯坦最高法院裁定这起“军事接管”是“必要的行动”，承认穆沙拉夫政府的合法性。2001年6月20日，穆沙拉夫宣誓就任巴基斯坦总统。在“9·11”后极为复杂的形势下，穆沙拉夫带领国家艰难调转方向，与美国结盟反恐，并开始缓和与印度的关系，一度指引这个国家走上“温和文明”之路。2001~2002年，穆沙拉夫宣布并开始实施一系列“反恐新政”，不仅得到巴基斯坦广大“沉默的温和势力”的衷心欢迎，而且极端势力慑于当时阿富汗反恐战争的威势，也没敢迎头相撞。

2002年4月30日，巴基斯坦举行全民公决，公决支持穆沙拉夫在10月大选后继续担任总统。同年11月16日，穆沙拉夫再度就任巴基斯坦总统，任期5年。2007年9月，穆沙拉夫被一些反对党领导人及律师向最高法院提出指控，指控其作为总统兼陆军参谋长违反宪法，且认为担任陆军参谋长这一军职的穆沙拉夫没有资格参加下一届总统选举。最终，最高法院驳回了这一指控，穆沙拉夫顺利参加了新一届总统选举。2008年1月24日，穆沙拉夫在选举中获胜，28日辞去陆军参谋长一职，29日，正式宣誓就任巴新一任总统。2008年8月18日，穆沙拉夫在伊斯兰堡总统府发表讲话，表示为了国家和民族的利益，辞去总统职务。

2010 年，第 18 宪法修正案规定了将总统的权力转移至议会和总理、扩大地方政府的自治权、改革司法和选举机构以及从法律上防范军人政变等主要实质性内容，在一定程度上改变了巴基斯坦的政体结构，实现了权力的重新分配。

二 “三驾马车”中的仲裁者

在巴基斯坦，总统、总理、军队被称为国家权力的“三驾马车”，其中军队是“仲裁者”。

1985 年宪法修正案颁布实施后，出现 4 次总理被罢免、议会被解散的乱局。总统被赋予至高无上的权力，若要否定总统，需议会 2/3 多数同意。经过多年努力，1997 年谢里夫再次执政后终于废除了总统解散民选政府的权力。

1988 年后，军队虽然远离政治，但在巴基斯坦特殊的权力结构中依旧充当着“仲裁者”的角色。总统在罢免总理前需要军队的承认和支持。1993 年总统和总理矛盾公开后，军队出面斡旋。1996 年底，军队再次出现在巴基斯坦政治舞台上。从军队的人员构成看，多数来自比较发达的旁遮普省，他们受过良好的高等教育，许多将军退役离开军队后投身政治，成为巴基斯坦政治的一大特色。巴基斯坦出现政治危机时，军队常常成为最重要的政治力量。

巴基斯坦民主政治制度不完善，总理地位不稳，易受攻击；民选总理需要协调与军队、总统的关系，同时还要遭受反对党的攻击。20 世纪 80 年代以来，巴基斯坦多位民选总理被解职，这充分证明巴总理地位不牢固。但 1997 年谢里夫再次执政后，终于废除了 1985 年宪法修正案赋予总统的解散政府和议会的权力，对政体结构做了一次较大调整。但是，“三驾马车”仍将互相制约、互相作用，各方力量虽有消长，但仍将长期共存。

第六章

社　　会

第一节　国民生活

一　就业和收入

人口数量多、就业机会少、失业率高一直是巴基斯坦政府面临的社会问题之一。

巴基斯坦就业形势严峻，主要原因在于民众文化水平及职业技能低下。经济的快速增长、工作流程和技术进步的变化对工人的技能水平提出越来越高的要求。巴基斯坦符合要求的人力资源难以满足需求。巴基斯坦传统观念是妇女主要从事家务劳动，且受教育程度比男性更低，因此被排斥在就业人口之外。由于市场饱和，缺乏就业机会，大量具有较高技能的年轻劳动力被排除在就业岗位之外，年轻劳动力就业情况变得更为严峻。

巴基斯坦的就业率虽然不乐观，但是一直呈上升趋势，从2001/2002年度的46.5%攀升到2005/2006年度的49.7%，其中2008/2009年度、2009/2010年度、2011/2012年度分别为50.3%、50.7%、50.4%，到2012/2013年度又回落到50%，但都保持在50%左右。男性就业率在不断波动，2001/2002年度为77.6%，2012/2013年度为77%，2005/2006年达到峰值，为79.6%；女性就业率则一直在上升，2001/2002年度仅为13.6%，2012/2013年度增至22.1%。从失业状况来看，失业率有起有伏，从2001/2002年度的7.8%降至2006/2007年度的5.1%，2012/2013

年度又回升至6%。男女失业率大致也呈同一趋势，女性失业率要高于男性。在巴基斯坦，数量可观的年轻劳动力大军处于非充分就业、失业、四处寻找工作、打短工等状态。年轻劳动力的就业情况成为巴基斯坦千年发展目标能否实现的指标之一。

社会普遍认为，仅仅为庞大的人口提供工作机会并不足以真正解决就业问题。充分就业、良好的工作环境、劳动者的能力和职业技能得到不断提高，以及工资水平的持续改观都是政府在解决就业中应予以重视的问题。所以，巴基斯坦政府近年来不断完善和调整相关法律政策，试图通过立法找到解决上述问题的方案，强调技术和职业教育以及灵活的培训对提高劳动者的劳动技能非常重要。巴基斯坦总理办公室于2006年成立了“全国职业技术教育委员会”。委员会主要的工作是促进协调全国劳动者职业技能发展，设立技能标准并进行认证等。2008/2009财年，“全国职业技术教育委员会”发布了关于促进技能提高的远景规划，被称作“2008～2012年全国职业技能远景战略”。2007年，巴基斯坦政府发布了名为“2030年远景”的综合战略规划，强调加大知识和教育投入，提高教育的广度和深度，并且把提高就业水平和劳动者就业能力作为社会和经济发展政策的核心。目标是创造良好的就业环境，减少贫困和促进人力资源发展。

在巴基斯坦政府批准的2005～2010年中期发展规划中，促进GDP增长和降低失业率成为核心目标。在此规划指导下，巴基斯坦政府在2005～2010年投入795.19千亿卢比（约合940亿美元），创造了700万个新的工作岗位，并且在2009/2010财年将失业率降到4%。根据就业吸纳能力，农业部、住房建设部、中小企业部和信息技术产业部在政府的中期发展规划中被认为将创造更多的就业机会。

国民收入增长缓慢。2001/2002～2007/2008财年，家庭人均收入增长39%，但2007/2008～2010/2011财年却增长4%。最近几年名义收入增长55%，但是大部分为高通货膨胀率所抵消，居民生活水平未见明显提高。

居民收入不平衡现象加剧。2011～2013年，收入最低的20%的家庭收入几乎为零增长，收入最高的20%的家庭收入也仅仅增长4%；各省居民收入的变化也不同，信德省下降4%，开伯尔－普赫图赫瓦省下降1%，旁遮普省增长了8%，俾路支省增长了15%。能否获得较快增长主要在于政府对地区的发展有没有采取相应措施，中央对其财政支持力度是否足够大也与该地区安全形势以及农业发展有关。[①]

二 物价和消费

巴基斯坦经济落后，国民经济以农业为主，经济增长缓慢，国民收入不高，消费状况也不理想。2012年3月，食品和非酒精类饮料价格上涨9.81%，酒精类饮料、烟草上涨7.98%，服装与鞋类上涨16.6%，家庭用水、电力、燃气上涨7.55%，卫生医疗上涨7.55%，交通上涨19.1%，教育上涨11.91%，家居装饰类上涨19.6%，文化娱乐上涨6.5%，餐饮酒店类上涨11.2%，通信下降0.57%。巴基斯坦政府于2012年3月1日宣布再次上调成品油和压缩天然气价格，势必会带动多种商品价格上涨，使通货膨胀增长压力进一步加大，物价进一步抬升。2007～2016年，巴基斯坦家庭消费年增长率见表6－1。

表6－1 巴基斯坦家庭消费年增长率

单位：%

年份	2007	2008	2009	2010	2011	2012	2013	2014	2015	2016
家庭消费年增长率	4.71	－1.82	11.21	2.73	8.35	11.57	3.98	3.49	3.79	3.93

资料来源：中华人民共和国商务部网站，http：//www.mofcom.gov.cn/article/i/dxfw/cj/201006/20100606998012.html，http：//finance.sina.com.cn/worcdmac/nation_PK.shtml。

三 住房

巴基斯坦现有人口1.8亿人，住房一直是困扰巴基斯坦经济社会的大

① 参考《巴基斯坦的人口、劳动力和就业状况》，中华人民共和国商务部网站，http：//www.mofcom.gov.cn/article/i/dxfw/cj/201006/20100606998012.html。

问题。全国约有一半人口在城市生活，但不同阶层和不同地位人士的住房条件相差悬殊。巴基斯坦每户家庭平均人口为6.6人，每房间平均居住人口为3.5人，而土耳其和中国每房间平均居住人口分别为1.3人和1.1人，世界每房间平均居住人口为1.2人。2016年，巴基斯坦约一半的城市人口和大部分农村人口仍然居住在临时房中。

巴基斯坦的住房条件按照阶层和行业划分，富裕阶层在自己购买、继承的农村庄园或城市别墅区建造豪宅，有的豪宅耗资上百万美元，高级游泳池、酒吧、现代化厨具一应俱全。这些豪宅在成为私人不动产后，往往无须缴纳房产税。中产阶级在伊斯兰堡都有自己的住房，但一般是先买地，或是买一座带有宅基地的破旧房子拆掉重建。伊斯兰堡几乎没有大房地产商，因为绝大部分房屋属于私人所有。军队和政府系统都有自己的公寓房，普通公务员的住房也由政府提供，但质量较差，面积较小，基础设施和辅助设备都很缺乏，水电供应不足。首都伊斯兰堡富人区的房价和租金十年来一路飙升，过去800美元可以租住的房屋，现在3000美元也不一定租得到。

住房供不应求，土地价格飙升是巴基斯坦面临的又一个重要的社会问题。巨大的人口基数和住房现状，表明巴基斯坦房地产市场蕴藏着巨大的需求空间。2002/2003财年，巴基斯坦居民住房增长率为3.3%，2003/2004～2006/2007财年平均增长率为3.5%，巴基斯坦房地产市场正处于繁荣发展时期。根据2006年巴基斯坦投资局估计，全国每年住房需求约为65万套，但每年建设能力仅为35万套，缺口达30万套。首都伊斯兰堡人口约750万人，房屋需求约为12.5万套，每年新增住房需求在4000套左右。国际外交使团和巴联邦政府官员大多住在伊斯兰堡。由于环境优美，房地产在伊斯兰堡被认为是具有升值潜力的长期投资项目之一。卡拉奇是巴基斯坦最大的商业中心，2016年常住人口已超过1600万人。中产阶级和富人占总人口的20%左右，有能力购买高档小区住房的人口超过200万人，每户按6人计算，则高档住房潜在需求约为33万套，卡拉奇高档住宅小区具有良好的市场开发前景。2002～2005年，卡拉奇空闲地段土地价格平均上涨176%，已开发地段土地价格平均上涨132%。其他主要城市的土地价格也都有不同程度的上涨。目前在卡拉奇国防八区海滨地段，住宅小区包含购物中心等商业用地的土地价格已上涨到1000美元/平方米。住房用地在不同地段的土地价格不同，总体上看，随着房地产开发升温，土地价格上涨，市中心土地的价格已上涨到8000美元/平方米。

巴基斯坦房地产开发类型分为三类：公寓房、住宅小区和别墅。政府规定，用于低收入家庭的经济适用公寓房建筑面积在125.4平方米以内，使用面积在92.9平方米以内，5年内免除所有税收。提供给开发商用于经济适用公寓房建设的土地是以极低价格转让的，也必须以同样价格转让给低收入家庭。

四　社会保障与福利

经过多年的努力，巴基斯坦初步建立起现代意义上的社会保障制度和基金，如雇员社会保障制度、矿工福利制度、雇员老年福利制度、政府公务员退休基金、职工福利基金、天课基金，还实施了职工子女教育计划，建立了基金。2008年人民党执政后，推行贝娜齐亚收入支持项目，伊斯兰联盟（谢里夫派）实施食品援助和便宜面包项目。在社会保障形式上，有社会福利体系、社会资助体系、紧急援助与救助计划、小额信贷等。

雇员社会保障制度　巴基斯坦首个涵盖私营部门人工的社会保障制度，建立于1965年，为参加保障的工人及其家庭成员提供全面的社会保障，包括医疗保健、工伤赔偿、死亡抚恤金、残疾抚恤金以及养老金等。人民党执政后，对这一制度进行了调整，雇员上交比例从2%提高到6%；医疗服务范围扩展到公共卫生领域；季节性劳工的权利得到保障与改善；等等。

矿工福利制度　建立于1967年，专门针对矿业工人。资金来源于对所有矿产的征税。由于矿工福利制度管理成本高，政府缺乏对其运行透明度的独立评价，所以人们普遍认为该制度存在不当和不透明之处。

雇员老年福利制度　人民党政府在1976年制定了“雇员老年福利制度”，旨在为退休的雇员提供养老金、伤残养老金、遗嘱养老金，为在正式部门中超过10人以上企业工作的雇员提供年金，但是不包括管理人员和专业技术人员。标准是：有15年工龄的60岁及以上男性雇员以及55岁及以上女性雇员，男性矿工则缩短为55岁。2006年，人民党为了扩大年金覆盖范围，将该制度延伸到雇员在5人以上的企业，雇员低于5人的企业也有机会申请加入。自2008年7月起，雇员老年福利制度覆盖银行和其他非金融机构。与此同时，福利金的支出也在增加。2013年，全国有460000多名雇员受益于雇员老年福利制度。雇员老年福利制度为在巴基斯坦私营部门工作的雇员提供了养老保障，成为社会福利保障体系最重要的组成部分。

政府公务员退休基金 1954年建立，是巴基斯坦最早的现代社会保障项目。范围覆盖政府部门的公务员，凡60岁退休或在政府部门工作25年以上的公务员，均有资格领取养老金。在政府部门工作未满25年去世的公务员，其妻子有资格领取养老金。

职工福利基金 1971年，阿里·布托政府颁布了《职工福利基金条例》，设立了职工福利基金。该基金为正式部门的职工提供现金、住房和实物资助以及结婚资助、抚恤金等。适用于所有雇员50人以上，或注册资金在200万卢比以上，或固定资产价值达到400万卢比以上的企业。人民党执政时期，职工福利基金得以保留并得到发展，2012年5月，吉拉尼总理宣布提高职工福利基金的结婚资助金额，由7万卢比增加到10万卢比；扩大该项资助的覆盖范围，使职工女儿都可以享受结婚资助；提高职工死亡抚恤金，由15万卢比提高到50万卢比。

职工子女教育计划 1972年，人民党政府通过《职工子女教育条例》，给在拥有10人以上雇员企业工作的职工子女提供免费教育，省级管理委员会负责实施职工子女教育计划。

天课基金 1980年6月20日，巴总统齐亚·哈克为推行全面伊斯兰化颁布“1980年天课和欧舍尔法令”，宣称由于巴基斯坦是一个伊斯兰国家，必须实行伊斯兰戒律；天课以及欧舍尔税用来资助贫困者、寡妇、孤儿、残疾人等。天课基金把传统的伊斯兰福利制度与现代社会保障制度结合起来，为穷人提供以下资助：逊尼派穆斯林中如果有人收入低于675卢比/月，则有资格领取每月300卢比的补助；在巴基斯坦大学、职业学校和其他政府认可的其他培训机构就读的学生，都有资格获得教育补贴；

6% 的天课基金作为医疗保健资助费用；4% 的天课基金用于资助即将结婚的妇女以及 4% 的天课基金支持穷困者恢复其生产和经营能力。2010 年 4 月，宪法第 18 修正案将天课基金下放到地方。2012 年，人民党政府把中央天课基金预留的 41.31 亿卢比资金再分配给旁遮普、信德等四省，将天课的征收与分配完全交给地方。

基金委员会 1991 年，巴基斯坦议会通过“巴基斯坦基金委员会法案”。1992 年，巴基斯坦政府建立基金委员会。这是一个自治机构，以现金补助的方式为那些被排除在天课项目之外的团体，主要是巴基斯坦少数民族提供资助。

其他社会保障制度 2008 年 3 月，人民党执政，面对世界经济衰退，巴基斯坦遭受能源和食品危机，政府启动了一个大规模的资助项目，即贝娜齐亚收入支持项目，这成为人民党政府重要的社会保障项目。政府向该项目拨款 340 亿卢比，为受益人每月提供 1000 卢比的资助，享受资助的对象是月收入低于 6000 卢比的家庭、寡妇/离婚妇女、家庭中身体和精神残疾的成员或者是长期生病的成员。该项目从启动到人民党下台，总共花费了 1800 亿卢比。

在推行贝娜齐亚收入支持项目的同时，在旁遮普省执政的伊斯兰联盟（谢里夫派）实施了食品援助计划和便宜面包项目，为旁遮普省贫困家庭提供食品补贴。该计划最初的设计是为旁遮普省贫困家庭提供食品券，后来转变为旁遮普 180 万贫穷家庭每月提供 1000 卢比的现金资助，并于 2008 年 8 月 14 日正式实施。

五 移民

巴基斯坦的移民主要分布于开伯尔－普赫图赫瓦省及其部落地区，另有少部分分布于卡拉奇和奎达。1995 年，超过 160 万的孟加拉人，65 万阿富汗人，20 万缅甸人，2320 名伊朗人和菲律宾人，数百名尼泊尔、斯里兰卡人和印度人居住在卡拉奇。巴基斯坦比世界上其他任何国家收留的难民都要多。

世界上有大量的巴基斯坦侨民，超过 700 万巴基斯坦人居住在世界各地，其中大部分居住在中东、欧洲和北美。2012 年，巴基斯坦外汇收入达 130 亿美元，世界排名第十。巴基斯坦侨民得到巴基斯坦的官方承认。2008 年，巴基斯坦侨民部成立，专门处理巴基斯坦侨民的所有事务。①

第二节　社会管理

一　社会结构

巴基斯坦社会分层与教育、职业、收入以及居住地等因素有关，分为上层阶级、中产阶级、贫穷阶级三个层级。

上层阶级几乎都有较高的收入，从事高收入职业，居住环境干净优美。这类人群占巴基斯坦总人口的 2%，约有 3700 万人，拥有的财富占整个国家的 60% ~65%。他们的职业大致为高层领导、商人以及企业高管。这一阶层人群的特征是：人数少之又少，多是雇主或老板，剥削穷人，他们与其他两个阶层的差别很大，过着奢侈的生活。

中产阶级首先在受教育方面就与上层阶级有很大差别，上层阶级几乎都在哈佛、牛津、耶鲁等国外世界著名大学接受教育，而中产阶级则大多都接受巴基斯坦本国学校的教育。收入方面，中产阶级明显低于上层阶级，因此居住条件会比上层阶级差一些，他们不追求更大的住房，而是追求舒适。巴基斯坦有 530 万 ~540 万人属于中产阶级，约占总人口的 28%。他们大多是中小商人、企业中层管理者或政府普通工作人员。这一阶层的特征是：社会流动性最高，生活比工薪阶级舒适但是经济条件又不如上层阶级，都是雇员，属于被剥削阶级，其中大多数人都刚刚跻身这一阶级，阶级特征不明显，反而更接近于贫穷阶级，但是他们的孩子已具有明显的阶级特征。

贫穷阶级受教育程度普遍较低，从事技术含量不高的工作，收入很

① 参考向文华《巴基斯坦社会保障制度的发展与评价》，《南亚研究季刊》2014 年第 2 期。

低，居住在有一个到两个房间的房子中，电力、生活用水供应不足。这一阶级约占巴基斯坦人口的70%。他们大多是小型商店店主，低层雇员（如司机、工人等），以及贫穷的农民。这一阶级的特征是：社会流动性最低，很多人沉溺于毒品，没有长期稳定的工作，失业率特别高。

二 社会组织

埃迪基金会（EDHI） 巴基斯坦一个非营利性的福利机构，由阿卜杜勒·萨塔尔·埃迪在1951年创立，总部设在卡拉奇。该基金会是巴基斯坦最大及分支机构最多的社会福利系统。该基金会的原则是没有肤色、种族、语言、宗教、政治歧视，宗旨是“生存和帮助生存”。

埃迪基金会为巴基斯坦国内外提供24小时紧急救助服务，提供避难所，免费的医疗服务、药物康复服务以及救灾工作。主要项目是紧急救援、孤儿、残疾人、避难所、教育、医疗、国际社会中心、空中紧急救护服务、消除贫困。基金的资金来自个人和企业捐款。

市民基金会（TCF） 一个有专业管理的非营利组织，于1995年由一群关注巴基斯坦教育的市民组建。市民基金会是现在巴基斯坦正规教育行业的领先社会组织。到2010年，该基金建立了600所特别学校，共有92000名学生。市民基金会鼓励女性入学，建立的学校中有50%的学生是女学生。市民基金会旨在破除阶级和特权，相信接受基础教育不应只是特权阶级权利，而是每个人的权利，除此之外，还旨在让学生拥有较高的道德价值和自信。

阿迦汗发展网络（AKDN） 阿迦汗发展网络的业务范围包括环境、健康、教育、建筑、文化、小额贷款、农村发展、减灾、私营企业发展、历史城市复兴等，基本目的是通过关注健康、教育、文化、乡村发展和促进经济发展来提升生活环境和为穷人提供工作机会。

巴基斯坦对抗失明基金会（PFFB） 成立于1988年，前身是巴基斯坦色素视网膜炎社团（PREPS），是一个非营利性的非政府组织，致力于巴基斯坦视觉受损领域的药物研究和人道主义援助。

巴基斯坦SOS儿童村 一个私人的社会福利机构，为孤儿和弃儿提供住所、良好的照顾。SOS 儿童村的孩子们会一直住在这里，直到可以独立生存为止。

巴基斯坦人口协会（PAP） 成立于2000年，是一个由巴基斯坦对人口和发展感兴趣的个人及组织成立的集非营利性、非政治性、科学性、专业性为一体的机构。该协会的目标是通过研讨会提升人口相关领域专家的专业技能，分享专业知识，以此加强人口纪律。

国际环境、国家发展和安全研究基金会（FRIENDS） 1991 年在拉瓦尔品第成立，致力于全球、种族以及国家问题研究，以促进和平、和谐以及全人类的提升。

ROZAN

起源于伊斯兰堡，致力于心理和生理健康、性别、女性及儿童的暴力、青春期心理和生殖健康问题。该协会大多数成员都具有心理咨询师资格，他们通过训练和咨询来提升社会各个部门人群的心理健康水平。

第三节 医疗卫生

据统计，截至2013年，巴基斯坦患病率最高的疾病主要是病毒性肝炎、疟疾、腹泻、痢疾、皮肤病、结核病、恶性肿瘤、心血管疾病、霍乱、登革热等。儿童所患疾病主要是急性呼吸衰竭、麻疹、百日咳、破伤风和腹泻。2013 年，巴基斯坦大约有 29.8 万人患有结核病，位列世界第15。近年来，心脏病患者增加较快，癌症成为死亡的主要原因，据估计每10 万人中有 40～50 位恶性肿瘤患者，其中最多的是乳腺癌，每年有近 4 万名巴基斯坦妇女死于乳腺癌，并且患癌人数不断增加，患病年龄趋于年轻化。营养不良成为严重问题，并引发一些疾病，如贫血病、甲状腺肿瘤、维生素缺乏症、佝偻病、夜盲病、骨软化等。5 岁以下的儿童中有7% 由于缺乏蛋白质，患有营养不良症。环境卫生差，如缺乏卫生饮用水、住房差、食物不卫生，诱发许多疾病。

巴基斯坦的医院分公立和私立两种，其中私立医院的门诊量占全部门诊量的 80%；2011 年以前，公立医院由卫生部主管，但是2011 年取消卫生部后，医疗卫生事业由省级卫生部门主管，各省卫生服务以区为单位进行，各区管理医院、医务室和农村卫生站，各省设有专门的教学医院和特殊卫生机构。上至联邦政府卫生部部长，下至地方各级卫生官员，都经过医疗卫生方面的特别教育和培训。国家在省所属卫生服务机构，有政府医院、农村卫生站、基层卫生组织、医疗点和成年、少儿卫生中心。这些卫生服务机构由省政府和地方政府拨款。此外，省政府负责本省的卫生检查和监督工作。2009 年，巴基斯坦全国医疗卫生总支出占 GDP 的 2.6%。

为提高全民卫生水平，政府制订了全国卫生发展计划。卫生部提出的发展计划主要包括疾病预防、提供初级卫生服务、培训医疗卫生人员、增加医疗卫生设施等。“加快卫生发展计划”包括扩大防疫计划、控制腹泻疾病和培训接生护理人员等，此外还包括给产妇注射破伤风针。该计划将覆盖 80% 的周岁儿童，另外 20% 的周岁儿童的防疫工作将由新的“初级卫生关怀中的儿童生存计划”完成。“加快卫生发展计划”从 1990 年开始实施，总投资 12.4 亿卢比，欧洲经济共同体将向巴基斯坦提供奶粉、食用油、小麦等食品援助。

尽管巴基斯坦的社会宗教环境使本国居民患艾滋病的机会减少，但是南亚地区艾滋病扩散速度很快，据统计，1996 年南亚感染艾滋病的人数有 1000 多万人，占南亚地区总人口的 6%，而全世界感染艾滋病的人数仅占全世界人口的 1%。巴基斯坦艾滋病人数在不断增加，截至 2015 年，HIV 病毒携带者共 1010 万人，死亡人数从 2005 年的 350 人上升到 2015 年的 1480 人，年均增长率为 14.42%。所以，巴基斯坦预防艾滋病尤其是防止国外传染源进入本国的任务十分艰巨。巴基斯坦政府已采取措施预防艾滋病，在全国建立了 13 个血液检测中心，加紧培训医务人员。巴基斯坦驻外使领馆对进入巴基斯坦的人员进行严格检查，在巴基斯坦居留时间达 1 年以上者，均须证明未感染艾滋病，方能领到入境签证。巴基斯坦政府提供专款进行预防艾滋病的宣传。为实施免疫计划，巴基斯坦政府建立了生产预防狂犬病、白喉、小儿麻痹症、百日咳、破伤风、麻疹和蛇咬伤疫苗的工厂。为了扩大生产规模，巴基斯坦还与外国合作，建立联合企业，产品不仅可以满足国内需要，而且出口中东和其他南亚国家。

饮用非清洁用水是患寄生虫病的主要原因，巴政府为防治寄生虫病，非常关注清洁用水建设工程提供专款修建饮用水工程，并且向居民提供杀虫药物。2005 年，巴基斯坦政府宣布启动“全国清洁饮用水项目”，拟在城乡建立净水站。该项目由巴基斯坦联邦特别行动部规划，投资总额约为 250 亿卢布，但是由于大部分承包商缺少专业技术人员和建设经验，工程粗制滥造，缺乏监督等，项目进展十分缓慢。所以，在改善卫生状况方面，巴基斯坦还有很长的路要走。

巴基斯坦政府在常见疾病防治、健康卫生教育和妇幼保健等方面进一步完善初级卫生服务制度。各省政府扩大基础卫生组织。到 2009 年，巴基斯坦全国有大型医院 968 所、小型医院 4813 所、乡村卫生院 572 所、结核病医院 293 所、基层卫生单位 5345 个、妇幼保健院 906 所。卫生部负责协调此类活动。另外，巴基斯坦政府还建立了流动医院和医疗队，在全国建有 96 所常设的卫生培训学校，其中 5 所在旁遮普省和伊斯兰堡，17 所设在开伯尔－普什图省，23 所设在信德省，2 所建在俾路支省，4 所在巴控克什米尔地区。

2000～2010 年，全国平均每万人拥有医生 8 名、护理和助产人员 6 名、牙医 1 名、药师 1 名，医院床位 6 张。这些人员应懂得卫生健康常识，能处理常见医疗问题。巴基斯坦还需要大量受过训练的卫生管理人员、护士、医疗技师和其他助手。在伊斯兰堡已建成卫生服务专科学校，培养内外科医生、牙医、药剂师等医务人员。截至 2009 年，巴基斯坦共有注册医生 139555 名、注册护士 69313 名，此外还有 9822 名注册牙医和 10731 名注册女性卫生访视员、26225 名助产士；病床数达到 103708 张。总的来看，政府制定的目标已基本达到。

联邦政府和相关省政府在阿布达巴德新建成阿尤布医学院和附属医院，在奎达建成波兰医学院和附属医院，在拉合尔建立谢赫·扎伊德医学研究生院。联邦政府向阿尤布医学院和波兰医学院两所医学院拨出专款，另计划在伊斯兰堡建立医学研究生学院和医学科学研究所，政府已拨出 8700 万卢比用于修建医学研究生院的基础设施。医学研究生学院和医学科学研究所已开始运作。真纳医学研究生中心和国家心血管疾病研究所是由卫生部管辖的医用人才培训机构，这两个机构已向全国输送了大量合格人才。

为推动初级卫生事业发展，卫生部实施了一系列计划。其中之一是为全国各地医院培训 441 名现代医药化学分析师，芬兰政府为该项目提供 649 万美元援助。国家心脏疾病研究所由国防部和卫生部两部共同拨款组建，组建完成后对民众和军队士兵开放。巴基斯坦医学科学研究所为满足病人需要，扩大门诊部，将原来每天诊治 1000 人改为每天诊治 2500 ~ 3000 人。另外，卫生部还建立了神经科学研究中心等医学科研和治疗机构。

第四节 环境保护

巴基斯坦的环保管理部门为环境部。环境部根据巴基斯坦环境保护法制定相关环保政策。环境部下设环境保护局，环保局与各省环境部门具体负责环境保护法规的实施，并为环保部制定法规提供技术支持。

巴基斯坦基础环保法律法规包括《巴基斯坦环境保护法》《国家环境政策》《巴基斯坦环境影响评价规则》。环境保护主要包括以下内容。

（1）土壤保持。促进有机农业；防止土地退化；综合防治病虫害。防止滥施化学肥料、农药；实施国家抵制土地沙化和风化行动计划；建立国家控制沙化基金；鼓励发展生态和谐的农作物体系。

（2）森林保护。实施森林保护政策；保护残存和特殊的森林生态系统；鼓励保持及恢复濒危生态系统；以天然气、太阳能、小水电等替代木材；加强对现有森林的研究，增加科技人员数量。

（3）大气污染防治。制定并实施室内外空气质量标准；依法保证降低有害物质排放；提升燃料规格；淘汰两冲程机动车；提高主要城市间公共交通效率；发展市区内非机动车交通；鼓励保护臭氧的先进技术；加快国家空气清洁法立法工作。

（4）水体保护。增加供水和水处理装置；建立水质监控体系；提升城乡雨水利用科技水平；鼓励干旱、半干旱地区重填地下水；完善用水计量制，避免工业用水和城市用水混杂；监控流入海洋的淡水；建立地表水体划分标准；实施水体清洁水质升级阶段性计划；加快水体保持立法和有关标准的制定工作。

（5）污染事故处理或赔偿标准：可处最高 100 万卢比罚款，事故危害期间可并处 100 万卢比罚款；有此类犯罪前科的，可并处 2 年以下有期徒刑；关停其工厂、收缴其设备等；强令其赔偿受害人损失，恢复环境；等等。

第七章
文　化

第一节　教育

一　教育政策和教育发展

根据巴基斯坦1973年宪法，联邦教育部负责制定教育政策、教学大纲；管理图书馆、博物馆、各类研究机构、巴基斯坦在国外的学校和外国在巴基斯坦的学校；负责各级各类学校专业设置、教育质量的评估、职业技术培训、伊斯兰教育以及著作权、发明、设计；等等。联邦教育部由管理部、计划和发展部、初级和非正规教育部、中等和技术教育部、国际合作部、高等教育和研究部等9个附属机构组成。

教育是人力资源发展的最重要组成部分。巴基斯坦建国后，教育发展速度很快，但也面临不少问题。从历史上看，巴基斯坦政府对教育发展重视不够。巴基斯坦政府鼓励私人投资教育事业，规定在1991年7月到1995年6月30日间开办的教育机构，将享受5年的免税特权。1992年12月20日，巴基斯坦政府宣布新的教育政策（1992～2002），以“使教育与未来经济增长和社会文化、政治发展相协调”。为此，教育部制订了未来10年教育发展计划，共投入1433.68亿卢比，其中私人投资360.7亿卢比。新的教育政策规定了教育部门的日常开支，即10年共2648.7亿卢比，其中私人投资131.84亿卢比，另增加781.84亿卢比作为特别教育基金，使巴基斯坦教育事业步入新的阶段。但是，巴基斯坦的教育发展费用仍只占其国民生产总值的2.56%，离联合国经济及社会发展组织规定的4%还有一定距离。新的教育政策将向基础教育投入513.429亿卢比，几乎承担了巴基斯坦基础教育发展的全部费用，同期中等教育发展费用将增长24.24%。

巴基斯坦政府对教育的投入逐年增加，从2007年开始激增，到2015年已经增加至5983亿卢比，占GDP的2.2%。巴基斯坦政府计划通过确保合理地利用资金来提升教育部门以达到在2018年之前对教育部门的投入占GDP的4%这一目标。同时，要求地方政府也要将其年发展计划的相当数额投入教育。但是政府对教育的投入还是很少，无法和对军队的投入的相比。

巴基斯坦的正规教育分6个阶段：学前教育；小学教育，1～5年级；初中教育，6～8年级；高中教育，9～10年级；普通或技术教育，又称中等学院或中等学校，亦称“高级中等学校”，11～12年级；高等教育。职业教育一般从8年级以后开始，相当于普通高中的技校和职业学校教育；综合技术学校和技术学院对学生进行进一步培训，毕业时发给技术文凭和技术学位。在巴基斯坦正规教育制度中，学生升级都需要通过考试。

与正规教育制度并存的是传统清真寺学校。这类学校设在清真寺中，由宗教师担任老师。学前阶段是moques，主要是背诵《古兰经》；小学是maktabs；中学是madrasas；大学是mohallak，讲授阿拉伯文学，了解伊斯兰教各流派，也学习修辞、语法、逻辑、几何学、代数学、天文学、伊斯兰教理论、自然哲学、医学和神学。

巴基斯坦拥有全球第二高的辍学率，2010年其辍学人数达到510万人，其中2/3为女孩。6～17岁未成年人中有1/4从未上过学，4950万成年人是文盲，且这一数字在不断增加。全国有1/3的年轻人没有完成小学教育。由此可见，巴基斯坦的教育水平还相当低，而且受教育的地区和性别比例也严重不平衡，由于受教育程度低，因此巴基斯坦人缺乏最基本的工作技能。

二 初等教育

巴基斯坦初等教育分两个阶段：小学、初中。小学5岁入学，学制5年；初中3年。小学阶段开设的主要课程有语言、数学、科学（其中包括生物、物理、化学、地理、天文等自然科学学科）、伊斯兰教义、卫生和体育、艺术等。初中增加英语和职业课程。小学和初中用乌尔都语或旁遮普语、俾路支语、信德语和普什图语等各省民族语授课。为提高学生实践能力和为其毕业后就业或继续深造创造良好的条件，在初中阶段设置了专门的技术训练课程。学校还设有各种车间，以便学生学习编织、装订、木工、金工、制革、食品储藏、儿童保育、家务管理等各种实际技能。

1948/1949年度，巴基斯坦达到初等教育入学年龄段的少儿有420万人，但只有83万人注册入学，全国只有9073所初等教育学校。巴基斯坦政府反复强调普及初等教育。1990年3月召开的世界教育会议提出“教育高于一切”的口号，巴基斯坦政府在这次会议中提出要在21世纪初普及初等学校教育，使识字率达到80%。巴基斯坦新的教育政策再次提出在2002年实现这一宏伟目标。然而，据统计，到2000年小学生入学率只有77%，初中为16%，未达到预定的目标。

1999/2000年度，包括清真寺学校在内，巴基斯坦共有小学162521所，2001/2002年度增加到164235所，学生分别从19148万人增加到19521万人；初中从18435所增加到19088所，学生人数从411万人减少到398万。而同期学校老师人数变动情况为：小学教师从37万人减少到34万人，初中教师从91万人增加到101万人。

和同期人口比较来看，1999/2000～2001/2002年度，小学生占入学总人数的比例分别为76%、77.5%和77%；初中分别为17%、16.5%和16%。此外，这三个年度中，巴基斯坦小学、初中学校数分别占学校总数的比例平均为84%和10%。

巴基斯坦初等教育存在较为严重的性别差异和城乡差别。以1987/

1988 年度为例，本年度该学龄段入学率为 63.5%，但男生为 79.5%，女生为 45.7%，相差 33.8 个百分点。城市男童与乡村女童入学率相差 19.2 个百分点。城市男童入学率为 85.7%，乡村男童入学率为 77.2%，前者高出后者 8.5 个百分点。城市女童的入学率比乡村女童的入学率高，前者为 68.3%，后者仅为 37.2%，相差 31.1 个百分点。到 1993/1994 年度，男童入学率是 86.3%，女童为 54.9%，前者比后者高出 31.4 个百分点。1992/1993 年度，城市初级学校学龄段男童入学率为 93.1%，女童为 80.0%，前者比后者高出 13.1 个百分点；乡村初级学校学龄段男童入学率为 86.8%，女童为 66.6%，前者比后者高出 20.2 个百分点。可见，初级学校学龄段男童入学率与女童入学率差异较大，尤其是在乡村，这种差别更明显；另外，城乡差别也得到反映。所以，要发展巴基斯坦的初等教育事业，首先要发展初等教育中的女童教育和农村中的初等教育。

为缩小上述差距，巴基斯坦政府推出了“社会行动计划”（1992～1995）。该计划提出优先发展女童教育，将各学龄段儿童入学率年均提高 8.8 个百分点，男童入学率则保持在 2.5%；新增加 289.2 万个学生座位，其中 166 万个座位为女生准备；开办新的初级学校、清真寺学校，在现有的学校增加教室和班级。另外，政府还采取下列措施来保证计划的实施。首先是加强立法和执法工作，严禁雇佣童工；其次是在全国范围内强制推行各学龄段男女儿童入学计划；最后是为交通落后、居住分散的地区提供交通工具和其他物质条件，尤其是为 200 万女童提供安全和交通服务。

巴基斯坦初等教育现存问题仍很严重，尤其是在农村地区。大约有 60% 的儿童尚未完全掌握读写技能便辍学了。在农村，贫穷、财力不足、缺少训练有素的教师、校舍不足以及教师不愿到农村工作都严重制约着巴基斯坦基础教育事业的发展。巴基斯坦政府也认识到了问题的严重性，巴基斯坦联邦教育部指出：基础教育将被看成是每一位巴基斯坦儿童的一项基本权利。要使基础教育实现普及。在这一转变时期，最基本的要求是每一所初等学校有 2 间教室和 5 位老师。为此，联邦教育部提出在基础教育阶段新建 106957 所初等学校和清真寺学校，为 24750 所无校舍学校各配备 2 间教室；对现有 2 万所学校增加 1 间教室；对 5 万所学校进行维修，培训 26.5 万名初等学校教师。

2013 年，巴基斯坦有 15.79 万所小学和 42 万名小学教师，注册学生人数为 1944 万人；2014 年有 16.59 万所小学和 38 万名小学老师 38 万，注册学生人数为 1984.68 万人；2015 年有 16.59 万所小学和 43.18 万名小学教师，注册学生人数 2015.75 万人。截至 2013 年，只有 87% 左右的儿童完成了初等教育。

三 中等教育

巴基斯坦中等教育包括普通中学教育和高级中学教育。1999/2000 ~ 2001/2002 年度，巴基斯坦普通中学校总数分别为 31034 所、31820 所和 32054 所；注册学生总数分别为 172.6 万人、168.3 万人和 170.4 万人。教师总数分别为 24.7 万人、26.3 万人和 26.6 万人，其中男教师人数分别为 15.1 万人、15.9 万人和 16.1 万人；女教师人数分别为 9.6 万人、10.4 万人和 11.5 万人。而高中入学人数占全部普通中小学人数的百分比几乎均为 7%，高中学校占全部中小学校总数的 6%，经过多年发展，2013/2014 ~ 2015/2016 年度，中学学校总数分别为 73500 所、76100 所、77600 所；注册学生总数分别为 965.98 万人、1008.29 万人、1047.42 万人。

为使普通教育和技术教育相结合，巴基斯坦政府将职业学校并入普通高中和中等技术学校。高中和中等技术学校除设置普通教育课程外，还增设了工、农、商、家政等职业技术课程，这些课程包括电子学、汽车电工学、家庭电器装置、奶牛饲养、家禽饲养、蔬菜栽培、养蚕、农作物、家畜饲养、速记、打字、保险、交通运输、海运业务、家务管理、烹调、急救和家庭护理、食品制作和保藏等。高中和中等技术学校均开设数学、生物学和物理科学课程。

在巴基斯坦中等教育阶段，1989 年学生入学率是 20%，这一比例是比较低的。在其他一些亚洲国家，该学龄段入学率相对要高：印度是 43%，斯里兰卡是 74%，尼泊尔是 30%，马来西亚是 59%，伊朗是 53%，韩国是 86%。巴基斯坦“七五”计划要求将该学龄入学率提高到

25%，其中男生提高到37%，女生提高到17%。即使达到25%，巴基斯坦中学年龄段的入学率仍然较低。

近年来，巴基斯坦政府特别重视科学和技术教育。科学教育计划资金由巴基斯坦政府和亚洲发展银行提供，巴政府已拨出5.64亿卢比，亚洲开发银行提供2200万美元贷款。科学发展计划的主要内容有：在学校中建立实验室；增加科学图书、设备；增加教学中的科学内容。在各省，现已建立相应的组织机构；联邦政府成立了推动科学教育和训练的机构；拉合尔的国家教育设备中心获得了更多资金和技术设备。在全国的中学，增设计算机课；政府采取措施发展技术教育，在亚洲发展银行的帮助下，扩建11所工艺学校，在伊斯兰堡建立妇女工艺学校和国家教师培训中心；在各地区建立新的地区技术教育和职业培训中心。

1999~2002年，巴基斯坦中等职业学校从465所增加到490所；学校学生人数，从62410人增加到64602人。其中，教师培训学校从105所增加至115所。到2015年，中等职业学校已经增加至3700所，教师2万人，注册学生达32.83万人。

四　高等教育

巴基斯坦的高等教育包括大学教育和专业学院教育。巴基斯坦的大学是自治团体。校长任命副校长，主持大学评议会会议并直接掌管校财务大权；副校长在大学评议会和主要执行机构董事会领导下主持大学日常事务。大学的最高领导机构是评议会和董事会，由大学教学人员、学生代表和校长提名的非专业人员和专业人员组成。大学的学术机构是学术委员会，由校长、系主任和教学人员代表组成，主要任务是负责制定学校管理方针，安排学习课程，规定学术标准，授予学位等。另外，联邦政府从著名的教育科学家中挑选7名专家，组成大学补助金委员会，负责协调各大学的工作计划，对各大学的需要做出客观评价，以保证资金供给。

在巴基斯坦成立后的50年中，高等教育事业取得了惊人的成绩。1948~1988年，大学学生人数增长了98倍。1948/1949年度，巴基斯坦有142所艺术和科学学院、2所大学；1991/1992年度，有643所学院、

23 所大学，其中 3 所为私立大学。据 2014 年 QS 大学排名，巴基斯坦的真纳大学、工程和应用科学学院、阿迦汗大学、旁遮普大学等 10 所大学跻身亚洲大学前 300 名。

巴基斯坦的公立大学/授学位的学院分布情况如下。“伊斯兰堡首都区”有艾尔大学（伊斯兰堡）、阿拉马·伊克巴尔开放大学（伊斯兰堡）、巴赫里亚大学（伊斯兰堡）、COMSATS 信息技术学院（伊斯兰堡）、联邦乌尔都艺术、科学和技术学院（伊斯兰堡）、国际伊斯兰大学（伊斯兰堡）、国家现代语言学院（伊斯兰堡）、国家科学和技术学院（拉瓦尔品第）、巴基斯坦工程与运用技术学院（伊斯兰堡）、真纳大学（伊斯兰堡）、巴基斯坦虚拟大学（网络大学）（拉合尔）。

旁遮普省有巴哈丁·扎卡里亚大学（木尔坦）、发迪马·真纳女子大学（拉瓦尔品第）、政府学院大学（拉合尔）、伊斯兰大学（巴哈瓦尔普尔）、拉合尔女子大学学院（拉合尔）、国家艺术学院（拉合尔）、农业大学（费萨拉巴德）、阿里德农业大学（拉瓦尔品第）、教育大学（拉合尔）、工程和技术大学（拉合尔）、工程和技术大学（塔克西拉）、萨戈达大学（萨戈达）、旁遮普大学（拉合尔）、兽医和动物科技大学（拉合尔）。

信德省有商业管理学院、里亚卡特医学和健康科技大学、梅赫兰工程和技术大学、NED 工程和技术大学、巴基斯坦海军学院、真纳工程科学和技术学院、沙·阿布杜尔·拉提夫大学、信德农业大学、卡拉奇大学、信德大学。

开伯尔-普赫图赫瓦省有廓马尔大学、哈扎拉大学、管理科学学院、廓哈特科学和技术大学、军事工程学院、开伯尔-普赫图赫瓦省农业大学、开伯尔-普什图省工程和技术大学、巴基斯坦军事学院、马拉坎大学、白沙瓦大学。

俾路支省有俾路支工程和技术大学、俾路支信息与管理科学大学、俾路支大学。

巴控克什米尔有查谟和克什米尔大学。

北方地区有卡拉库拉姆大学。

此外，巴基斯坦还有许多私立大学和学院。

根据联合国教科文组织2009全球教育要览，2007年巴基斯坦大学毕业生数量占总人口的6%，并且计划在2020年之前达到15%。2015年，巴基斯坦的大学数量为161所，大学教师有94000人，共有大学生12.94万人。

随着信息时代的到来，巴基斯坦对高等教育的投入也紧随时代步伐。大规模生产和进口笔记本电脑，供高校使用；发展智能大学，巴基斯坦高等教育委员会（HEC）计划通过一个高效、科技化的提升，将所有大学变为智能大学；提供e－HEC服务，这项服务是为与HEC相关的不同人群提供一个在线和交互界面，旨在通过信息技术提供高效和高质量的服务；开通高等教育网络电视平台（edutv. hec. gov. pk）等。

五　成人教育

成人识字教育在一个国家的经济社会发展中占有极其重要的地位。巴基斯坦成人识字率（其中包括能写自己名字的），1990年仅为32%，比印度的48%低16个百分点，更低于马尔代夫的95%、斯里兰卡的88%、缅甸的81%。

1992～2002年教育政策提出，到2000年，巴基斯坦识字率从1990年的32%提高到70%。巴基斯坦政府指出，提高识字率不仅是联邦政府的单方面责任，而且需要全民族、各省政府及地方政府共同努力。联邦政府将担负协调、监督、评估的责任和提供技术等支持。“八五”计划提出通过强制性普及初等义务教育，将当地社会经济文化发展与提高识字率相结合，实施各种城乡发展计划，出版发行有针对性的报纸、杂志和其他读物。“八五”计划提出，到1998年，使巴基斯坦10岁以上年龄段人口达到9668万人，通过努力使其中4651万人达到识字水平，这比1992～2002年教育政策提出的到2000年使全国识字率达到70%的目标更实际可行。

1998年，巴基斯坦国民识字率相比于1990年有了较大提高，特别是各省农村女性的识字率均提高一倍，甚至更多；全国10岁及以上人口的识字率基本达到“八五”计划的目标。而在1999年和2002年，全国10岁及以上人口的识字率分别为45%和48%，逐年稳步提高。2003年，15

岁以上人口中识字人数占全国人口的45.7%，其中男性为59.8%，女性为30.6%；2008年为57%，其中男性为69%，女性为45%；2015年增至60%，其中男性为70%，女性为49%。

第二节 科学技术

一 科技发展政策

巴基斯坦科技发展政策的主要目标是建立一种有效机制，促使科学技术迅速发展，从而减少对国外科技的依赖、提高人民生活水平、促进经济迅速增长、巩固国防。

巴基斯坦已认识到科学技术的重要性，政府决策者和规划人员都予以重视。1984年2月，联邦政府批准了科学技术部制定的全国科学技术政策，1985年又批准了实施该项技术政策的科学技术行动计划。全国科学技术政策涉及的方面有科技机构和结构，高等院校的研究活动，技术发展，科学技术人才的培养，科学技术在经济社会中的运用，国际联系与合作，科学技术发展项目的资金来源。

巴基斯坦根据国内外形势、技术创新和信息急剧发展的情况制订了第二个远景规划（1988～2003）。第七个五年计划（1988～1993）强调要巩固现有研究与开发机构，通过把科学技术同国家的发展计划、研究人员培养计划等相结合，使其充分适应国家发展的需要。巴基斯坦科学技术发展中存在的主要问题不是缺乏资金和机器设备，而是高等院校、研究与开发机构以及工农业各个领域缺乏训练有素和合格的人才。因此，科学技术部于1985年实施了在新技术领域培训高级人才的人力资源开发计划，以提高全国的科技潜能，培养足够的合格人才。为了推动高等院校的研究活动，各大学恢复了高级研究委员会，加强图书馆、文献资料室和实验室的建设，加强培训活动，实行研究资金与开发资金分离等措施。

1993年11月，巴基斯坦政府颁布了全国技术政策和技术开发行动计划。全国技术政策的目的是在现有科学基础上尽可能地完善技术基础的发展，而行动计划强调的是实现全国技术计划的具体政策行动和项目。截至2002年，巴基斯坦有300万因特网用户，是1996年的150倍。由此可见，巴基斯坦在新科技的使用上迈的步伐还是非常大的。到2011年，巴基斯坦已有超过200万因特网用户，增长速度位于世界前列，是世界第15大网络用户国。巴基斯坦政府计划在2012~2013年投入46亿卢比用于信息科技工程，着重发展电子化政府、人力资源以及公共设施领域。

巴基斯坦的科学技术活动由科学技术部、科学技术委员会和科学基金会来组织。此外，它们还负责科技政策的决策、规划和协调，就科学政策和提高全国科学活力向政府提出建议，检查各个研究委员会的工作，保证科学与全国发展计划协调一致，其中科学基金会主要是推动技术研究的融资机构。

二　科研机构

巴基斯坦科技研究活动大部分由以下机构承担：在行政上与联邦政府各部或总理府秘书处有联系的自治或半自治机构；由联邦政府和各省政府领导的科学技术研究所和各个专业研究单位；公立和私立行业的小型科技研究单位。

在联邦政府各部系统的科研机构中，自然科学方面的主要有巴基斯坦全国农业研究中心、巴基斯坦原子能委员会及所属核科学技术研究所、巴基斯坦医学研究院、巴基斯坦硅技术研究所、HEJ化学研究所、国家物理中心、国家数学研究所、国家空间和行星物理学研究所等；社会科学方面的有巴基斯坦国际问题研究所、巴基斯坦历史学会等。这些科研机构在巴基斯坦科技研究中发挥着重要作用。

在联邦政府和各省政府所属的高等院校中的科研机构发挥着重要作用，高等院校的科研机构主要集中在旁遮普大学、卡拉奇大学等一些重点大学。这些学校学科设备齐全、科研力量雄厚，便于进行跨学科和综合研究，是培养科研人才和进行科学研究的重要阵地。这些学校既有自然科学方面的研究机构，也有社会科学方面的研究机构，其中比较有名的有旁遮普大学的统计学研究所、商学研究所、法学研究中心、东方研究中心、社会科学研究中心、南亚研究中心、固体物理和数学研究中心，卡拉奇大学的海洋研究所、化学研究所、欧洲科学与文化研究所，伊克巴尔开放大学的阿拉伯和伊斯兰教研究所（东西方），以及信德大学的化学研究所、信德学研究所、巴基斯坦研究所、远东及东南亚研究所、分析化学研究中心等。地方及公立、私立的小型科技研究机构，主要侧重于运用科技研究。

第三节 文学艺术

一 文学

巴基斯坦是一个多语言的国家，在不同的语言基础上形成了多种文学，主要有波斯语文学、乌尔都语文学、旁遮普语文学、信德语文学、普什图语文学和俾路支语文学、克什米尔语文学以及英语文学。

波斯语文学 巴基斯坦的波斯语文学产生于11世纪。其主要代表人物有11世纪的诗人温素里、法鲁希、曼努吉赫里、艾布·法拉杰·鲁尼，散文家达达·甘吉巴赫希·阿里·哈吉维里；12世纪的诗人奥斯曼·穆赫塔里和马苏德·萨阿德·萨勒曼；13世纪的诗人阿米杜丁·阿米尔·霍斯陆、舍赫·齐亚乌丁·纳赫夏比；16世纪的诗人巴布尔、拜拉姆·汗、克扎里·麦什哈迪、卡西姆·卡希、费济；17世纪的诗人努鲁丁·朱胡里、塔里布·阿姆利，作家穆赫辛·法尼、拉达·舒古赫；18世纪的作家阿米尔·阿里舍尔·伽尼、阿尔祖·汗和抒情诗人米尔扎·迦利布（1796～1869）；19世纪后期20世纪初期巴基斯坦著名的诗人兼哲学家穆罕默德·伊克巴尔。代表巴基斯坦波斯语文学成就的作品有哈吉维的《奥秘真谛》、奥斯曼·穆赫塔里的《帝王本纪》、阿米杜丁的《剑与笔》和《狱中诗抄》、阿米尔·霍斯陆的《五诗集》、舍赫·齐亚乌丁·纳赫夏比的《鹦鹉传》、穆赫辛·法尼的《酒家》《影响的根源》《爱抚与哀求》《七星座》、拉达·舒古赫的《甘醇集》、阿米尔·阿里舍尔·伽尼的《春天的花园》、阿尔祖·汗的《珍品集》、米尔扎·迦利布的《诗全集》

和《散文全集》，以及穆罕默德·伊克巴尔的《东方的信息》《永生集》《呼谛的秘密》《给旁遮普农民》等。巴基斯坦建国后，波斯语文学渐趋衰落，但它为巴基斯坦乌尔都语文学的发展奠定了基础。历史上，由于次大陆在将近600年的时间里一直处于中亚人的统治之下，波斯语一直是官方语言，因此波斯语文学及其神秘主义思潮几乎影响了所有巴基斯坦的其他语言文学，其他语言文学几乎都始于波斯语诗歌。诗人们在内容和形式上都明显地模仿波斯语诗歌。其他语言的诗歌多采用明喻、暗喻，辞藻华丽，想象力丰富，甚至直接采用波斯语的大量词汇。波斯语文学对其他语言文学的影响不一，但没有一种语言文学不受其影响。

乌尔都语文学　乌尔都语文学起源于古波斯文学，始于12～13世纪。阿米尔·霍斯陆（1253～1325）是第一位乌尔都语诗人，他首先运用半波斯语半乌尔都语的混合语写诗，其代表作有诗集《哈里格·巴里》。而乌尔都语文学在15世纪的德干才得到真正的发展。这一时期，波斯语的双行诗、四行诗、叙事诗、哀挽诗、颂诗被广泛运用于乌尔都语中。16～17世纪，乌尔都语文学有了长足发展。这一时期的代表作有穆罕默德·古里·古特布·夏赫的诗集《古特布·夏赫》、易卜拉欣·阿迪尔·夏赫（1580～1627）的《九歌》、穆罕默德·瓦里（1668～1744）的诗集《瓦里》。穆罕默德·瓦里是德干后期涌现出的著名诗人，被誉为乌尔都语诗歌的奠基人。他的诗歌作品对后来兴起的德里诗派产生了重要的影响。18～19世纪，乌尔都语文学的中心转移到印度北部。这一时期的重要诗人有夏赫·阿布鲁、西拉杰·乌德·丁阿尔祖、夏赫·哈蒂姆、米尔·特基·米尔（1722～1810）以及米尔·阿门（代表作《花园与春天》）。米尔·特基·米尔被誉为最伟大的乌尔都语抒情诗人，有乌尔都语“诗圣”之称。此外，还有现代乌尔都语文学奠基人赛义德·艾哈迈德·汗、艾哈迈德·纳兹尔等。

19世纪的散文体创作始于富特·威廉姆学院。该学院翻译、改写了大量的梵文古典文学、波斯文学作品。米尔·阿门把波斯语传说故事《四个乞食僧》改写成流传至今的传说故事《花园和春天》（1803）。

随着莫卧儿王朝衰落，德里再度陷入混乱，德里诗派也走向没落。诗人们纷纷涌向勒克瑙（Lucknow）。19 世纪初，乌尔都语文学的中心又回到了德里，并出现了繁荣的景象，产生了米尔扎·迦利布、毛门·汗·毛门（1800～1851）等一批著名诗人。迦利布是其中最杰出的代表，他用波斯语和乌尔都语两种语言写作，是米尔·特基·米尔后最杰出的抒情诗大师，《迦利布书札》是他著名的作品。

1857 年民族大起义失败后，乌尔都语文学进入改良主义的启蒙时期。以赛义德·艾哈迈德·汗（1818～1898）为代表的改良主义思想家掀起了改革社会、振兴伊斯兰的运动，以使伊斯兰尽快摆脱日益衰败的境地。为此，赛义德用西方的文学体裁撰写了大量的文章。从此，乌尔都语中开始流行西方文体。

20 世纪以来，乌尔都语文学发展迅速，出现了一大批乌尔都语文学艺术家。20 世纪三四十年代，乌尔都语文学创作朝着现实主义方向发展，一大批进步文学作家脱颖而出，他们在作品中揭露殖民地社会的不合理现象，呼唤下层人民为争取自身权利而奋战。主要代表人物有萨加德·查希尔（1905～1973）、萨达特·哈森·曼杜（1912～1955）、费兹·艾哈迈德·费兹、马赫杜姆·莫希乌丁（1908～1969）、阿里·萨尔达尔·贾弗里、艾哈迈德·纳迪姆·卡斯米。代表作有费兹的《诉怨》《风之手》《狱中诗抄》《压在石下的手》，艾哈迈德·纳迪姆·卡斯米的《忠诚的大地》，贾法尔·塔希的《七个国家》等。

特别值得一提的是著名小说家普列姆昌德，他是乌尔都语现实主义小说先驱，创作了大量反映农民题材的作品，其代表作为长篇小说《戈丹》和《我的短篇小说》。

1947 年印巴分治以后，次大陆的形势发生了重大变化，乌尔都语文学作品创作基本分为两个方面。一方面，作品描绘印巴分治后印度教徒和伊斯兰之间相互残杀、两国人民遭受的蹂躏和痛苦；另一方面，由于巴基斯坦独立后国内各种矛盾渐趋尖锐，作为反映社会现实的文学，其主要反映揭露社会的阴暗面并获得社会承认。长篇小说中，女作家赫蒂嘉·玛斯杜尔的《庭院》（1962）、肖格特·西迪基的《真主之乡》（1957）、阿人杜拉·哈桑的《悲哀时代》、贾米拉·哈西姆的《春天的寻觅》，以及拉斐亚·斐亚·艾哈迈德的《泡脚》，这些都获得了巴基斯坦最高文学奖——阿达姆吉文学奖。

乌尔都语戏剧文学的第一部作品是阿玛鲁德的喜剧《英地拉舞会》，创作于1853年。之后，阿鄂·赫西尔于1897年创作了短剧《鲁斯达姆与塞赫拉布》。1932年，赛义德·伊姆达尔·阿里·达吉创作的《阿娜尔·格丽》被誉为乌尔都语戏剧文学的杰作。

旁遮普文学 旁遮普文学深受锡克教影响。旁遮普语文学的先驱者是弗里德（1173～1265），他是苏菲派诗人，著有100首双行诗，描写农村生活和风俗习惯，表达了对穷人的同情。旁遮普文学初期的三大史诗《希尔—郎卡》《瑟西—布努》《索赫努—马希瓦尔》为后期旁遮普文学奠定了基础。15～17世纪，旁遮普语文学中锡克教的几位大师的作品最具代表性。那纳克（1469～1539）的作品有《十二月》《杰布先生》等，内容是宣传宗教，主张男女平等和一夫一妻制；阿尔琼大师（1563～1606）编选了《最初的诗》，宣传人人平等；高文德·辛赫大师（1666～1707）宣扬英雄主义。18世纪以后旁遮普文学的代表人物有布莱·夏赫（1680～1758）、瓦里斯·夏赫（1735～1798）、穆罕默德·夏赫（1782～1862）、帕伊·维勒·辛赫（1872～1957）、特尼拉姆·贾德里克（1876～1954）、女作家阿默丽达·普里德姆（1919～）、纳纳格·辛赫（1897～）。代表作品有穆罕默德·夏赫的《锡克教徒与英国人交战的传说》，帕伊·维勒·辛赫的《美女》《维杰·辛赫》《巴巴·瑙特·辛赫》《我的主人，你活吧》，特·贾德里克的《盖萨尔花坛》《第九世界》《苏菲楼》，纳·辛赫的《白色的血》《吃人者》《两剑一鞘》等。旁遮普文学主要在旁遮普地区流行。

信德语文学 信德语文学经过数百年的发展，产生了一大批诗人、散文家、小说家。其主要代表人物有16世纪的迦吉·迦金和夏赫·阿布杜尔·格里穆、18世纪的阿卜杜尔·拉提夫和斯吉尔·萨米、19世纪的米尔扎·格利吉·贝格，以及20世纪的吉申金德·贝伯斯、赫利·迪勒吉尔、拉姆·本吉瓦尼、戈文德·帕蒂亚、海德尔伯克希·吉多伊、德亚拉姆·吉杜默尔、杰德默尔·伯勒斯拉姆和拉勒金德·阿默勒迪努默德等。

19～20世纪，信德语文学的主要代表作有贝格的《美》《光辉》、伯里德默达斯的《奇遇》、贝伯斯的《可爱的狮子》和《恒河之波》、吉多伊的《控告》《自由的民族》《印度河的呼唤》、吉杜默尔的《心灵的鞭子》以及伯勒斯拉姆的《吉默尔鲍什的故事》等。

巴基斯坦独立后，政府重视民族文学的发展，旁遮普文学、信德文学、普什图文学、俾路支文学都有了较大发展。

英语文学 除了巴基斯坦的民族文学以外，还有一支很重要的文学，即英语文学。

过去的150多年间，印度次大陆一直有用英语进行创作的传统。一些作家充分挖掘了英语的潜力，用英语进行创作。小说家，如艾哈迈德·阿里和摩克·拉吉·阿南德，也用英语进行创作。虽然很多英语和其他欧洲语言的作品被翻译成乌尔都语，但是一些重要的诗歌作品也由乌尔都语和旁遮普语译成英语。

阿拉曼·伊克巴尔的作品由著名学者如尼克尔森教授、阿贝里教授译成英语。但有些极具巴基斯坦语言特色的作家的作品，如卡布里的作品，却只有一部分译成英语，这主要是因为他的作品非常讲究格式。另外，巴基斯坦的翻译工作者也把一些现代乌尔都语诗歌译成英语。

在巴基斯坦，用英语进行创作的传统仍在继续。诗人托菲克·里法和阿拉米尔·哈西米已出版诗集。其中，有些登载在报纸杂志上，读起来别有韵味。巴基斯坦人也在用英语进行短篇及长篇小说的创作。

巴基斯坦的英语作家受到英美当代文学和英美社会文化生活的影响，因而一些巴基斯坦作家的作品其实就是他们读过的作品的复制品。但是，他们的生活和西方生活并不一样，有真实的经历要表现，尽管他们脱离了巴基斯坦的社会和文化现实。

巴什·西德瓦写了两部小说，但都是从殖民者的角度写的。虽然他是抱着一种同情的态度，但他的写作遵循的是英国小说家、诗人吉卜林的风格。

总之，对巴基斯坦人来说，除了自己的母语，英语无疑成为他们可以使用的复杂而优美的文学创作媒介。通过这一文化联系，巴基斯坦在向世界宣传自己的同时也丰富了自己的文化。而且，这一过程还将持续下去。

二　戏剧电影

巴基斯坦电影业的发展大概经历了三个阶段。20 世纪 40 年代末至 50 年代为第一阶段，这是巴基斯坦电影业起步阶段。在这一阶段，巴基斯坦用乌尔都语和地方语言拍摄反映本民族生活的国产影片，用以逐渐取代外国进口影片，尤其是印度影片。20 世纪 60 ~ 70 年代是巴基斯坦电影业取得长足发展的阶段，涌现出了大量优秀影片。20 世纪 80 年代以来为第三阶段，这一时期，总的来说，巴基斯坦电影业继续向前发展。

巴基斯坦具有代表性的优秀影片有 20 世纪 40 年代末的《相思》《莎希达》《婚礼》，50 年代的《叛逆》《头巾》《隐姓埋名的人》《萨西》《美如月》《杜拉帕蒂》《女车夫》《格尔达尔·辛格》，60 ~ 70 年代的《烈士》《明灯》《盖头》《纳依拉》《人性》《人世间》《人与驴》《永恒的爱情》《镜子》《一把大米》，80 年代以来的《火河》《甜蜜的 16 岁》《香港小姐》《纯洁》等。

三　音乐舞蹈

音乐　巴基斯坦的音乐文化与印度关系密切，同时也深受伊朗、阿富汗和阿拉伯国家的影响。由于民族生活和地理位置的差异，巴基斯坦民间音乐各具特点。

旁遮普的民间音乐与北印度的民间音乐较为接近。常见的民间歌曲有即兴性的“玛希雅”“博利”，叙事歌曲“希尔—伦杰赫”等。这些也是当地主要的舞蹈歌曲，其特点是曲调不断反复。信德省民间歌曲的主要形式为“卡菲”，内容多半是通过信德民间神话故事来表现伊斯兰教苏菲派教义。歌词大多取材于 18 世纪上半叶信德诗人阿卜杜尔·拉提夫的诗歌。“卡菲”的曲调以印度古典拉格及当地民歌为基础，是传统音乐与民间音乐的结合。在“卡菲”的表演过程中，常即兴地插入一些节奏自由的演奏或演唱。俾路支的民间音乐受波斯音乐的影响较深，主要形式有爱情歌曲“利库”、叙事歌曲“达斯特纳洛”和婚礼歌曲“哈洛、哈洛”等。这些歌曲词句短小，节奏自由，曲调经常反复，常由流浪的职业艺人演唱。在俾路支和信德，还有一种广为流行的婚礼歌曲“沙达曼”。开伯尔-普赫图赫瓦省的帕坦族民间音乐是“恰拜特”，它是以四行诗的形式来赞美爱情或英雄，由两位歌手轮流吟唱，在场的人可跟着重复，这种歌曲仅限男性演唱；另一种流行的舞曲叫“卡塔克”。

巴基斯坦的传统音乐和专业创作遵循印度音乐理论体系。主要的艺术歌曲题材有“卡瓦利”“恰亚尔”“特帕”等。“卡瓦利”在巴基斯坦十分盛行，是广播电视和音乐会的重要曲目。这些歌曲的歌词大多由两行或四行的诗歌组成，音乐节奏也多为分节歌式。这类歌曲的演唱者大多是家传职业音乐家。巴基斯坦常用的乐器有：膜鸣乐器，如多拉克、多尔、米尔登格；体鸣乐器，如小铜铃、孔格鲁；气鸣乐器，如沙赫奈伊、比恩；弦鸣乐器，如沙林达、萨伦吉、拉巴卜、埃克塔尔、西塔尔等。其中大部分源自印度和阿拉伯，主要用作声乐伴奏，其中节奏性乐器占重要地位。近年来，西方流行音乐对巴基斯坦音乐产生了很大影响，以电影歌曲为主的流行音乐广泛流传。

1966 年，巴基斯坦创设艺术研究院，1974 年又成立了民间遗产研究所，研究所的任务主要是搜集、整理民间音乐，培养音乐人才。

舞蹈 由于巴基斯坦地处南亚通向西亚、中亚的要冲，以及伊斯兰教的传入，巴基斯坦的舞蹈兼有南亚、西亚、中亚以及阿拉伯等地区的文化和宗教色彩，从而形成新的独特的舞蹈文化。巴基斯坦民间舞蹈主要有珠玛舞、蓬格拉舞、卡塔克舞、加弗里斯坦舞、莱瓦舞。

蓬格拉舞是旁遮普人民在春天播种季节为预祝丰收、感激大自然的恩赐跳的舞蹈。舞蹈往往由一位歌手演唱开始，大家在欢呼声中围成圆圈，舞步可自由变化。舞者挥动白手帕，抖动双肩，单脚旋转，相互展示竞技性的表演。伴奏乐器为多尔鼓和夹击乐器基姆达。信德省广为流传的是珠玛舞，一般在婚礼和喜庆时表演。这种舞蹈常伴有歌唱民族英雄抵御外来侵略、保家卫国的故事演唱。这种舞蹈的特点是节奏由慢及快，在拍手、旋转中达到高潮。伴奏乐器有吹管沙赫奈伊和多拉克鼓。

帕坦人的舞蹈来源于卡塔克部落，故称卡塔克舞。通常是几百人围着篝火舞蹈，以庆祝节日和胜利。舞蹈中有空中跳跃、快速旋转等较难的技术动作，而且还伴有击剑和格斗等内容。

在巴基斯坦北部山区亚历山大远征次大陆时留下的后裔中流行的是加弗里斯坦舞。这种舞蹈以两排男女对舞为主，舞步简单，队形变化多，在鼓乐的伴奏下，舞蹈者常发出“噢……噢”的长音，以表达对大自然的深厚感情。

俾路支人中流行的舞蹈叫莱瓦舞。其特点是节奏沉稳有力，动作宽阔巨大，通过膝盖的屈伸和腰部的摆动，模仿骆驼在沙漠中行走的雄姿，舞者常围成圆圈，圆圈中的鼓手时而举鼓过头而击，时而骑鼓胯下而击，甚至用脚和膝盖重力敲击，发出震耳欲聋的响声。

四　美术

这里的美术主要指巴基斯坦伊斯兰共和国境内的造型艺术遗存。1947年印巴分治以前，巴基斯坦与印度是一个国家，因此对印度美术史的有关论述也就同样适用于巴基斯坦。

前伊斯兰时代美术　印度河流域是古代印度文化的发祥地。巴基斯坦信德省的摩亨佐·达罗与旁遮普省的哈拉巴，是印度河文明的两座著名城邦遗址，在公元前3000年繁荣一时。巴基斯坦在公元前6世纪曾是波斯帝国的辖区，公元前326年马其顿国王亚历山大入侵，带来了希腊文化。此前该地区归属印度孔雀王朝，佛教经阿育王遣使传播至此。1世纪，贵霜王朝的迦腻色迦弘扬佛教，结果产生了持续数世纪的希腊式佛教艺术，即犍陀罗艺术。犍陀罗艺术兴盛于1～3世纪，5世纪中叶左右遭到白匈奴破坏，据中国唐代僧人玄奘记载，约在630年绝迹。

前伊斯兰时代，巴基斯坦地区的建筑混合了印度、波斯、希腊的多样化因素。巴基斯坦首都伊斯兰堡附近的历史名城呾叉始罗，是犍陀罗艺术的中心之一。公元前1世纪呾叉始罗金迪阿尔的神庙便带有爱奥尼亚式石柱和古典式凹凸线脚。1世纪锡尔开普城的恰尔萨达王宫建有由庭院、层叠屋顶与彩绘墙壁构成的石堡。呾叉始罗遗址中还有一些希腊、波斯风格的佛教、耆那教、拜火教建筑，如公元前1世纪锡尔开普的几座窣堵波，

1 世纪末的达摩拉吉卡半圆形寺院、金迪阿尔设置火祭坛的神庙等。犍陀罗地区白沙瓦周围与斯瓦特河谷乌迪亚那（Uddiyana）的乌代格拉姆和布特卡拉等城镇，大多有一座窣带宫殿或城堡的卫城，有些寺院和堵波建在卫城上，有些距卫城有一段距离。吉里、库马拉、摩赫拉·摩拉杜、比帕拉、焦利安、帕马拉等寺院的平面设计是印度式的：一座由列柱回廊围起的方形中庭，僧房小室向中庭开着，庭院中央往往有一座窣堵波。宗教群落的发展有时需要根据同样的设计在之前的寺院上重建。曾有人目睹许多现已倾圮的堵波的壮观。据玄奘记载，白沙瓦的迦腻色迦大塔高达 167 米，有 25 层镀金铜伞盖。

前伊斯兰时代，巴基斯坦地区的雕刻以附属于佛教建筑的装饰雕刻为主。题材选自佛传和本生故事，有些叙事性浮雕为已失传的佛经提供了图解。材料多半采用颜色从浅灰到青灰、绿灰、深灰的片岩，有时也采用拉毛粉饰灰泥。此类雕刻的风格在特殊的体型、风格化的装束和戴桂冠的发式、衣饰和肌肉的处理、面容的刻画等方面显然是希腊化的，而在叙事的细节、身体从臀部扭曲的姿势（三曲式）、裸体的躯干、珠宝饰物的富丽、象征性手势（姆德拉）等方面则继承了印度艺术的本土传统。可能最早的佛像是由犍陀罗派而不是由中印度马图拉派创造的。

犍陀罗佛像具有阿波罗的相貌，着一件僧衣，衣饰类似古希腊罗马的长袍。这种以希腊式佛教艺术著称的风格在犍陀罗地区是纯正古典主义的，而在斯瓦特河谷的则不够精致，几乎粗拙到原始的程度。

伊斯兰时代美术 8 世纪初伊斯兰开始占领信德，11 ~12 世纪伊斯兰利用被他们拆毁的印度教神庙的材料建造了几座清真寺。16 世纪莫卧儿王朝时代，巴基斯坦地区兴起建造伊斯兰建筑的热潮（见莫卧儿建筑）。这种建筑起初是从波斯模式派生出来的，包括达塔的以白色与两种暗蓝色马赛克装饰的两座清真寺达吉尔穆斯吉德（1588）和杰米穆斯吉德（1644）以及使用印度教神庙材料建造的贾姆·尼扎穆德－丁墓（16 世纪），风格笨拙粗陋。17 世纪莫卧儿建筑在巴基斯坦地区的最佳范例为莫卧儿帝国陪都拉合尔城堡，城堡中建有两侧为附属圆顶的鳞茎状圆顶清真寺、刻有印度铭文的凉亭和受印度石雕、木雕影响的拱门。马图拉的红砂石被广泛使用，通常与白色或黑色的大理石混合，并加灰色或黄色石头镶嵌，富丽堂皇。拉合尔城堡的镜宫墙壁上镶嵌着玻璃镜子碎片，灿若繁星，奇幻迷人。拉合尔市北的贾汉吉尔陵白色大理石中镶嵌彩石，装饰美观。拉合尔东郊的夏利玛尔花园典雅绮丽。城堡对面的巴德夏希清真寺宏伟壮阔。英国统治时期，清真寺林立的拉合尔又增建了哥特式、维多利亚式的建筑。1947 年巴基斯坦独立以后，在卡拉奇东南为巴基斯坦国父穆罕默德·阿里·真纳修建了白色大理石圆顶陵墓，墓室正中悬挂着一盏由周恩来赠送的上海制作的华美吊灯。卡拉奇的守护清真寺是现代伊斯兰建筑的代表作之一，1961 年动工兴建的伊斯兰堡也新修了数十座清真寺。巴基斯坦重要的艺术考古博物馆有卡拉奇国家博物馆、拉合尔博物馆、白沙瓦博物馆等，以印度河文明与犍陀罗艺术珍品之丰富闻名于世。

第四节　体育运动

一　体育政策

巴基斯坦社会文化继承了南亚次大陆各个时代的传统，伊斯兰教在巴社会文化传统中留下了深深烙印。所有这些都体现在巴基斯坦的体育活动中。巴基斯坦体育活动可分为两类：一类是本民族的体育活动，主要广泛流行于农村地区；另一类是有组织并得到普遍承认和在国际上进行比赛的项目。

被称为巴基斯坦国父的穆罕默德·阿里·真纳酷爱体育运动，深知发展体育运动对推动巴基斯坦国家和民族社会经济文化事业的发展有着极其重要的作用。在卡拉奇举行的巴基斯坦第一届体育运动委员会成立会议上，真纳对巴基斯坦第一位奥林匹克委员会主席阿赫默德·贾法尔说，献身于巴基斯坦体育事业是我们义不容辞的历史责任；青年是我们的财富，鼓励青年参加体育运动，使他们在体育运动中锻炼坚强的意志品质，捍卫巴基斯坦人的民族观念，这是巴基斯坦民族兴旺发达的重要内容。

1948 年 3 月 23～25 日，在卡拉奇的波罗运动场举办了巴基斯坦第一届体育运动会。1947～1959 年，组织和发展体育运动是由巴基斯坦联邦教育部负责，在联邦教育部下设体育司。由于全球体育事业的迅猛发展，巴政府认识到有必要建立一个更具代表性的体育组织，以推动巴基斯坦体育事业。1959 年，巴基斯坦成立独立的体育局。1972 年，巴基斯坦政府重新审查教育政策时，决定成立国家体育信托投资基金。1977 年 7 月，巴基斯坦联邦政府新成立文化、考古和旅游部，负责全国体育运动，该部后来又改为文化和旅游部。随后，巴基斯坦体育局和国家体育信托投资基金交由文化和旅游部管理。1980 年，国家体育信托投资基金并入体育局。

巴基斯坦体育局是一个独立的自治实体，总部设在伊斯兰堡，负责制定体育发展政策。并获得年度财政和特别财政资金。为鼓励青年投身体育运动，体育局在四省、巴控克什米尔地区、联邦部落直辖地区区、联邦直辖北部地区轮流举行体育比赛。

为吸引和培养体育后备人才，1983 年 11 月，巴基斯坦政府设立了特别奖励基金，向部分具有运动才能的青少年提供资助和奖励。

巴基斯坦联邦体育局在全国范围内修建体育初级学校，培养体育后备人才。在各省、巴控克什米尔和联邦直辖部落地区及其他大城市修建体育馆、运动场等。

1985 年 5 月，在伊斯兰堡修建了体育综合设施，其中包括：奥林匹克露天运动场，总面积 4.5 万平方米，可容纳 5 万名观众，带有 600 个休息厅。室内运动场可容纳 1 万名观众，训练馆可进行所有室内项目的训练，体育宾馆可供 200 人住宿、就餐。除此之外，还有其他室外运动场。

2001 年 2 月 14 日，巴基斯坦政府公布了国家体育政策。为振兴巴基斯坦体育，政府加大资金投入，设立俱乐部，进行商业运作，并进一步强化国家体育局、巴基斯坦奥运协会、国家体育联盟，以及省级体育协会、联盟的职能；将体育局、体育学校并入教育部；要求大学及体育学院每年必须举行一次体育运动会，学生每周上两节体育课，如果未执行此要求，将受到处罚。

2005 年，联邦政府对国家体育政策做了修正，旨在促进体育事业的发展。巴基斯坦体育水平的降低引起了政府重视，并且积极采取措施应对。除了国家体育局外，还成立了巴基斯坦奥运协会、国家体育联盟、省级体育委员会以及一些体育教育机构。这些机构负责发现新的运动员、保持国家运动传统的延续，以及培养卓越的运动员。

二　主要体育项目

曲棍球　曲棍球是巴基斯坦最主要的体育项目。巴基斯坦普遍流行曲棍球运动，从而培养了大批曲棍球运动员。曲棍球也是巴基斯坦运动员获得世界冠军的主要运动项目，在世界各国中，巴基斯坦的曲棍球水平也是一流的。在 1960 年罗马奥运会上，巴基斯坦曲棍球球队获得金牌，这是巴基斯坦获得的第一块奥运会金牌。此后在 1968 年墨西哥奥运会、1984 年洛杉矶奥运会上两次获得金牌。在 1964 年东京奥运会、1972 年慕尼黑奥运会上，巴基斯坦曲棍球队两次获得银牌。在 1976 年蒙特利尔奥运会、1992 年巴塞罗那奥运会上，巴基斯坦曲棍球队均获铜牌。

另外，巴基斯坦曲棍球队在 1971 年巴塞罗那、1978 年布宜诺斯艾利斯世界杯、1982 年孟买世界杯和 1994 年悉尼世界杯赛上均获冠军。1975 年在吉隆坡、1990 年在拉合尔还获得世界杯赛亚军。

在亚运会上，巴基斯坦曲棍球队多次获得金牌。1958 年，东京亚运会第一次增设曲棍球比赛项目，1958 ~ 1990 年，除在 1966 年曼谷亚运会、1986 年汉城亚运会上获银牌外，巴基斯坦曲棍球队均获金牌。此外，还在 1994 年广岛、1998 年曼谷亚运会上获得铜牌。

另外，巴基斯坦曲棍球队还在众多国际比赛中获得好成绩。如 2002 年在科隆比赛中获得金奖，在 2009 年和 2013 年马来西亚亚洲杯上均获银牌。

在各类比赛中，巴基斯坦涌现出许多著名的曲棍球运动员，如贾法尔·夏、A. I. S. 达拉、布里格·哈米德、布里格·阿提夫、纳西尔·班达、阿萨德·马立克、萨缪拉、哈桑·萨达尔、萨哈兹、舍赫、哈立德·

马赫穆德、伊什拉胡丁、苏海尔·阿巴斯、沙基勒·阿巴西法里德·艾哈迈德等。巴基斯坦对推动世界曲棍球运动的发展做出了巨大贡献。

软式墙网球 在巴基斯坦，软式墙网球运动很流行，而且达到国际水平。巴基斯坦软式墙网球代表队多次获得该项目比赛冠军。巴基斯坦软式墙网球是仅次于曲棍球的运动项目，获得的奖杯也仅次于曲棍球。在1990～1998年的英国软式墙网球年度公开赛中，巴基斯坦代表队获得了8个冠军、1个亚军。在世界男子软式墙网球锦标赛中，除在1991年澳大利亚锦标赛中获亚军外，巴基斯坦代表队在1990年法国锦标赛、1992年南非锦标赛、1993年巴基斯坦锦标赛、1994年西班牙锦标赛、1995年塞浦路斯锦标赛、1996年巴基斯坦锦标赛中均获得冠军。

世界著名的巴基斯坦软式墙网球运动员有哈什姆·汗、阿扎姆·汗、罗山·汗、莫赫布拉赫二世、卡马尔·查曼、贾汉吉尔·汗和贾什尔·汗。其中，哈什姆·汗曾在世界比赛中保持冠军地位达10年之久。

板球 独立后，巴基斯坦板球队参加了国际比赛，当时著名的板球运动员有纳查尔·穆罕默德、伊姆提兹·阿赫默德、马苏德·阿赫默德、法扎尔·马赫穆德、A. H. 坎达尔、M. E. Z. 加扎里、穆纳瓦尔·阿里·汗、哈里夫·马哈穆德、贾维德·米安达德、穆达萨尔·纳扎尔和伊姆兰·汗等。他们为巴基斯坦赢得了荣誉。巴基斯坦板球队在参加的全部542场比赛中，赢了288场，胜率达55%。1954年，巴基斯坦板球队出征英国，击败英国队，成为第一支击败英国板球队的外国代表队，证明了巴基斯坦板球队是世界一流的板球队。1982年，巴基斯坦板球队以3∶0击败澳大利亚队，1983年以3∶0战胜印度队，1984年再次战胜英国队。1997～2002年，巴基斯坦板球队共参加了19场国际比赛，赢得了11场胜利，获得8个亚军。

巴基斯坦板球超级联赛（简称“巴超”）是由巴基斯坦板球总会创立，比赛实行“2020”制。比赛从2008年开始规划，正式比赛开始于2016年，联赛时间约为每年的1月底到3月。巴基斯坦主要的板球队有卡拉奇国王、拉合尔圣人、伊斯兰马巴德联队、白沙瓦青年、奎达神鬼战士。

第五节　新闻出版

一　报刊与通讯社

报刊　英文报纸有《新闻报》《黎明报》《巴基斯坦时报》《国民报》；乌尔都文报纸有《战斗报》《时代之声》《东方报》。目前，巴基斯坦影响力最大的报纸是《黎明报》《战斗报》《商业纪事报》。

最早的乌尔都语杂志《乌尔都·阿克巴尔》创刊于1836年。到1857年，伊斯兰杂志种类有了较大增长，在德里、加尔各答、马德拉斯、勒克瑙、拉合尔、卡拉奇都出版了宣传伊斯兰文化、宗教、社会的刊物。

巴基斯坦建国后，政府重视新闻出版业，充分发挥新闻业在发展和巩固巴基斯坦国家中的重要作用。巴基斯坦新闻出版业以前所未有的速度迅速发展。到20世纪80年代末90年代初，巴基斯坦全国共有1587种报纸和期刊，其中双周刊117种，月刊597种，双月刊8种，季刊174种，半年刊79种，年刊133种，此外还有多种日报、周刊。1999年，全国有1571种报刊，其中日报269种，周报451种，双周刊90种，月刊651种，季刊64种，其他46种。2001年，巴基斯坦有763种报纸和定期刊物，其中旁遮普省63种，信德省457种，开伯尔－普赫图赫瓦省105种，俾路支省138种。在763种报刊中，日报168种，周刊151种，双周刊52种，月刊309种，季刊39种，其他44种。

巴基斯坦报刊的所有权形式有3种：私人所有、联合股份公司所有和基金会所有。

报社对自己的记者、编辑等工作人员进行培训。此外，卡拉奇、旁遮普省、信德省的各大学和开伯尔－普赫图赫瓦省德拉·伊斯梅尔·汗的戈马尔大学开设有两年制新闻专业培训和新闻专业研究生课程。随着社会需要的增加，巴基斯坦政府要求各大学的新闻专业将学制由2年延长至4年，以提高新闻毕业生的专业水平。

巴基斯坦新闻业的发展带动了印刷业的进步。一些大报社，如《巴基斯坦时报》《晨报》《伊斯兰》《前线邮报》《民族》等都采用了美国IBM 公司的电脑技术，从而大大提高了报纸质量和印刷速度。

随着信息时代的到来，巴基斯坦的报刊基本上都有网络版，人们在报纸官网上就能看到当天的新闻。

通讯社 巴基斯坦新闻机构主要是巴基斯坦联合新闻社和巴基斯坦国际新闻社。前者是 1960 年由巴基斯坦政府从私人基金中接管，向报纸、电台、电视台、政府有关部门和一些商业机构提供国内和国际新闻。总部设在伊斯兰堡，在卡拉奇和拉合尔设有分部，在白沙瓦、奎达、海得拉巴、苏库尔、木尔坦、费萨拉巴德、巴哈瓦尔普尔设有办事处，基本上覆盖了巴基斯坦所有的重要城镇。另外，巴基斯坦联合新闻社在纽约、新德里、伦敦、北京设有办事处，西方三大新闻社路透社、美联社、法新社通过巴基斯坦联合新闻社在巴基斯坦建立机构，它还和新华社（中国）、伊朗通讯社（伊朗）、安塔拉（印度尼西亚）、安纳托利亚（土耳其）、梅纳社（埃及）、国际伊斯兰新闻社（沙特阿拉伯）、波兰通讯社（波兰）、贝纳马社（马来西亚）、京都通讯社（日本）、阿吉尔通讯社（罗马尼亚）等国际新闻通讯社建立了合作关系。

巴基斯坦国际新闻社的正式名称为巴基斯坦新闻联合社，创建于1950 年，以私人联合股份公司形式运行至今。与意大利、捷克、斯洛伐克、匈牙利、德国、保加利亚、印度、孟加拉等国的新闻通讯社有业务关系。总部设在卡拉奇，在拉合尔、拉瓦尔品第、伊斯兰堡、白沙瓦、奎达，以及伦敦设有分部，记者遍布全国各地。

二 电视台

巴基斯坦电视台由巴基斯坦新闻广播部所属的巴基斯坦电视公司管理，在巴基斯坦主要城市设有电视台，覆盖 87% 的人口，观众达 1.15 亿。巴基斯坦电视公司的主要任务是宣传伊斯兰思想，反映国内外大事，对人民群众进行科学文化知识的教育。

1963 年 10 月，巴基斯坦政府决定通过政府管理、私人参股的方式，建立为大众服务的电视公司。巴基斯坦政府与日本公司签订协定，由日本提供2个试播台。1964年11月26日，拉合尔建立了巴基斯坦第一座电视台。1965年，成立了一家私人有限公司，1967年5月改名为巴基斯坦电视合作公司。此后，巴基斯坦电视网迅速发展。现在，巴基斯坦已有5个主要节目发射和转播中心：卡拉奇、拉合尔、伊斯兰堡、奎达、白沙瓦。这5个中心已与28个高能转播台联网，巴基斯坦联邦政府电话电报局也与这5个中心和转播台建立了微波联网。

为推动国家商业贸易的发展，巴基斯坦电视节目中安排了经济节目。在卡拉奇、拉合尔、拉瓦尔品第、奎达、白沙瓦、费萨拉巴德、海得拉巴、木尔坦和古吉拉特等地设立了电视广告销售中心。

在政府的鼓励下，巴基斯坦电视使用率不断提高。

从2002年开始，巴基斯坦的私营电视台迅速摆脱政府对社会、政治类节目播放的限制，从而使观众更关注国内政治以及他们的基本权利，并且开始关注国际时事和新闻。到2007年，私营电视台已成为公众了解政治新闻和信息的重要渠道。

三　出版社

巴基斯坦的出版业较发达，较大的出版社有50多家，其中主要有以下几家。

卡姆兰出版社，1964年创办于拉合尔，出版教科书、科技书和一般书籍。

文学明镜出版社，1957年创办于拉合尔，出版一般书籍。

纪事出版社，设在卡拉奇，出版历史书籍、资料汇编等。

新月出版社，位于卡拉奇，出版乌尔都文书籍。

经济与工业出版社，1965年成立于卡拉奇，主要出版经济和工业方面的书籍。

古拉姆·阿里父子出版公司，1877年成立于拉合尔，出版文学、语言、宗教、科技类图书及教科书。

巴基斯坦政府出版社，设在卡拉奇，用乌尔都文出版政治类书籍。

伊斯兰图书中心，设在拉合尔，用英文和乌尔都文出版伊斯兰教书籍。

伊斯兰出版有限公司，设在拉合尔，用英文和乌尔都文出版伊斯兰教书籍。

拉克出版社，1955 年创立于卡拉奇，出版文学类书籍和杂志。

麦地那出版公司，1960 年创立于卡拉奇，出版文学类书籍和教科书。

巴基斯坦出版社，位于卡拉奇，用英文、乌尔都文和阿拉伯文出版各类文学书籍和杂志。

联合出版社，设在拉合尔，出版教科书、参考书和一般书籍。

旁遮普宗教书社，设在拉合尔，出版教育、宗教、法律类书籍和一般书籍。

此外，还有时代出版社、国际出版社、精华出版社、边境出版社等。

第八章

外　　交

第一节　外交政策

一　外交政策及主要目标

概括来讲，巴基斯坦目前的外交政策有以下几个主要目标：加强国家安全及维护巴基斯坦的领土完整；公平解决克什米尔冲突；保持核威慑，这对于维持巴基斯坦的国家安全必不可少；发展国家经济，保持经济增长，促进巴基斯坦在海外的经济和商业利益的提升；进一步提升巴基斯坦作为一个强大的、具有活力的、前进的国家形象；与伊斯兰世界和中国建立紧密的友好合作关系；与所有大国特别是美国建立互利互惠和紧密的联系；维护阿富汗的持久和平与稳定；进一步贯彻核不扩散目标；与国际恐怖主义、国际犯罪及毒品走私做斗争；进一步维护海外巴基斯坦人的权益和福利。

其中，寻求安全是巴基斯坦自独立以来一贯追求的外交政策的核心。

巴基斯坦认为，巴基斯坦建国时的历史环境决定了它长期以来的安全环境。导致印度和巴基斯坦成为两个独立国家的印巴分治所产生的暴力冲突，使两国间长期处于敌对状态。这种敌对状态至今还影响着两国关系。而这主要是因为悬而未决的克什米尔问题。这是持续的紧张与冲突的根源，使该地区的安全局势变得不稳定和紧张。

二 外交政策的演变

从历史上看，巴基斯坦外交政策分为五个阶段。

第一阶段是从 1949 年联合国强制停火协议到 1965 年克什米尔战争。其间，巴基斯坦通过《巴格达条约》及其后的中央条约组织和东南亚防务条约组织与西方结盟。1954 年 5 月，巴美签订《美巴共同防御协定》，9 月，巴加入东南亚条约组织，1955 年 9 月，巴加入巴格达条约组织，1959 年 3 月，美巴又签订了《双边（军事）合作协定》，两国结成同盟。巴美结盟后，巴印关系急剧恶化，同时，巴基斯坦与大多数伊斯兰国家的关系也受到一定程度的影响；巴苏关系冷淡，巴中关系疏远。

第二阶段是从 1965 年到 1971 年东巴危机。由克什米尔事件引起的 1965 年战争使对巴基斯坦的经济和军事援助急剧减少。国防开支的增加、外援的减少造成了经济困难，同时也加重了东巴分离意识所造成的政治问题。印度参与了这场危机并最终对巴基斯坦发动了战争。巴基斯坦对外政策发生了变化，即从结盟转变为不结盟。

第三阶段是 1971 ~ 1989 年，这期间巴基斯坦仍致力于国家重建，与此同时又面临苏联入侵其邻国阿富汗所引发的挑战。20 世纪 70 年代初以来，由于巴基斯坦的分裂和国内国际形势的发展变化，巴历届政府为适应形势发展，在处理本国与世界各国的关系时奉行不结盟政策，着力改善与苏联和美国等大国的关系，进一步加深与中国的友谊；大力发展与伊斯兰世界各国的关系，将与伊斯兰国家尤其是西亚伊斯兰国家、海湾阿拉伯国家的关系作为其对外政策的支柱。冷战后，积极发展与中亚各共和国的关系，将发展与中亚共和国的关系作为其新的西向政策的重点；努力恢复其在第三世界的形象，加入不结盟运动。

第四阶段是从 1990 年到 1998 年 5 月的核试验。从安全角度来看，1990 年发生了两件大事。美国根据《普雷斯勒修正案》（该修正案拉大了传统的印巴之间的差距），加紧了对巴基斯坦的经济和军事制裁。1997 年谢里夫上台后，巴基斯坦着手缓和与印度的关系。之后，巴基斯坦进一步改善与印度的关系；参加区域组织会议，推动南亚地区经济贸易关系和文化协作关系的发展。

第五阶段是穆沙拉夫上台执政时期。他积极参加国际反恐斗争，改善与美国的关系；推动南亚区域合作联盟的发展，进一步推动与印度和平关系的发展；进一步巩固与中国的传统友谊。

第二节 与美国的关系

美国曾在巴基斯坦对外战略中扮演重要角色，但两国间的关系起伏很大，大致分为四个阶段：巴美结盟、巴美关系“冷淡”、重修旧好和冷战后时期。

一 巴美结盟（1954～1956）

20世纪50年代中期，巴美结盟，这是巴美关系最密切的时期。巴美结盟的主要原因是巴基斯坦希望从美国获取军事和经济援助，增强抵抗印度、保卫国家安全的防务能力。这正如当时美国新闻界所宣传的那样，巴美结盟是巴基斯坦为了建设其军事力量，作为同印度解决克什米尔问题讨价还价的砝码，而不是用来反对苏联等其他国家。巴基斯坦民众认为，对其国家最可能的威胁在新德里。

此外，20世纪50年代初巴基斯坦经济形势恶化，也是巴美结盟的重要原因。1951年，巴基斯坦重要出口商品原棉和黄麻价格大幅度下跌，对外贸易受到严重影响。1952年，巴基斯坦粮食歉收，面临灾荒威胁。为度过经济困难时期，巴基斯坦希望获得以美国为首的西方国家经济上的支持，与美国结盟，获得美国在克什米尔问题上对自己的支持，让美对印度施加压力，通过公民投票的方式解决克什米尔问题。巴基斯坦还认为，与美国结盟可以不参加以印度为重要代表的不结盟运动，从而向世界表明，在对外政策方面，巴基斯坦不是印度的随从，而是独立自主的。

巴基斯坦的对外战略与美国的冷战政策基本一致。美国认为，把巴基斯坦同它的世界防务计划联结在一起，同美国的既定政策是完全一致的。1953年艾森豪威尔上台后，加快了与巴基斯坦结盟的步伐。当时的美国国务卿杜勒斯竭力推动美巴结盟，他认为巴基斯坦具有重要的战略地位，是美国对苏联、中国建立军事包围圈的重要一环。

1954 年 5 月 19 日，巴基斯坦与美国签订《共同防务援助协定》。1954 年 9 月 8 日，巴基斯坦成为由美国、英国、法国、泰国、菲律宾、澳大利亚和新西兰组成的东南亚集体防务条约组织的成员国。1955 年 9 月 23 日，巴基斯坦成为由英国、土耳其、伊朗和伊拉克等组成的另一个集体防务条约组织即巴格达条约组织的成员。1959 年 3 月 5 日，巴美双方又签订了《双边（军事）合作协定》。这样，在美国总统艾森豪威尔的第二次任期结束前，巴基斯坦由 4 个条约和美国联系在一起，成为众所周知的美国在亚洲的最密切的盟友。

二　巴美关系“冷淡”时期

20 世纪 50 年代末 60 年代初，巴美关系开始发生逆转。美国坚持其反共反华政策及其对印度态度的暧昧，是巴美关系恶化的主要原因。1959 年，中印两国在双方边界地区拉达克发生军事冲突，这使美国认为，印度可以作为抗衡中国的重要国家，因此开始大幅度增加对印度的经济援助，公开支持印度，并宣布要对巴基斯坦的军事援助政策进行重新审查。肯尼迪总统多次赞赏印度和尼赫鲁在国际政治中的作用，再次声明对印增加经济援助，从而使印度成为非共产主义发展的“橱窗”。1961 年，美国国会批准《和平安全法案》，授权总统向美国的所有友好国家，包括那些未与美国签订同盟条约的友好国家提供军事援助。美国的上述政策激怒了巴基斯坦，阿尤布·汗总统多次发表谈话，反对美国的亲印政策。

美国政策的变化促使巴基斯坦进一步发展与中国和苏联的关系。1961 年 1 月，巴外交部部长宣布，中国已原则上同意与巴基斯坦划定两国边界。1961 年 3 月 4 日，巴基斯坦同苏联签订关于苏联向巴基斯坦石油勘探和研究提供 3000 万美元援助的协定。该协定在巴基斯坦受到普遍欢迎，被认为是谱写了巴苏关系的新篇章。以美国为首的西方国家对巴中、巴苏关系的发展极为不满，认为这是巴基斯坦向不结盟立场迈出的第一步。1962 年的中印边界冲突中，美国决定给印度大规模军事援助，以增强印度反对中国的力量。巴基斯坦认为美国的这一行为对自己的国家安全构成了威胁，巴美关系继续恶化。

美国对印度援助的增加，美印关系的发展，其结果是巴美关系的疏远和冷淡。1962 年 12 月 29 日，在巴哈马首都拿骚召开的国际会议上，美英决定给印度提供 12 亿美元的紧急军事援助；1964 年，美国又宣布在今后 5 年中给印度 5 亿 ~ 5.25 亿美元的军事援助；美国还表示向印度提供空中保护伞。巴基斯坦认为中国不会对南亚构成威胁，美国给印度提供大规模军援，只会威胁到巴基斯坦的国家安全，因此坚决反对美国向印度提供军援。但美国坚持认为，援助印度可以抗击中国“共产主义的威胁”，符合美国国家利益，因此继续坚持其对印度的现行政策。

在这种情况下，巴基斯坦政府不得不加强同苏联、中国的友好关系。1963 年，巴基斯坦同中国签订了边界协定和航空协定。巴政府领导人认为中国是最可靠的朋友。1963 年 7 月 7 日，巴外交部部长佐勒菲卡尔·阿里·布托在巴议会讲话中宣布，印度对巴基斯坦的任何侵略和征服，都会给亚洲特别是中国带来严重威胁。同年 9 月，阿尤布·汗总统也表示，希望获得中国的支持与援助。1964 年和 1965 年，中巴友好关系进一步发展。1964 年 2 月，中国总理周恩来宣布，克什米尔的未来应由克什米尔人民通过投票来决定；1965 年，中巴发表联合公报，巴基斯坦表示反对任何制造“两个中国”的阴谋，中国则重申支持巴在克什米尔问题上的立场。

美国政府则反对巴中友好，认为巴中友好是巴基斯坦没有认识到中国对南亚次大陆的“威胁”。美国认为，巴基斯坦政府是利用印度的困难，同中国签订各种协定，以达到孤立印度的目的。对巴美关系的紧张，美国不是采取主动和解的态度，而是减少对巴基斯坦的援助，企图以此逼迫巴基斯坦就范。但这无异于火上浇油，使美巴关系变得更加紧张。

在美巴关系中，美国一直将军事援助和经济援助作为影响巴基斯坦对外政策的一种手段。巴基斯坦对外政策符合美国的反共反华政策时，美国对巴的援助就增加；反之，美国对巴的援助就减少。

1965 年，巴美关系到了最低点。在 1965 年的印巴战争中，美国对印、巴实行武器禁运，这对巴基斯坦是一次沉重打击，因为巴基斯坦的武器主要来自美国，而印度仍可以从苏联获得足够的武器弹药。巴美关系进一步恶化。

1969 年尼克松担任总统后，中美关系开始改善，巴美关系也随之恢复。1969 年，尼克松访问巴基斯坦，这是美国总统第一次访巴。1970 年，巴基斯坦总统叶海亚 · 汗访问美国。在中美关系正常化的过程中，叶海亚 · 汗总统起了重要作用。美国总统国家安全事务助理基辛格在巴总统的安排下，对中国进行了秘密访问，打破了中美关系坚冰。而就在 1971 年 8 月 9 日，印、苏在新德里签订了《印苏友好和平条约》，条约签订 3 个月后，印度发动了肢解巴基斯坦的第三次印巴战争。

在巴基斯坦最困难的时期，与其签订双边军事合作协定的美国并未采取有力措施。美国只是谴责印度的行为是“赤裸裸的侵略”。美国派遣到孟加拉湾的航母也未能阻止巴基斯坦被一分为二。

20 世纪 70 年代，巴美关系有所改善。1972 年 4 月 14 日，美国宣布放宽对巴出售军火的限制；18 日，巴美签署协定，美国向巴提供了价值 2920 万美元的小麦、食油和其他农产品；30 日，双方又签约，美向巴提供 677 万美元的贷款。同年 7 月，美国再向巴基斯坦提供 2096 万美元的贷款。1973 年 9 月和 1975 年 2 月，布托两次访美，获得了 7100 万美元的贷款。1975 年 2 月，美国宣布取消 1965 年制定的对巴基斯坦武器禁运政策。

但巴美关系仍未恢复到 20 世纪 50 年代的水平。巴基斯坦认为，美国是一个靠不住的盟友。这一时期，巴基斯坦对外政策发生了重大变化，将与伊斯兰国家的关系作为对外政策的支柱。巴基斯坦逐渐退出西方阵营，1972 年 1 月宣布退出英联邦；11 月，退出东南亚集体防务条约组织（South - East Asian Collective Defence Treaty Organization，SEATO）。

此外，在发展巴基斯坦核技术问题上，巴美双方存在尖锐矛盾。1974 年 5 月，印度核试验成功，这对巴基斯坦产生了强烈影响。巴基斯坦总理布托认为，基督教世界、共产党国家都拥有核武器，伊斯兰世界也应拥有核武器，并说服中东产油国帮助巴基斯坦发展核武器。但美国人认为，巴基斯坦可以获得美国的核保护，强烈要求巴基斯坦放弃研制核武器的打算。但巴顶住美国的压力，着手核武器研制工作。巴美关系再度紧张。1976 年 2

月，美国取消向巴基斯坦出售100多架军用飞机的协定；6月，美国又宣布停止向巴基斯坦提供的一切援助。1977年，美国将印度作为南亚最重要的伙伴，发展美印关系。1979年，卡特政府认为巴基斯坦进行的核技术研究是为军事目的服务的，便对巴基斯坦采取惩罚性措施：取消1979年和1980年两个年度对巴基斯坦的经济援助，而且阻止西方其他国家向巴基斯坦提供援助，并于1979年11月撤回驻巴基斯坦的美国外交人员及其家属。

但是，美国的限制措施并未改变巴基斯坦研制核武器的计划。1979年3月12日，巴基斯坦宣布正式退出中央条约组织（Central Treaty Organization）。6月，齐亚·哈克驳斥美国的指责，认为核扩散的危险不能用非原则的、歧视性的和胁迫性的政策来解决，美国不管10多个已具有生产核武器能力的国家，而单单指责目前还不具备这种能力的巴基斯坦，对巴基斯坦进行歧视性对待，这是不公正和非正义的。同年8月，哈克出访沙特阿拉伯时再次重申巴基斯坦研究核技术是为了寻找新能源，以替代目前巴基斯坦使用的石油等不可再生能源。他还继续批驳美国的歧视政策。为抗议美国的行为，1979年11月21日，1000多名巴基斯坦和阿拉伯大学生放火烧毁了美国驻巴基斯坦大使馆和美国在巴的其他两个机构。巴美关系几近破裂。

三 巴美关系的改善和发展

20世纪70年代末，伊朗霍梅尼发起的伊斯兰革命和苏联对阿富汗的入侵，使中东战略格局发生重大变化，巴基斯坦的战略地位更显重要。美国迅速调整了对巴政策，巴美关系得到改善。

伊朗伊斯兰革命后，美国失去了伊朗，这对美国的对外战略及其政治经济利益是一次沉重打击。在这种新形势下，美国不得不重新修复与巴基斯坦的关系，希望巴基斯坦能替代伊朗，填补美国在中东的战略空间。

1979年苏联入侵阿富汗后，巴基斯坦战略地位更显重要。阿富汗地处亚洲腹地，是苏联南下印度洋、寻求不冻港的跳板。控制阿富汗，苏联便可进而控制波斯湾地区，扼住美国、日本和欧洲的石油生命线，并可以把红海和阿拉伯半岛置于其监视之下，从而对以美国为首的西方阵营构成严重威胁。里根上台后，从两个方面重新评价了巴基斯坦的重要性——巴基斯坦接近波斯湾，地处阻止苏联进一步入侵南亚地区的前线，于是大幅度增加对巴的经济和军事援助。齐亚·哈克也对美国进行了访问，巴美友好关系得以恢复。

巴基斯坦从本国安全和南亚地区的和平出发，也愿意同美友好，以获得美国的支持。1981 年 6 月 15 日，巴美两国签订了经济和军事援助协定，根据该协定，在此后 6 年中，美国将向巴基斯坦提供 32 亿美元的援助。1982 年 12 月初，巴基斯坦总统齐亚·哈克访美，双方又签订了有关成立巴美经济、商业、科学、技术和教育合作委员会的协定。

巴美两国均高度评价双边关系。齐亚·哈克认为，加强巴美双边关系不仅为两国带来极大的利益，而且有利于地区和整个世界的和平。里根总统也认为，美、巴已为双方关系奠定了能够经受时间和世界风云变幻考验的基础。此后，巴美关系一直比较融洽。1985 年后，双方建立了包括哈克总统和里根总统在内的高级官员定期会晤机制。1987 年，两国又签订新的协议，按照该协定，在此后 6 年中，美国每年向巴提供 3.8 亿美元的经济援助和 2.9 亿美元的军事援助（6 年共计 40.2 亿美元）。同年 4 月，齐亚·哈克总统在巴国民议会的讲话中说："美国同巴基斯坦的关系是巴国家政策的强大支柱。" 1989 年 6 月，贝娜齐尔·布托总理访美，双方重申了巴美友好关系，并且表示，即使苏联完全从阿富汗撤军，两国仍将继续保持和发展现存的友好关系。1989 年苏联从阿富汗撤军后，美巴双方领导人再次表示继续保持双边友好关系。

美巴两国虽然言归于好，但是双方在美印关系、核武器问题以及在许多其他国际问题上都还存在分歧。

四　冷战后的巴美关系

随着苏联从阿富汗撤军、苏联解体和冷战结束，巴基斯坦在美国对外战略中的地位发生了变化，巴美关系也随之发生变化。

1990 年 10 月，美国根据《普莱斯勒修正案》（*Pressler AmendMent*）终止了对巴的军事和经济援助，这预示着美国要同印、巴平衡发展关系。在核武器计划上，美国单方面向巴基斯坦施加压力。同时，美国还以巴基斯坦支持印控克什米尔的反叛运动为由，威胁要把巴基斯坦列为支持恐怖主义的国家。美国的这些做法使巴基斯坦对美国失去了信心，进一步向伊斯兰世界靠拢，美巴关系趋于冷淡。

由于巴基斯坦坚持发展核武器，同时还加强与西欧国家、伊朗、中亚等国家的关系，美国担心南亚地区事态失控，便于1994年重新调整对巴关系，以便能掌握南亚政治、经济和安全事务的主动权，使印巴关系处于可控状态，维持南亚的稳定，开拓南亚市场。但在美国的新南亚政策中，美国仍偏重印度。美国在1995年1月同巴基斯坦签订安全协议后，随即又同印度签署了美印防务协定。在克什米尔问题上，美国采取相对中立的立场，促使印巴对话。在核扩散问题上，美国要求印巴冻结核武器计划，停止发展和部署运载火箭。克林顿政府还着手解决《普莱斯勒修正案》造成的问题。1995年1月，美国国防部部长佩里访巴，恢复了“巴美军事协商工作小组”，讨论冷战后的安全问题，包括地区形势、联合军事演习、训练军事人员、确定合作领域和交换军事情报，并就各自的国防计划、国防预算以及威胁地区安全的危险征兆等问题交换意见。4月，贝娜齐尔·布托再次访美。在经贸领域，美国同巴基斯坦签订了价值40亿美元的意向性商业合同。1995年5月，贝娜齐尔·布托再次访美，双方签订了价值60亿美元的投资意向书。同年10月，美国国会通过《布朗修正案》，取消了对巴美经济合作的限制，加强双方在贸易和投资方面的合作。

五 反恐战争中的巴美关系

2002年7月，巴基斯坦与美国国防官员就恢复两国军事对话而举行会谈。美巴军事对话因巴基斯坦进行核试验而中断了四年之久。2003年6月24日，正在美国访问的巴基斯坦总统穆沙拉夫在戴维营与美国总统布什举行会谈，会谈涉及双边关系、反恐和印巴关系等问题。此前，巴基斯坦与美国政府于3月5日在伊斯兰堡签署了免除巴基斯坦欠美国10亿美元债务的协议，美国驻巴基斯坦大使和巴基斯坦经济事务部秘书分别代表各自政府在协议上签字。

美国对巴基斯坦的援助包括大规模的直接赠款，美国国际开发署在教育、医疗、改进政府管理和小型贷款方面提供的援助，制止童工方面的项目援助，农业赠款和信贷以及贸易和投资支持。在安全方面，美国帮助稳定巴基斯坦与阿富汗的边境，开展反毒品、反恐怖和执法行动，进行国际军事培训和提供军事贷款。此外，美国还与国际多边金融机构，包括国际货币基金组织、世界银行、亚洲开发银行等进行合作，以促进对巴基斯坦的援助及资金支持。为了补偿巴基斯坦对美国在阿富汗的反恐战争提供的支援，加上这次免除的10亿美元债务，美国对巴基斯坦的资金援助已接近30亿美元。巴基斯坦的外债也因这次免债立刻减少了10亿美元。

截至2003年8月1日，美国已向巴基斯坦支付2.56亿美元，作为对巴基斯坦向美军在阿富汗进行的反恐战争提供后勤支援的回报。

由于巴基斯坦积极支持美国的反恐战争，2004年3月，美国国务卿鲍威尔在访问巴基斯坦时代表布什总统感谢巴基斯坦政府在反恐战争中做出的努力。他向巴总统穆沙拉夫表示，美国将把巴基斯坦视为“非北约主要盟国”。鲍威尔还宣布，美国将在5年内向巴基斯坦提供30亿美元的援助，并将减免巴基斯坦15亿美元的债务。美国总统布什6月16日在白宫发表声明，宣称将巴基斯坦列为“非北约主要盟国”，并强调将加强美巴两国的军事合作关系。巴基斯坦也将得到美国的武器装备、防务合作项目和用于研制武器的贷款。

奥巴马执政时期，美巴调整了反恐政策，2008年巴基斯坦新总统扎尔达里正式宣誓就职，延续了穆沙拉法时代与美反恐合作的立场，但是也做了调整，表示政府将采取三项举措：“与愿意放弃武力、要求和平的人和睦相处；坚决打击拒绝放下武器、挑战和袭击安全部队的武装分子；努力促进当地经济的发展和人民生活水平的提高。”在与美合作反恐问题上，扎尔达里政府力求改变仅仅依靠武力打击的方式，通过政治对话和经济手段来缓解社会矛盾，力求铲除恐怖主义产生的根源。在反恐方面，两国的合作不断加深，2009年4月，五角大楼宣布将向巴基斯坦提供30亿美元的军事援助；2010年10月，美国国务卿希拉里宣布，美国计划从2012~2016年向巴基斯坦提供20亿美元的军事援助，供其购买军事装备。与此同时，也提供经济援助，2009 年 10 月，美国国会通过专门法案，计划在未来五年内向巴基斯坦提供 75 亿美元经济援助，2012 年，奥巴马政府又向巴基斯坦提供 30 亿美元援助。在情报合作方面，双方的合作也日益加深，2009 年巴基斯坦在瓦济里斯坦、斯瓦特、巴焦耳清剿行动的成功，均得益于两国在情报方面很好的合作。奥巴马上台后，美国无人机空袭次数大幅增加，这也是两国情报合作的成果。

另外，在合作不断加深的同时，两国的摩擦也日益增多，如美国的无人机问题。2004 年以来，美国发动了上百次无人机袭击，奥巴马上任后，更是增加了无人机袭击次数，使巴基斯坦的无辜百姓死伤无数，侵犯了巴基斯坦的主权。其他如雷蒙德·戴维斯事件、击毙本·拉登、哈卡尼网络事件等问题使双方关系受到严峻考验。

第三节 与俄罗斯的关系

一 与苏联的关系

1948 年，巴基斯坦同苏联建立外交关系。1956 年 6 月，两国签订贸易协定。20 世纪 50 年代，两国关系一般。60 年代以后，苏联在普什图尼斯坦问题及印度肢解巴基斯坦的事件中都采取支持、偏袒阿富汗和印度的立场，致使巴苏关系紧张。1960 年 3 月，赫鲁晓夫访问阿富汗时公开表示支持阿富汗在普什图尼斯坦问题上的立场，引起了巴基斯坦的强烈不满。

在印度和巴基斯坦关于克什米尔问题的争端中，苏联采取偏袒和支持印度的立场。1955 年 11 月赫鲁晓夫访问印度时，公开支持印度对克什米尔的要求。1965 年 9 月印巴发生战争后，美国停止对印度、巴基斯坦双方的军援，而苏联仍不断向印度提供大量的武器装备，遭到巴基斯坦政府的公开谴责。1966 年 1 月，苏联在印巴战争之后撮合印、巴在塔什干举行会谈，并促使双方签署了《塔什干宣言》。1971 年 11 月印度利用东巴基斯坦局势对巴基斯坦发起进攻并肢解巴基斯坦时，苏联也站在印度一边。

苏联入侵阿富汗，使巴基斯坦的安全受到威胁，同时阿富汗的300多万难民逃亡到巴基斯坦，给巴基斯坦带来沉重负担，巴苏关系恶化。1982年10月，巴苏两国外长在纽约会晤，双方同意通过联合国秘书长私人代表开始举行阿富汗和巴基斯坦之间的间接接触。1982年6月，在联合国秘书长私人代表的主持下，巴基斯坦和阿富汗外长在日内瓦开始就政治解决阿富汗问题进行首次间接会谈。苏联官方和舆论工具不断向巴基斯坦施加压力，攻击巴基斯坦在阿富汗问题上的原则立场，指责巴基斯坦对苏联的友好国家阿富汗采取“敌对行动”，这不能不影响到苏巴关系。此后，两国领导人虽多次交换意见，但两国关系并未取得实质性改善。

二　与俄罗斯的关系

冷战结束后，巴基斯坦与俄罗斯的关系仍较为冷淡。但到1997年，巴俄关系有了一定改善，两国官员互访频繁。俄罗斯外交官员沙瓦洛夫访问了巴基斯坦，随后巴外交官员伊夫卡·穆沙德于4月访问了莫斯科，接着俄罗斯副外长维克托·帕苏瓦柳克于6月初访问了伊斯兰堡。帕苏瓦柳克在访问期间同古哈尔等巴基斯坦外交部高级官员就阿富汗局势举行了会谈，双方一致呼吁阿富汗各派举行谈判，结束战争。

巴俄关系改善的主要原因是巴基斯坦谢里夫新政府的外交政策出现新变化。谢里夫政府认为，在冷战后新的国际格局中，俄罗斯仍是世界上一支重要的力量，它与印度有着传统关系，与中亚国家的关系也很密切，并在那里驻有军队。1997年4月15日，谢里夫在阐述巴基斯坦对外政策时说，“巴基斯坦对俄罗斯外交的基本目的是：努力改善同俄罗斯的关系，争取俄罗斯在南亚采取一种不偏不倚的政策”。1997年7月6日，巴基斯坦外长古哈尔·阿尤布·汗率团前往俄罗斯访问，这是很长时间以来巴基斯坦访问俄罗斯的第一个高级代表团。巴基斯坦希望通过这次访问，与俄罗斯在经济、技术、文化和其他领域建立有意义的合作，从而为两国建立持久的政治关系创造一个良好的政治基础。

古哈尔外长访问莫斯科的另一个重要目的是协调巴基斯坦同俄罗斯在

阿富汗问题上的立场，争取俄罗斯支持巴基斯坦提出的召开阿富汗问题地区会议的倡议。这也是巴基斯坦为推动阿富汗和谈而进行的穿梭外交的一部分。古哈尔外长已于1997年7月访问了塔吉克斯坦、哈萨克斯坦和乌兹别克斯坦3个中亚国家。

作为阿富汗邻国之一的俄罗斯，对带有伊斯兰极端主义色彩的阿富汗武装派别“塔利班”的崛起深为忧虑。同中亚各国一样，俄罗斯也担心本国的分离主义势力特别是车臣共和国会因为“塔利班”的上台大受鼓舞，从而对本国和本地区的和平与稳定构成威胁。而对于巴基斯坦与“塔利班”的密切关系，俄罗斯也持保留态度。1997年5月24日，巴基斯坦在“塔利班”攻占阿富汗北部最大城市后匆忙承认“塔利班”政权更是引起俄罗斯、伊朗和中亚各国的关注和不安。

为改变因承认“塔利班”造成的外交上的被动局面，巴基斯坦政府积极开展穿梭外交，在向各有关邻国解释承认“塔利班”政权的原因以争取理解和同情的同时，提出召开阿富汗问题地区国家会议，以促成阿富汗交战各派停火和谈，建立一个基础广泛的民主政府。巴基斯坦提出，这个会议由巴基斯坦、伊朗、俄罗斯、中国和中亚各国参加。

由于1990年美国国会通过《普莱斯勒修正案》，禁止美国向巴基斯坦出口武器，巴基斯坦政府希望从俄罗斯等其他国家购买武器。1996年，巴基斯坦从乌克兰购买了320辆主战坦克，从俄罗斯购买了12架米－17直升机。古哈尔希望与俄罗斯官员进行会谈，以获得更多俄制武器。巴基斯坦和俄罗斯已就巴从俄购买苏－27战斗机一事举行了低级别谈判。

通过古哈尔访俄，巴俄关系得到较大改善，两国关系的敌对阶段已成为过去。1997年7月8日，巴俄两国外长签署了三项文件，即一份领事公约（首先要求互免签证）和两个政府间合作协定——在科学、文化教育领域以及在打击毒品非法交易中进行合作。双方还就一些国际问题和地区问题进行了讨论。对俄罗斯来说，最重要的是解决阿富汗问题。双方就这一问题达成了某种谅解。一方面，俄罗斯认为“塔利班”是一个不容忽视的现实力量；另一方面，莫斯科认为“塔利班”会带来宗教极端主义扩散的危险，并逐渐认识到阿富汗现在还没有一个派别能够单独控制国家局势。俄罗斯认为，伊斯兰堡仍在支持“塔利班”，正越来越深地卷入阿富汗冲突。

巴基斯坦希望俄罗斯方面参与解决印度和巴基斯坦在克什米尔问题上的矛盾。巴基斯坦外长说，这是今天世界上唯一一个存在爆发大规模武装冲突危险的地方。其后果可能是灾难性的，因为无论是印度还是巴基斯坦，都拥有核技术和核导弹。

巴俄外长会谈后，一致同意建立直接的多渠道联系，以便今后及时解决两国间出现的各种问题。古哈尔·阿尤布·汗向普里马科夫转交了巴基斯坦总理致俄罗斯总统的信，信中邀请俄罗斯总统访问巴基斯坦。普里马科夫本人也受到了这样的邀请。俄罗斯方面也邀请巴基斯坦总理于1998年3月访问俄罗斯。许多迹象表明，冷战后巴俄关系进入一个新阶段，正如俄罗斯报纸所报道的，巴基斯坦逐渐成为俄罗斯的伙伴。

进入21世纪后，巴基斯坦与俄罗斯关系得到进一步发展。2002年，俄罗斯与巴基斯坦贸易额达到8300万美元，其中俄罗斯向巴基斯坦出口7100万美元。

2003年巴基斯坦总统穆沙拉夫访问俄罗斯。这期间，巴俄两国政府签署了3个备忘录，其中包括巴基斯坦最大国有企业巴基斯坦钢铁公司的扩建和技术改造项目备忘录；从俄罗斯进口1500台农用推土机及两个能源项目的备忘录。作为巴基斯坦总统穆沙拉夫访俄成果的后续行动，巴基斯坦与俄罗斯最大的石油公司在石油天然气领域签署了一项合作备忘录。根据这项备忘录，俄罗斯石油公司对巴基斯坦海上和陆上石油天然气进行勘探，并与巴基斯坦有关方面合作，提供地质勘测、钻井和海上补给服务，评估巴基斯坦现有油田扩大石油、天然气产量的可能性，并为巴基斯坦几家大的石油公司培训技术和管理人员。

2003年2月10日，巴基斯坦财政部部长肖克特·阿齐兹和商业部部长胡马云·阿克塔尔就穆沙拉夫总统访问俄罗斯的成果举行联合记者招待会，主要内容有：巴向俄提供阿拉伯海出海口，允许俄使用瓜达尔港沟通其与中东和南亚国家的贸易；加强巴俄双边经贸关系，扩大双边贸易；恢复2000年成立的巴俄经济联合委员会，计划于6月30日前在伊斯兰堡举行首次会议；俄同意对巴 1.25 亿美元债务进行重组，正在准备协议文本；双方就石油管线（伊朗—巴基斯坦—印度、中亚—阿富汗—巴基斯坦—印度）、石油勘探和车辆油改气等项目进行广泛探讨；巴希望 1 号通信卫星完成使命后俄转让其通信卫星技术；巴希望在莫斯科成立国民银行分行；双方就信贷和贸易、补偿货运业务、巴方 1.12 亿美元贸易索赔、债务等问题进行磋商。

2007 年 4 月 12 日，俄罗斯总理米哈伊尔·弗拉德科夫开始对巴进行为期 3 天的访问，与巴总统、总理就双边关系特别是加强两国经济合作的方式进行了深入探讨。2011 年 5 月 11 日至 14 日，巴基斯坦总统扎尔达里访问俄罗斯，两国同意在多个领域加强双边关系，进一步增强经济和政治合作。除了政府高层互访之外，两国领导人在多边场合会晤次数明显增多，在打击恐怖主义、毒品走私领域加深合作。在经贸合作领域，2010 年 8 月 18 日，巴基斯坦总统扎尔达里在俄罗斯索契与俄总统梅德韦杰夫举行双边会谈时就举行政府间贸易、经济和科技合作委员会会议达成一致。

2014 年 11 月，俄罗斯国防部长绍伊古访问巴基斯坦并签署加强国防和军事合作协议，这成为两国关系升温的标志之一。俄罗斯与巴基斯坦各自的外交政策调整以及对地区事务的共同关注使两国找到了利益的交汇点。

第四节 与中国的关系

一 与中国的政治关系

巴基斯坦与中国是山水相连的邻邦。两国人民的友谊具有深厚的历史基础。1951 年 5 月 21 日中巴正式建交后，两国交往密切，友好合作，经受了国际和国内风云变幻的考验，中巴关系堪称不同社会制度国家间关系的典范。在国际事务中，双方互相支持，积极配合，成为亚洲地区和平与稳定的重要因素。

中巴友谊源远流长。世界著名的丝绸之路支线经过巴基斯坦北部。近代中巴两国都曾遭受帝国主义、殖民主义的侵略和压迫。中国人民一直关注巴基斯坦人民的反英斗争，对被巴基斯坦称为国父的真纳给予很高评价。早在20世纪30年代，巴基斯坦伟大诗人兼思想家伊克巴尔就写道，"沉睡的中国人民正在觉醒，喜马拉雅山的喷泉已开始沸腾"，充分表达了巴基斯坦人民支持中国人民反帝斗争的无限深情。共同的历史遭遇使中巴人民产生了互相同情、互相支持的认同心理，这是中巴友谊的历史基础。

反对霸权主义和强权政治，维护国家主权与民族利益，维护世界和平与地区稳定，是中巴两国对外关系的共同目标。在国际事务中，中国主张加强第三世界国家的团结，进行反帝、反殖和反霸斗争；巴基斯坦作为不结盟运动的成员，坚持独立自主和主持正义。双方在裁军、非殖民化和消除种族隔离等问题上持相同的立场。20世纪80年代以来，中巴都一致反对苏联侵略阿富汗。中国支持巴基斯坦通过和平方式解决克什米尔问题，赞同巴基斯坦政府提出的建立南亚无核区的建议。巴基斯坦也欢迎中印签订的《关于在中印边境实际控制线地区保持和平与安宁的协定》。

中巴关系遵循和平共处五项基本原则，特别是两国坚持互不干涉内政、平等互利的原则，使彼此之间能够做到互相理解、互相尊重和互相支持，从而使中巴友谊之树常青。1950年1月4日，巴基斯坦宣布承认中华人民共和国，是除社会主义国家外第三个承认中国的国家。1951年5月21日巴基斯坦与中国正式建立外交关系，巴基斯坦成为世界上同中国建交的第6个非社会主义国家。巴基斯坦坚决支持恢复中华人民共和国在联合国的合法席位和驱逐台湾蒋介石的代表，只承认一个中国，反对"两个中国"或"一中一台"，明确承认台湾是中华人民共和国的一部分。20世纪50年代中期，巴基斯坦因自身安全需要，加入了西方军事集团，但并未反华。中国也理解巴基斯坦的处境，坚持平等相待，使两国友好相处。周恩来总理向巴基斯坦领导人明确表示，中国理解巴基斯坦加入军事条约组织。1956年12月，中国总理周恩来回访巴基斯坦，受到巴基斯坦政府和人民极为隆重热情的欢迎。两国总理互访进一步加深了双方的理解和信任。

20世纪60年代，巴中关系进一步向前发展。1963年3月，巴基斯坦外长佐勒菲卡尔·阿里·布托访问北京，中巴签订了《中华人民共和国政府和巴基斯坦政府关于中国新疆和由巴基斯坦实际控制其防务的各地区接壤的边界的协定》（简称《中巴边界协定》）。《中巴边界协定》的签订不仅解决了两国历史上遗留下来的边界问题，是中巴关系的重大发展，而且向世界表明，无论多么复杂的国际问题，只要争执双方有解决的诚意，都是可以本着互谅互让、平等互利的原则和平解决的。

对巴基斯坦频繁的政权更迭，中国始终恪守互不干涉内政的原则，一如既往地保持双方合作。巴基斯坦前总统齐亚·哈克将军曾说："在巴基斯坦的每一个危急时期，中国都是站在巴基斯坦一边的。中国在政治、经济和军事上都一直给予巴基斯坦援助。"

在1965年印巴战争中巴基斯坦处于极为不利的条件下，中国政府一方面公开谴责美国和苏联在印巴战争中偏袒印度，另一方面明确坚定地支持巴基斯坦反对印度侵略，以维护南亚地区和平。中国政府发表声明严厉谴责印度的侵略行径，坚决支持巴基斯坦反对侵略的正义斗争，并严正指出，印度政府对它任何一个邻国的侵略都会引起所有邻国的关注，它应承担侵略行径的后果。1965年9月16日和19日，中国政府先后两次向印度政府发出最后通牒。在第三次印巴战争中，中国政府也明确而坚定地支持巴基斯坦。1971年4月，周恩来总理致信叶海亚·汗总统，表示中国政府和中国人民将始终支持巴基斯坦政府和人民保卫国家主权和独立的正义斗争。11月，佐·阿·布托访华，中国外长再次重申中国政府支持巴基斯坦的立场。12月16日，中国政府抗议印度侵犯中国、锡金边界。此外，中国还利用联合国讲坛支持巴基斯坦反对苏联支持印度肢解巴基斯坦。

苏联入侵阿富汗，严重威胁到巴基斯坦的国家安全。中国政府坚决支持巴基斯坦政府要求苏联从阿富汗撤军，让在巴基斯坦的阿富汗难民返回家园的政策，赞赏齐亚·哈克政府和巴基斯坦人民为阿富汗大批难民提供人道主义援助做出的自我牺牲，并表示如果巴基斯坦受到外国侵略，中国人民和政府将支持巴基斯坦。

同样，在中国人民处于困难时期，巴基斯坦撇开社会制度和意识形态不同的考虑，对中国也尽力相助。1965～1971年，巴基斯坦在联合国大会上主张恢复中国在联合国的合法席位。在中美恢复外交关系过程中，巴基斯坦起了重要的牵线搭桥、传递信息的作用。1971年7月9日，巴基斯坦总统叶海亚·汗为美国总统国家安全事务助理基辛格秘密访华做了周密的安排。1993年，在联合国人权委员会会议上，巴基斯坦和许多发展中国家一道，坚决反对一些西方国家利用人权干涉中国内政的提案。

自中巴两国建交以来，两国高层领导人始终保持接触。中华人民共和国4任国家主席先后访巴，周恩来总理生前5次访巴，以后的两任中国总理3次访问巴基斯坦。巴基斯坦先后有5任总统7次访华，有4任总理8次访华。1996年12月1日，中国国家主席江泽民访问巴基斯坦，进一步促进了中巴在各个领域的合作。江泽民主席与莱加里总统就双边事务和国际问题举行正式会谈。在会谈中，江泽民强调了中巴之间的友好关系，并表示两国之间不存在任何问题和对立；莱加里总统也表示，同中国加强关系是巴基斯坦对外政策的基础。双方确认，面向21世纪，中巴两国要构筑全面合作关系。两国签署了有关贸易、经济合作和在中国恢复对香港使行主权之后巴基斯坦继续保留驻港总领事馆以及在上海开设一个总领事馆等协定。

此外，两国部长一级官员的互访更加频繁。两国的立法机构也经常进行互访。巴基斯坦国民议会议长、参议院主席都曾来华访问。中国全国人大常委会委员长、副委员长也多次访问巴基斯坦。1990年，中国全国人大与巴基斯坦国民议会两国成立“友好小组”。中国全国政协主席和副主席以及最高人民法院副院长都曾率团访巴，巴基斯坦首席法官和司法部部长均曾来华访问。

除了官方往来外，中巴两国政党也建立了联系。中国共产党代表团曾访问巴基斯坦，巴基斯坦人民党和伊斯兰联盟也曾分别派团访华。两国友好协会、工会、妇女和青年组织也先后互访。

穆沙拉夫上台执政后，继续发展巴中友谊。在任巴基斯坦军法管制首席执行官后两个多月，他便于2000年1月应邀访问中国。

2001年5月11～14日，在中巴建交50周年之际，中国国务院总理朱镕基访问巴基斯坦，双方签订了包括经济技术，旅游，山达克铜金矿工程承租，向巴基斯坦提供火车机车、客车车厢，建设石油输油管道以及中国中兴电信公司与巴基斯坦电信公司合作在内的6个经济合作协定和1个备忘录。

同年12月，穆沙拉夫总统为庆祝中巴建交50周年，第二次访问中国。这是在“9·11”事件以后进行的访问，具有特别重要的意义，对进一步巩固、发展和推进中巴友谊做出了新的贡献。

2003年11月，穆沙拉夫总统再次访华，与中国国家主席胡锦涛签署了《中华人民共和国和巴基斯坦伊斯兰共和国关于双边合作发展方向的联合宣言》，并出席了《中华人民共和国和巴基斯坦伊斯兰共和国引渡条约》等双边合作文件的签字仪式。

2005年4月，温家宝总理访问巴基斯坦，双方签署《中巴睦邻友好合作条约》，宣布发展更加密切的战略合作伙伴关系；同月，胡锦涛主席在雅加达出席亚非峰会期间会见巴基斯坦总统穆沙拉夫；同年7月，胡锦涛主席在阿斯塔纳出席上海合作组织领导人峰会期间会见巴基斯坦总理阿齐兹；9月，胡锦涛主席出席联合国成立60周年峰会期间再次会见巴基斯坦总统穆沙拉夫。10月8日，巴基斯坦北部地区发生强烈地震，中国政府派出救援队和医疗队，提供2050万美元物资，并宣布提供3亿美元优惠出口买方信贷用于灾区重建。2008年汶川大地震时，巴基斯坦总统穆沙拉夫亲临中国驻巴基斯坦大使馆，向中国人民表示亲切慰问。

二 与中国的经贸和科技合作关系

中巴贸易始于20世纪50年代，巴基斯坦对中国的出口货物主要是原棉、粗纺线、棉纱、纺织品、烟草、铁等，这些产品占1987/1988年度巴基斯坦对中国出口的90%以上；巴基斯坦从中国进口的货物主要是机械、化工、轻工等产品。

易货贸易在中巴贸易中占有重要地位。中巴边境贸易始于1969年，此后，双方每年都签订边境贸易协定。1978年喀喇昆仑公路通车后，中国新疆同巴基斯坦北部地区的边境贸易更是大幅度增加。1987年前，中巴经济合作以中国援助为主。中国在巴基斯坦援建的项目有重型机械厂、电器厂、重型锻铸厂、糖厂、纺织厂和矿山等。1987 年后，中巴以工程承包和合资经营等多种形式进行经济合作。1990 年，巴基斯坦为中国建造货轮。1992 年底，中巴又签订了核电站合作合同，中国向巴基斯坦出口 30 万千瓦核电站设备，这是中巴经济技术合作的新内容。

中巴重视交通航运业的合作。在航空方面，1963 年 8 月 26 日，中巴签订航空协定。这大大有利于中巴的交往，增加了巴基斯坦航空的营业范围和收入，而且使中国有可能经巴基斯坦开建同中东、非洲和欧洲的航线。1970 年，中国从巴基斯坦国际航空公司购买了 4 架三叉戟飞机及配件，中国向巴基斯坦改建和扩大卡拉奇机场提供设备。在海运方面，1965 年 4 月，中巴签订海运协议，允许双方轮船在对方的任何港口停泊。在陆路交通方面，1978 年，巴基斯坦经过 10 年的努力，建成连接巴基斯坦北部吉尔吉特和中国新疆的喀喇昆仑公路，公路全长 774 公里，其中经过海拔 4898.7 米的高山，宽阔的柏油公路可全天候使用。

据中国海关统计，2000 年，中巴贸易额为 11.62 亿美元，比 1999 年增长 19.8%，其中中国出口 6.7 亿美元，进口 4.92 亿美元。

中巴两国在经济领域进行广泛合作，中国公司在巴基斯坦进行广泛合作。2001 年初，中国海尔集团与巴基斯坦的 RGROUP 公司签约，在巴基斯坦第一大工业城市拉合尔投资兴建巴基斯坦海尔工业区；2001 年 4 月 10 日举行了奠基仪式。该项目是继美国海尔工业园之后，海尔投资的第二个海外项目，主要生产冰箱、空调、洗衣机三大系列产品，年生产能力各 10 万台。巴基斯坦海尔工业区项目自建设以来，在中巴两国政府的大力支持下进展顺利，冰箱、空调、洗衣机三个工厂相继于 2002 年五六月开工投产，实现了当年设计、当年施工、当年投入运营。中兴通讯巴基斯坦公司在巴基斯坦拥有 31.6 万门电话线路交换机业务。整个业务包括内外线业务和全部安装、调试。此外，该公司已于 1998 年 10 月 18 日进入履行技术转让合同的阶段，这个合同将分步骤在 5 年内完成。2000 年 4 月 7 日，中兴通讯巴基斯坦公司举行落成仪式，巴基斯坦总统穆沙拉夫出席。这个新落成的制造工厂包括一个软件研发中心。工厂落成后，已在巴基斯坦和阿富汗等国成功地承揽了若干项目，其中10.7万门的模拟数字交换机换代工程就是一例。这是继31.6万门交换机全包业务之后，中举通讯巴基斯坦公司在巴基斯坦76个城镇中铺设电话线的又一次成功尝试。中兴通讯巴基斯坦公司还得到巴基斯坦电信有限公司授权，在巴基斯坦不同地区的310个城市加装了25.4万条电话线。2002年10月，两国纺织行业达成合作协定，中国东风汽车制造总公司与巴基斯坦就合作建立工厂达成协定。11月，中国国际水利电力公司获得巴基斯坦一水电站建设项目，涉及资金22.64亿卢比。2003年3月巴基斯坦总理访华期间，两国又达成多项经济合作协议。

2003年8月7日，巴基斯坦的山达克铜金矿在停产近7年后在中冶集团的帮助下恢复生产。山达克铜金矿靠近巴基斯坦与伊朗边界，位于巴基斯坦俾路支省省府奎达以西65公里处。这是巴中双方本着优势互补的原则，由中冶集团扶持巴基斯坦开采的第一个有色金属矿项目。中冶集团于1990年开始项目施工，1995年完工。此后，由于巴方在生产经费方面出现困难，矿井被迫停产。此后20年里，山达克铜金矿的年产量预计为粗铜1.581亿吨、金1.47吨、白银2.76吨。

两国经贸关系进一步加强。中巴经济有一定的互补性，经贸合作大有潜力。在双方贸易中，中方一直处于贸易顺差地位。中国有关部门正采取积极措施，增加从巴基斯坦进口商品。中巴双方将进一步改善边境贸易条件，促进边贸进一步发展；中巴在工程承包和合资办企业方面仍有很大发展余地，双方将尽力改善投资环境。

2006年，两国签署自由贸易区协定，并于2007年7月正式实施；2009年2月，两国签署《中国－巴基斯坦自贸区服务贸易协定》，中国成为巴基斯坦第二大贸易合作伙伴。2006年胡锦涛主席访问巴基斯坦时，两国签署了2007～2009年文化交流执行计划。在科技方面的合作从较为分散的单项交流发展为科技联委会等初具规模的政府间科技合作。

虽然中国与巴基斯坦之间建立起了良好的外贸合作关系，两国之间的贸易总额较高，且发展趋势向好，但是在中巴双方的贸易往来中，还是存在相应的问题，对两国贸易发展产生不良影响。

（1）贸易与政治往来不协调。我国与巴基斯坦之间的外交关系是全天候战略伙伴关系，两国之间的政治关系十分紧密。但是，在两国政治交往火热的同时，贸易经济往来却出现相对冷谈的现象。中国与巴基斯坦之间的贸易发展并没有受两国紧密的政治关系的推动，而是与政治关系出现了相应的滞后与脱节。在2001～2013年，中国与巴基斯坦之间的贸易总额仅为中国与世界各国贸易总额的0.3%左右。但是，仅2013年一年，中国与印度之间的贸易总额就达到650亿美元。由此不难看出，中巴双方政治关系虽然比较紧密，但是两国的贸易往来并没有跟上政治发展的步伐。

（2）贸易结构不平衡。目前，根据经济新闻的内容显示，国际贸易标准（SITC）一共分为10类。其中，0类为食品、1类为饮料、2类为原材料、3类为润滑油等、4类为动物油与植物油等、5类为化学产品、6类为原材料制成产品、7类为机械设备、8类为制成品、9类为未分类产品。在中国与巴基斯坦之间的贸易结构中，中国对巴基斯坦出口的产品一般为5类、6类、7类、8类产品，并且机电产品所占比重达到50%。但是，巴基斯坦对中国出口的产品主要是棉线、棉纱、皮革等，其中棉线所占比重至少达到50%。由此可以看出，双方出口的产品类别并不对等，贸易结构存在严重的不平衡性。

（3）贸易规模不平衡。中国与巴基斯坦之间的贸易发展存在规模不平衡问题。目前，中国已经成为巴基斯坦主要的进出口市场，但是巴基斯坦还不是中国主要的进出口市场。与此同时，需要注意的是，中巴双方在贸易规模方面，中方长期存在贸易顺差，而巴方则存在贸易逆差。巴基斯坦对中国的出口占其总出口的10.6%左右，而中国对巴基斯坦的出口仅占其总出口的0.45%。由此，中巴双方的贸易规模存在严重的不平衡，无法满足双方的贸易往来。

三 “中巴经济走廊”建设

中国国家主席习近平分别在2013年9月和10月提出建设“新丝绸之

路经济带”和“21 世纪海上丝绸之路”（简称“一带一路”）的倡议，以政策沟通、设施联通、贸易畅通、资金融通、民心相通为主要内容，旨在推动包括亚非大陆在内的世界各国建立一个政治互信、经济融合、文化包容的利益共同体、命运共同体和责任共同体。

2013 年 5 月，为了加强中巴之间在交通、能源等领域的合作，李克强总理在访问巴基斯坦时提出了建设“中巴经济走廊”，这一提议也成为“一带一路”倡议的重要补充内容。从“一带一路”几条线路的规划来看，巴基斯坦恰好位于“新丝绸之路经济带”和“21 世纪海上丝绸之路”的交会处，是建立“中巴经济走廊”的对象国家，也是这一战略规划中最重要的国家。巴基斯坦总理谢里夫对推动“中巴经济走廊”建设十分积极。2013 年 7 月，谢里夫回访中国，表示巴基斯坦将把“中巴经济走廊”置于最优先位置。双方一致同意以“中巴经济走廊”构建四位一体（即公路、铁路、油气管道和光缆）的远景规划为核心，在重要项目上建立健全合作机制，加大对巴基斯坦电力基础设施的援建力度，支持“中巴经济走廊”建设。2015 年 4 月 8 日，“中巴经济走廊委员会”在伊斯兰堡正式成立。2015 年 4 月 20 日习近平主席访问巴基斯坦期间，中巴双方一致同意建立全天候战略合作伙伴关系。以“中巴经济走廊”为引领，以瓜达尔港、能源、交通基础设施和产业合作为重点，形成“1 + 4”经济合作布局。双方欢迎“中巴经济走廊联委会”第四次会议成功举行，同意尽快完成《中巴经济走廊远景规划》。2015 年 8 月 11 ~ 12 日，“中巴经济走廊”论坛在新疆克拉玛依举行。双方围绕“共商中巴合作、共建繁荣走廊、共享和谐发展”的主题，就“城市合作”“产业对接”“信息走廊”“人文社会”等议题展开讨论。论坛签署了 20 项合作备忘录，总价值约 103.5 亿元人民币。

在“中巴经济走廊”建设中，巴基斯坦的地位十分重要，是“一带一路”的重要枢纽，这对巴基斯坦十分有利，可以缓解地缘上与印度的矛盾、减少恐怖主义的滋生、提高地区安全性、解决巴基斯坦能源危机、疏通巴基斯坦与中国的道路交通、促进巴基斯坦经济的发展。

第五节 与印度的关系

一 克什米尔争端

巴印关系是巴基斯坦对外关系中的最重要部分，其中尤以克什米尔问题最为关键。巴基斯坦独立后的50多年中，巴对外关系主要是围绕消除印度对巴国家安全构成的威胁和解决克什米尔问题而展开的。

克什米尔曾先后由印度教徒、伊斯兰、锡克教徒统治，因此宗教、民族关系错综复杂。19世纪中叶，印度教徒古拉布·辛格酋长与英国签订协定，成立了查谟和克什米尔土邦。其在行政上与英印殖民政府有着直接的联系，英印政府派出常驻代表。土邦在行政上划分为三省，即克什米尔省、查谟省和边境省。克什米尔和查谟两省均设总督，向土邦政府负责。在边境省的吉尔吉特和拉达克，英印殖民政府派有地方官。另外，英国还在吉尔吉特驻有军队。

克什米尔问题发端于1947年的印巴分治。根据印巴分治方案，印度教徒居多数的地区划归印度，伊斯兰占多数的地区划归巴基斯坦。克什米尔土邦内伊斯兰占77%，印度教徒占20%，根据分治方案，克什米尔应划归巴基斯坦。但是蒙巴顿认为克什米尔与其他土邦不一样，应该脱离印、巴独立。英国希望借此在印度次大陆保留一个基地，以便对印、巴两个自治领施加影响。

克什米尔土邦王公哈里·辛格希望独立，但并未立即表态，希望从长计议，暂时保持自治状态。巴基斯坦对土邦王公的要求表示支持。但印度政府以及王公家族反对，并迫使土邦王公与印度政府合作。这就直接损害了英国的战略利益，并且遭到巴基斯坦政府的反对。1947年9月，英国驻巴基斯坦开伯尔-普赫图赫瓦省省督乔治·坎宁安（George Cunningham）组织由巴德苏人、阿弗里迪人、辛华里人和瓦吉尔人等部族参加的入侵部队，展开争取克什米尔地区伊斯兰化的广泛宣传。1947年9月3日，部族武装与土邦军队发生冲突，并打退土邦军队，向省城斯利那加（Srinagar）进逼。

1947 年 10 月 24 日，部族武装和当地伊斯兰在克什米尔西部和北部地区成立自由克什米尔政府，并宣布加入巴基斯坦。10 月 26 日，王公宣布加入印度，并请求印度出兵支援。印度政府派出大量军队支持土邦，并收复了许多土邦失地，此时，巴基斯坦也派兵支援部族武装和当地伊斯兰。印巴之间爆发了第一次战争。

1948 年 1 月 20 日，联合国安理会成立印巴委员会。委员会通过了停火、非军事化和公民投票分阶段地解决克什米尔问题的决议案。印巴双方接受并于 1949 年 1 月 1 日实现停火。同年 7 月，印巴双方在卡拉奇签订协定，划定停火线。印度控制了当时克什米尔 3/5 的土地和 3/4 的人口，巴基斯坦控制了 2/5 的土地和 1/4 的人口。

克什米尔位于亚洲腹地，战略地位极为重要。克什米尔北部和东北部与中国相邻，南与印度相接，西与巴基斯坦接壤，西北部与阿富汗相连，此外，克什米尔与中亚各国相距很近。巴基斯坦也认为，把克什米尔归入其领土是天经地义、理所当然的事，特别是失去东巴后，更难以与印度抗衡，对巴基斯坦来说，克什米尔是生死攸关的地区，为克什米尔控制权斗争就是为自己国家生存斗争，因此渴望克什米尔加入巴基斯坦。但是，印度认为克什米尔是印度联邦不可分割的一部分，控制克什米尔将使自己如虎添翼，大大增强自己在南亚的力量和地位，如果失去克什米尔，将会直接削弱自己的大国地位，增强巴基斯坦的实力，而且宗教、民族问题会严重威胁印度其他地区的安全，伊斯兰占优势的克什米尔同印度的联盟象征着多民族和多宗教国家的团结。巴、印两国都对克什米尔存在领土要求，而且针锋相对，寸土必争。印、巴都把对方视为头号敌人，甚至诉诸武力，两国积怨愈来愈深。

印巴双方虽多次表示了通过谈判解决争端的意愿，但印度的条件是：巴基斯坦必须首先从克什米尔地区撤军，并以《西姆拉协议》为谈判基础。巴方的条件是：印度需要首先撤走其 60 万军队，并以联合国决议为基础进行谈判。在克什米尔问题上，两国因立场相差太大，未能举行实质性谈判。不仅如此，两国还进行广泛宣传，互相攻击对方。印度指责巴基斯坦支持克什米尔地区的伊斯兰游击队搞恐怖活动；而巴基斯坦则强调印度在印控克什米尔地区对人民进行残酷镇压，犯有抢劫、强奸等违反人权的暴行。

国际上的调解因印度的反对难以进行。绝大多数伊斯兰国家都坚决地站在巴基斯坦一边，西方国家基本保持中立，希望印巴两国通过谈判解决争端，但都认为克什米尔是有争议的地区。值得注意的是“克什米尔解放阵线”提出“克什米尔独立”的口号，因克什米尔一旦独立，必然会与周边国家发生领土纠纷等一系列问题。但是，对于克什米尔独立，目前除美国保持默许外，国际社会均未表示支持，巴印双方都坚决反对克什米尔独立，克什米尔独立势力近期不会有多大的发展。

经过多年治理，印控克什米尔的安全形势大为好转。印度内政部2014年年度报告显示，近十年来印控克什米尔地区的恐怖袭击事件无论数量还是死亡人数均明显下降。以2005年和2014年为例，暴力冲突事件从1990次降至222次，印度武装部队伤亡人数从189人降为47人，平民伤亡人数从557人降为28人，武装分子死亡人数从917人降为110人，企图偷越边界的行为也从277次降为22次。然而，印度内政部数据只是说明克什米尔地区武装组织发动的恐怖袭击活动逐渐减少，并不意味着当地局势由此稳定，印控克什米尔地区的群众抗议活动依然比较频繁，在2010年一次大规模群众抗议中出现的警民冲突导致100多人死亡。对于印控克什米尔局势，印度的主流看法是极力指责来自巴方的“越界恐怖活动”，认为巴基斯坦以前是企图通过战争侵占克什米尔，在战争方式无效后利用武装分子进行渗透和破坏。2014年，印度总理莫迪前往印控克什米尔地区视察军队时指出，巴基斯坦没有能力进行常规战争，因而诉诸恐怖主义，在克什米尔地区开展“代理人战争”。至于巴基斯坦在印控克什米尔地区制造混乱的目的，有的认为是以印度来维护其国家团结，有的认为巴基斯坦企图换取印度在其他问题上的让步。但是，也有印度学者认为，1972年的《西姆拉协定》已经清除了克什米尔内部政治中的巴基斯坦因素。巴基斯坦则否认印度的指控，指责印度实行国家恐怖主义，利用“9·11”事件将克什米尔自由斗争抹黑为恐怖主义，以转移对印度安全部队在印控克什米尔大规模侵犯人权的注意力。印控克什米尔地区民众对此的看法差异较大，众说纷纭，这与当地的政治宗教分裂形势有关。在以印度教徒为主的查谟地区和以佛教徒为主的拉达克地区，民众对印度政府的认同感和支持度比较高，但在以伊斯兰为主的克什米尔河谷地区，则主要倾向于自治乃至独立。一项克什米尔地区的公共舆论调查显示，对于克什米尔地区的未来，有43%的印控克什米尔受访者支持独立，有28%希望加入印度，有2%主张加入巴基斯坦。而在以伊斯兰为主的克什米尔河谷地区，支持独立的高达82%，只有8%的受访者希望加入印度，希望加人巴基斯坦的也不多，只有6%。对于印控克什米尔局势，当地学者认为，当前形势最好称为从武力冲突转向不稳定和平，[①] 当地还有力量坚持武装斗争，但不少人从武装起义走向和平和非暴力抗议。对于巴基斯坦在克什米尔动乱中的作用，克什米尔精英的看法是，印度不能解决克什米尔问题导致其经常指责巴基斯坦军队违背停火协议和企图掩护越境武装力量，克什米尔问题基本上不是一个军事问题，实际上军事问题是克什米尔问题的结果。

综上所述，对于印控克什米尔局势及其未来，印度、巴基斯坦以及克什米尔三方的看法相去甚远。但显而易见的是，印度在克什米尔的统治合法性仍然受到严重挑战。

二 三次印巴战争

1947年10~12月，印巴因克什米尔问题爆发第一次印巴战争。1948年，双方仍在断断续续交火。1949年1月，双方实现停火，划定临时停火线，并达成同意通过公民投票决定克什米尔归属的“卡拉奇协议”。但是，印度政府以巴基斯坦参加国际军事集团为借口，拒不执行“卡拉奇协议”，坚持克什米尔是印度联邦不可分割的一部分，导致第二次印巴战争爆发。

印军在镇压和追剿伊斯兰起义武装时，于1965年8月24日越过停火线，向巴控克什米尔的乌里地区发动进攻。巴军在抵抗印军的同时，又向乌里以南的印占查谟地区发动进攻，直逼查谟城下。印军为解查谟危机，便把战火引向争议地区以外，冲突由此发展为两国之间的全面战争。9月6日，印军对巴基斯坦的拉合尔和锡亚尔科特两个方向同时发动进攻。9月7

① 邓红英：《论印度在印控克什米尔的治理政策及其问题》，《南亚研究》2015年第3期。

日，巴海军炮击了印度南部的两个港口。8 日，印军向巴南部的加德拉发动进攻。双方空军袭击了对方的重要城镇和军事基地，印军还空袭了巴基斯坦首都拉瓦尔品第，并在拉瓦尔品第、卡拉奇和吉大港等地实施空降。战争持续了近 1 个月，在联合国的压力下，9 月 23 日，印巴实现停火。

在苏联的斡旋下，印度总理夏斯特里和巴基斯坦总统阿尤布·汗于 1966 年 1 月 4 ~ 10 日在苏联塔什干举行会谈，并签署了《塔什干宣言》。双方同意在半年之内将各自的军队撤回到战前位置，在互不干涉内政的原则基础上，通过和平方式解决争端，恢复经济贸易、通信和文化交流。《塔什干宣言》为印巴关系制定了相互尊重和和平解决争端的准则，本应成为改善双方关系的一个转折点，但是，结果却并不是这样。

在 1971 年东巴危机中，印度支持东巴的独立运动，允许并支持东巴流亡人士在印度建立“孟加拉国临时政府”。1971 年 11 月 21 日，在苏联的支持下，印军向东巴政府军发动进攻，公开以武力支持巴基斯坦分裂主义分子。12 月 3 日，巴军为了牵制印军，配合东线作战，主动在克什米尔地区向印军发动攻击。印度又开辟西线战场，12 月 6 日，巴基斯坦宣布与印度断绝外交关系，12 月 7 日，联合国通过决议，要求印、巴立即停火，但印军拒绝，继续进攻，直到 12 月 16 日攻陷东巴的达卡方停止。

第三次印巴战争结束后，印度总理英迪拉·甘地和巴基斯坦总理布托于 1972 年 6 月 28 日至 7 月 2 日在印度的西姆拉举行会谈并签订了《西姆拉协定》，双方同意采取措施恢复两国关系，并同意在 30 天内撤军，但在克什米尔地区，双方仍保持实际控制线。此后，印、巴军队在克什米尔地区经常发生冲突。

三次印巴战争有两次都主要是由克什米尔问题引起的，第三次印巴战争的战火也烧到了克什米尔。克什米尔问题是阻碍印巴关系发展的最重要因素。

三　改善巴印关系道路崎岖不平

20 世纪 70 年代末以来，巴印虽然只在克什米尔地区发生冲突，但巴基斯坦仍将印度作为头号敌人，并与印度展开军备竞赛。但总的看来，较之 20 世纪五六十年代，两国的关系开始缓和，双边关系有了一定发展。70 年代末到 1997 年的 20 多年中，巴印关系仍时断时续，时起时伏，很不稳定。

20 世纪 70 年代末，苏联入侵阿富汗，巴安全环境更加不利，印度表示愿同巴建立良好关系，不想利用当时的形势削弱巴基斯坦。巴基斯坦政府也表示要进一步改善双边关系。1982 年年初，巴印双方外长举行会谈，决定成立联合委员会，定期讨论双边问题。双方就互不侵犯条约进行会谈。11 月，齐亚·哈克总统在新德里与英迪拉·甘地进行会谈。1983 年 6 月，巴印双方就“非战条约”和“和平友好条约”举行会谈。在这次会谈中，双方就削减邮费、改善电信、简化旅行手续等方面达成了协议。此后，因各种原因，双方关系仍时好时坏。

1984 年拉吉夫·甘地执政后，巴印双方关系有所缓和。巴基斯坦宣布为遇刺身亡的英迪拉·甘地举行三天全国志哀活动。1985 年，巴印双方国家首脑都表示要加强相互谅解、信任、信赖和真诚的关系。同年，齐亚·哈克总统和拉吉夫·甘地总理在莫斯科和联合国两次举行会谈，双方都表示要朝两国关系正常化的方向努力。

1988 年年初巴印两国的敌对关系再次出现明显的缓和迹象。1989 年 7 月 17 日，拉吉夫·甘地对巴基斯坦进行了正式访问，这是继尼赫鲁之后 30 年来印度总理首次访问巴基斯坦，成为印巴关系史上的一个重大事件。印巴关系的缓和，对减轻两国长期以来在政治、经济和军事上的压力具有积极意义，一些评论家认为印巴关系已进入信任和友谊的新时期。

冷战结束后，南亚地区战略格局发生重大变化，美巴与苏印抗衡的基本格局瓦解，印度在南亚的地位日益加强，战略优势更显突出，巴基斯坦的安全环境更加不利。印巴两国由于都失去了原有的战略伙伴，随着国际经济一体化趋势进一步加强，加之都面临发展国内经济的压力，因此都有缓和关系的愿望，都希望进一步通过和谈而不是军事手段解决两国间长期存在的各种争端。巴基斯坦政府认识到，在与印度进行的任何大的战争中，巴基斯坦都难以取得重大胜利，因此更重视缓和与印度的关系，尽力避免与印度发生大的武装冲突。

1992 年 8 月，印巴恢复了 1989 年以来一直陷入僵局的双边会谈，旨在结束发生在锡亚琴冰川的武装冲突，而且双方同意放弃化学武器试验。双方还同意在1972年《西姆拉协定》框架内讨论克什米尔争端。

1995年5月2日，莱加里总统和拉奥总理在新德里召开的南亚区域合作联盟首脑会议期间举行会谈。双方都表示要通过和平手段解决克什米尔问题，并准备恢复谈判。1996年6月，巴基斯坦同意给予印度最惠贸易国地位，从而为两个政治对手间进行直接贸易和商业合作铺平了道路。双方同意将在运输设备、铁矿石、茶叶、废铁、原棉等领域加强合作。

特别值得注意的是，1997年以来，印巴两国都采取了一系列改善双边关系的措施。但是1998年5月印巴相继进行核试验，使南亚局势一度剑拔弩张，整个次大陆笼罩在核威胁的阴云下。1999年2月，应巴基斯坦总理谢里夫邀请，印度总理瓦杰帕伊乘车抵达巴基斯坦城市拉合尔，对巴基斯坦进行为期两天的正式访问，双方签署了《拉合尔宣言》，印巴关系一度趋向缓和。

但是，好景不长。1999年5月初，印巴两国在克什米尔的卡吉尔地区再次爆发冲突，双方共有上千人死亡。自此，两国对话宣告中断，两国关系在初步缓和之后又重回冰点。

2001年1月26日印度古吉拉特邦发生强烈地震后，巴基斯坦总统穆沙拉夫打电话给印度总理瓦杰帕伊，对当地受灾民众深表同情。这是穆沙拉夫自1999年10月执政以来印巴两国领导人首次通电话。

2001年7月14~17日，应印度总理瓦杰帕伊邀请，巴基斯坦总统穆沙拉夫访问印度，并与印度总理瓦杰帕伊举行会谈。两人商谈了包括克什米尔在内双边关系中的“所有问题”。这是自1999年5月印巴关系再度紧张后两国领导人首次会面，也是巴基斯坦领导人16年来第一次踏上印度国土。这次会谈标志着印巴关系打破两年来的僵局，出现新的转机。

12月13日，印度议会大楼遭到恐怖分子袭击。印度称这是巴基斯坦支持的伊斯兰武装分子所为，要求巴方对这些恐怖分子采取行动。巴基斯坦拒绝了印方的指责，要求印方提供通过公正调查获得的证据。随后，双方在克什米尔实际控制线和其他边界地区调动军队，并发生武装交火事件，两国关系再度紧张。

2003 年的南亚地区局势，是“和解中有波折”。在这一年中，能不时听到极端主义分子在南亚制造的爆炸声，这一地区的非传统安全形势依然很不乐观；但与此形成鲜明对比的是，该地区的传统安全形势却出现了非常明显的缓和迹象，在 2001 年底已降至冰点的印巴关系，在 2003 年迅速升温。印巴人民成为两国关系和解的最大受益者。

2003 年是印度与巴基斯坦关系的缓和年。印巴关系“解冻”开始于 4 月中旬印度总理瓦杰帕伊的表态。他说，“是迎接南亚次大陆巨大变化的时候了”。“我们现在伸出友谊之手，但希望（对方）做出相应的回答”。巴基斯坦果然很快做出了积极的回答。印巴双方于 5 月初同意恢复大使级外交关系。2003 年下半年，走在印巴和解最前面的是公路和航空客运，铁路交通也恢复在即。与此同时，印度又在 10 月提出了 20 点和平建议，将全面恢复印巴关系的可能性大大提高。11 月底，两国的边界停火将 2003 年的印巴关系推向了一个小高潮。

2004 年 1 月 4 日中午，印度总理瓦杰帕伊和巴基斯坦总理贾迈利举行了 30 分钟的单独会晤，这是两年多来两国总理的首次会晤。印度外长辛哈透露，两人在会谈中一致认为应该继续保持两国间关系的良好发展势头。巴基斯坦国家电视台播放了瓦杰帕伊和贾迈利握手并微笑的镜头，还报道说两人会谈的气氛友好而真诚。同时，辛哈也会见了巴基斯坦外长。1 月 5 日，巴基斯坦总统穆沙拉夫在总统府会见了正在伊斯兰堡出席第 12 届南亚区域合作联盟峰会的印度总理瓦杰帕伊。两国首脑的直接接触意味着印巴紧张局势开始缓和，两国关系趋向好转。穆沙拉夫和瓦杰帕伊在总统府举行会谈，会谈的气氛不错。虽然此次南亚首脑会议仍不涉及经济领域以外的双边问题，但却为印巴首脑私下会晤提供了良机。“南盟”有可能成为解决区域争端的论坛，逐步建立解决争端的机制，最终成为解决印巴纷争的重要载体。

印度外长辛哈于 2004 年 1 月 6 日下午在伊斯兰堡宣布，巴基斯坦总统穆沙拉夫和印度总理瓦杰帕伊已同意两国于 2 月开始全面对话，以推动两国关系正常化进程。辛哈在南盟首脑会议结束后举行的记者招待会上宣读了印巴两国的一份联合声明。声明说，两国领导人在会晤期间都表示，相信恢复全面对话将有利于解决两国间的所有突出问题，其中包括克什米尔问题。

两国领导人对近期两国为关系正常化所采取的积极步骤表示欢迎，并希望这些积极步骤所带来的两国关系向正常化方向发展的进程能得到巩固和加强。两国领导人在会晤中表示，为了推动两国的对话进程，双方必须消除冲突和敌意，并同恐怖主义做斗争。两位领导人都认为，双方建设性的对话有助于两国人民实现和平、安全和经济发展的共同目标，并造福下一代。穆沙拉夫向瓦杰帕伊保证，不会允许任何人利用巴基斯坦领土从事或支持恐怖主义活动。

南亚区域合作联盟首脑会议在 1 月 6 日落下帷幕，印度和巴基斯坦外长当天分别宣读印巴联合声明，称两国将在 2 月就克什米尔等问题进行全面会谈。

2004 年 6 月，两国举行 6 年以来首次核安全谈判，主要涉及减少核危险和保持战略稳定等问题。在中国青岛，印度新政府外长与巴基斯坦外长举行了会晤。两国外交秘书还就制约双边关系的克什米尔问题举行了会谈。两国关系进一步好转。

2004 年初以来，印巴两国采取大胆行动，改善关系，其主要原因有以下几个方面。首先，印巴同属发展中国家，都面临着发展经济的迫切任务，印巴之间的对峙使两国都背上了沉重的包袱，经济发展受到严重制约，印巴相互示好是出于各自的经济和政治考虑。克什米尔问题久拖不决已给印度的经济和军事造成很大压力。印度在印巴边境常年保持数十万驻军，军费开支庞大。据印度媒体报道，仅在锡亚琴冰川驻守的印军一天的开销就达 100 多万美元。

其次，两国领导人出于国内政治经济的考虑，促使双方和解。选举的需要，执政的人民党若想在大选中获胜，就不能继续对巴基斯坦采取强硬政策，因为两国间的紧张局势只会给印度经济带来负面影响。对于巴方来讲，印巴两国长期对峙，破坏了巴基斯坦的国内稳定和投资环境，影响了其对外经济合作的深化。经济发展缓慢反过来又加剧了国内的社会不安定。印巴两国同为南亚大国，只有它们实现了和平与稳定，停滞多年的南亚区域合作联盟的经济合作才会有实质性的进展。瓦杰帕伊在与穆沙拉夫会谈前表示，他希望与巴基斯坦保持经常性的接触。他说：“我们必须继续举行会谈，理解对方的困难（对有争议的问题），寻求联合的解决办法。”不过，也要看到，印巴争端有着多方面的原因，不可能指望短期内就全都得以解决。但事实证明，诉诸武力绝不是解决双边问题的有效办法。只有通过和平途径解决双边争端，两国才能和睦相处，为两国以及南亚地区的稳定、繁荣和发展创造条件。

巴印经济关系因巴印政治上的敌对受到很大影响。巴基斯坦对印度的贸易长时期处于顺差，这主要是因为巴基斯坦担心印度商品涌入会对其经济、社会乃至政治产生不利影响，所以严格控制印度商品进入本国市场。

巴印贸易增长有待于两国间政治关系的发展。巴印经济有一定的互补性，前景广阔。但是，由于印度工业较巴基斯坦发达，加之两国经济规模差异较大，若没有相关的政策，巴基斯坦对印度的贸易很快会从贸易顺差转变为贸易逆差。

2013 年初，印巴双方在克什米尔控制线附近多次发生越境交火事件，两国均有多名军人死伤，一定程度上阻碍了两国关系的改善；谢里夫出任巴基斯坦新一任总理后，表示将致力于改善两国关系。印度总理辛格派特使访问巴基斯坦；2013 年 8 月，两国在克什米尔控制线附近再次交火。

从 2014 年开始，印巴都有改善自 2013 年以来持续紧张局面的政治意愿，主要表现在三个层面：一是双边保持了高层交往，巴基斯坦总理谢里夫新德里之行使双方关系达到顶峰；二是双方在多边场合保持了一定的接触；三是持续显示其他友好姿态。遗憾的是效果并不理想，双边高层交往没有达到改善关系的预期，多边接触更多是礼节性的来往，其他友好姿态更多是临时性和常规性动作。

2014 年，在贸易合作方面，双方保持了经贸领域的相互往来，加强了多边领域的合作，对官方经贸往来持积极姿态。3 月 4 日，巴基斯坦外交部南亚司司长马苏德女士率领巴方代表团赴新德里，与印度总理外事秘书坦登博士率领的印方代表团举行会谈，旨在简化印巴实控线地区贸易审查流程，促进印巴过境贸易。3 月 5 日至 6 日，巴基斯坦水电部四人代表团奔赴新德里举行了为期两天的技术会谈。4 月 26 日，拉哈尔联邦商务部部长就近两年来的印巴经贸关系给予了积极评价。他表示，与印度开放双边贸易 26 个月来，总体上讲，并没有对巴基斯坦的经济造成负面影响，巴基斯坦贸易形势良好，现政府着重提升巴基斯坦国内的能源行业，对巴基斯坦经济复兴具有重要的促进作用。8 月 25 日，印度工业发展联合会高级代表团开始对巴基斯坦进行为期 4 天的访问。双方还不断加强在多边领域的贸易合作。7 月 18 日，印、巴与其他两国共同签署了土库曼斯坦—阿富汗—巴基斯坦—印度天然气管道运营协议，四国共同向亚洲开发银行提出援助申请，以获得资金保障，进而尽快开启工程建设。可以看出，2014 年印巴贸易关系更多是形式上的交往，达成的实质性协议不多，印巴贸易额不高。至今，由于巴方把取消对印贸易负面清单与印度消除针对巴基斯坦商品的非关税壁垒挂钩，未给予印度“贸易最惠国待遇”。2014 年，印巴双边贸易额只有 24 亿美元，较两年前的 23.5 亿美元几乎没有增长。这与印巴拥有 14.56 亿人口的规模极不相称。另外，历史上印巴非法贸易及第三方贸易的长期存在，对印巴双方造成了巨大的利益损失。2000 ~ 2002 年，印巴双边正常年度贸易额年均在 2 亿 ~ 2.5 亿美元，但第三国贸易及非法贸易额却高达 30 亿美元。近年来，虽然没有准确的统计数字，但据估计，应当超过百亿美元，这引起印巴双方的高度重视。

在能源合作方面，能源短缺是南亚多国面临的困局，因此南亚国家能源合作也是一大趋势。2014 年，印巴保持了一定的能源合作。3 月 5 ~ 6 日，印巴双方举行会谈，主要探讨巴方从印度进口 500 兆瓦电力的问题。5 月 30 日，印度莫迪新政府宣布计划重新向巴基斯坦和孟加拉国供应燃料。7 月 19 日，巴基斯坦宣布新成立的陆路口岸管理局已经完成瓦嘎边境口岸的最终草案。作为 2012 年宣布的国家战略贸易政策框架的一部分，这一口岸将在 3 年内建设完成，以促进巴印两国的双边贸易。2014 年，在时隔 10 年之后，巴基斯坦宣布重新向印度出口原油，6 月，巴基斯坦向印度出口的原油量已达到每天 98000 桶。8 月 7 日，在印巴拟定副部长级会谈召开之前，巴基斯坦总理谢里夫声称，巴政府将优先考虑建设并完成土阿巴印（TAPI）天然气管道项目。11 月底，在第 18 届南盟峰会上，南亚国家主要探讨了能源电力合作以及互联互通建设问题，签署了《南盟能源（电力）合作框架协议》。能源合作涉及国家核心项目和经济命脉，印巴持续紧张的关系限制了巴基斯坦在能源合作方面开展务实合作的步伐。比如在南盟框架内，虽然成员国通过了峰会宣言，签署了有关协议，但是巴基斯坦对印度倡议建设的南亚电网、南亚能源合作、南亚铁路网等项目的态度并不明确，在负责实施中更是不愿接受印度的领导。另外，伊朗—巴基斯坦—印度（IPI）、土阿巴印（TAPI）等能源项目提出已久，但迟迟未有大的进展。印巴不和、难以达成一致的双边关系起了决定性作用。总之，2014 年受印巴整体关系紧张影响，印巴经贸关系没有取得新进展，其核心问题仍然是巴基斯坦迟迟没有给予印度最惠国待遇，印度虽然给予巴基斯坦最惠国待遇，但在执行上大打折扣。2015 年以来，巴基斯坦从印度进口大米，巴基斯坦国内的税收大约为 14%，但是印度从巴基斯坦进口大米，印度国内的税收为 70%，并且印度粮农在国内获得的政府补贴远远高于巴基斯坦粮农，印度农作物肥料的成本也低于巴基斯坦。

第六节　与孟加拉国的关系

巴基斯坦与孟加拉国在历史、文化、信仰等方面有着密切联系，两国人民在 1947 ~ 1971 年共同拥有一个祖国。即使在分裂后，两国人民仍很难割断长时期形成的紧密联系。但是，巴基斯坦与孟加拉国的关系一开始并不顺利。孟加拉国是在经过流血冲突之后成立的，此外，孟加拉国的诞生是在印度的帮助下实现的，而且在建国后的相当长一段时间里深受印度的影响。孟加拉国的奠基人穆吉布·拉赫曼拒绝在巴基斯坦承认孟加拉国之前与巴总统齐亚·哈克谈判。而巴基斯坦政府希望在解决因 1971 年流血冲突引起的各种问题之后再承认孟加拉国的独立。影响巴孟关系正常化的主要因素有：遣返被关押在印度的巴基斯坦战俘；遣返滞留在巴基斯坦的孟加拉人和滞留在孟加拉国的巴基斯坦人；巴孟间的财产划分问题。穆吉布·拉赫曼要求对195名巴战俘判以种族灭绝罪，对1500名巴战俘判以战争罪，而佐勒菲卡尔·阿里·布托坚持认为他们是为了维护巴基斯坦的国家团结而战，巴基斯坦以孟加拉国是其一部分为理由，拒绝孟加拉国参加巴印关于战俘的谈判。

1972年7月，在巴印签署《西姆拉协定》过程中，印度坚持要求巴基斯坦先承认孟加拉国，然后再谈解决有关战争中出现的问题。但在国际舆论的压力和联合国的干预下，印度被迫同意不将战俘问题和政治问题挂钩。1973年8月28日，巴印签署协议，提出了释放滞留在双方的战俘和其他人员的三种途径，从而为解决该问题铺平了道路。但巴方仍坚持在先解决战争引发的问题后再承认孟加拉国。

1974年2月，拉合尔伊斯兰最高首脑会议召开之前不久，巴方立场突然转变，佐勒菲卡尔·阿里·布托向穆吉布·拉赫曼发出参加伊斯兰最高首脑会议的正式邀请。在科威特外长的劝说下，拉赫曼接受了邀请。1974年2月22日，巴基斯坦政府宣布正式承认孟加拉国，当晚，穆吉布·拉赫曼飞往巴基斯坦，并受到热烈欢迎。1974年4月9日，巴、孟、印三方签署协定，解决所有因1971年战争引发的问题。1974年6月，巴总理佐勒菲卡尔·阿里·布托访问达卡，孟加拉国官方虽不大加张扬，但孟加拉国民众给予布托最热烈的欢迎，数以千计的孟加拉群众高呼“布托万岁”“巴基斯坦万岁”的口号，在机场去往达卡的道路两旁，挤满了热烈欢迎的群众。巴孟首脑在热烈的气氛中表达了希望两国和平、友好、共同繁荣的愿望。会谈后双方签订了两个协定：《巴孟发展贸易协定》和《巴孟停止敌对宣传协定》。不过双方在财产分割和遣返比哈尔人问题上仍存在分歧。

1975年8月15日，穆吉布·拉赫曼下台，巴孟关系开始发生新的转变。1975年底齐亚·拉赫曼崛起并于1977年担任总统后，孟加拉国的外交政策发生了重大变化。齐亚·拉赫曼担任总统后，宣布改国名“孟加拉人民共和国”为“孟加拉伊斯兰共和国”。新政权极力摆脱对印度的依赖，积极发展与中国、巴基斯坦的关系。巴政府欢迎孟加拉国新政府的对外政策。1975年10月5日，巴孟双方同意建立外交关系，并互派大使。

1977 年 12 月，齐亚·拉赫曼总统访问巴基斯坦，这是孟加拉国首脑第一次访问巴基斯坦。

齐亚·拉赫曼执政时期，巴孟关系发展较快，双方不仅同意互换大使，而且在贸易、通信、银行、海运、航空等领域扩大合作。巴基斯坦赠送孟加拉国 1 架波音 707 客机、28 辆铁路客车和 8520 吨水泥。1979 年苏军入侵阿富汗后，齐亚·拉赫曼发表声明，呼吁苏军立即撤出阿富汗。

1982 年 3 月 24 日艾尔沙德将军掌权后，巴孟关系进一步加强。1985 年 2 月 12 日，艾尔沙德总统指出孟加拉国与巴基斯坦保持友好关系对孟加拉国具有重要意义，并表示两国将进一步扩大合作领域。比哈尔人的遣返和财产分割问题并未阻碍巴孟双方关系的发展。1985 年 6 月，齐亚·哈克总统访问遭受龙卷风袭击的孟加拉国，并向其提供物质和资金援助。1986 年 7 月 26 日，艾尔沙德总统对巴基斯坦进行官方访问。艾尔沙德总统向齐亚·哈克总统表示，两国关系可以追溯到过去，而且两国在许多政治和经济问题上拥有相同的观点。巴孟双方签订了贸易和文化方面协议，另外还签订了关于在达卡和伊斯兰堡建立外交领地的谅解备忘录。但仍未解决比哈尔人遣返问题。

1986 年 11 月 27 日，巴基斯坦外长雅各布·汗向议会报告，巴基斯坦在道义上承诺遣返 300 万非孟加拉人到巴基斯坦，但需要 4.9 亿卢比。1988 年 7 月，巴方同意提供 3 亿卢比解决难民遣返问题。

齐亚·哈克逝世后，艾尔沙德总统参加了其葬礼，并宣布全国哀悼三天，以此向巴基斯坦人民表示同情。

值得注意的是，孟加拉国对巴基斯坦的态度由敌视和怀疑转变为建立兄弟般的亲密关系，两国历史上存在的民间来往又得以恢复。在巴孟关系中，印度的影响很大，孟加拉国政府尽量避免激怒印度，同时又维护巴孟真正友好。

随着双方政治关系的发展，巴孟经济关系也在发展。孟加拉国独立后，失去了巴基斯坦这一市场，加之 1971 年印孟签订了“贸易条约”，印度商品大量涌入孟加拉国，孟加拉国政府感到印度商品对自己国家的经济乃至社会文化构成严重威胁，因此于 70 年代中期开始采取措施改变这一局面。

1976 年 4 月 30 日，巴孟签订第一个贸易协定，允许双方商人自由贸易。同年 7 月 13 日，巴孟政府同意建立为推动双方贸易和互换贸易代表的联合委员会。此后，双方贸易额稳步增长。1977～1978 年，巴基斯坦出口孟加拉国的商品达到 2.6 亿卢比，进口额估计达 4.91 亿卢比。1980～1981年，巴基斯坦出口孟加拉国的商品为 6.46 亿卢比，进口为 7.11 亿卢比。1982 年 2 月，根据双边协议，孟加拉国向巴基斯坦出口 220 万磅茶叶，巴基斯坦向孟加拉国出口 100 万吨大米，价值 210 万卢比。1984 年 5 月，巴孟贸易联合委员会建议进一步扩大双方贸易。1984～1985年，巴基斯坦对孟加拉国的进出口分别达到 6.95 亿卢比和 8.69 亿卢比。1986 年 7 月 28 日，巴孟又签订了“特别贸易协议”，价值 4000 万美元；12 月，孟加拉国官方贸易代表团访问巴基斯坦，希望推动双方贸易和增进两国间的兄弟情谊，邀请巴私营企业到孟加拉国投资。也是在这一年，孟加拉国的一个妇女代表团访巴，双方达成互派妇女代表、推动双方手工艺品生产和贸易的共识。

孟加拉国与巴基斯坦现汇贸易长期处于不平衡状态，孟方逆差约为 1 亿美元，即巴基斯坦向孟加拉国出口约 1.33 亿美元，而孟加拉国向巴基斯坦出口仅约 3300 万美元。为此，巴基斯坦工商部部长访问孟加拉国，就两国如何解决这一问题展开磋商，并就巴给予孟部分商品零关税待遇一事达成共识。零关税待遇将首先适用于目前孟巴贸易中关税分别高达 78% 和 73.58% 的茶叶与黄麻，然后逐步向药品、陶瓷、皮革制品等延伸，最终可涵盖 21 种商品。

巴孟两国关系在 21 世纪继续向前发展。2006 年 6 月，孟加拉国总理卡·齐亚访巴，双方签署农业、忘录，同意加强外交磋商和经济联系委员会机制和防务合作。

2008 年 5 月，孟加拉国外交顾问乔杜里访问巴基斯坦，与巴外部长进行双边会谈；2010 年 4 月 29 日在不丹举行的南亚合作联盟峰会期间，巴孟总理进行了会谈。巴基斯坦总理吉拉尼表示希望两国能在各个领域加强双边关系，特别应该优先发展两国贸易。巴基斯坦与阿富汗在地理、历史、文化、宗教、种族等方面关系密切。

第七节　与阿富汗的关系

巴基斯坦与其邻国阿富汗，由于存在边界纠纷，两国关系比较紧张。巴基斯坦开伯尔－普赫图赫瓦省的绝大多数居民与阿富汗主要民族同属普什图族，他们都信仰伊斯兰教，操普什图语，在文化与生活习惯上相同。英国占领印度后，曾强迫阿富汗接受英国片面划定的英属印度与阿富汗国界，即“杜兰线”。该线将普什图人居住的地区一分为二，大部分划入英属印度版图，小部分划归阿富汗。印巴分治后，原属印度的普什图人地区又划归巴基斯坦。普什图人开展普什图尼斯坦运动，阿富汗出于自身利益的考虑极力加以支持。阿富汗宣称英国退出印度后“杜兰线”已无效，要求重新划定边界，巴基斯坦拒绝了阿富汗的这一要求。两国就边界问题多次发生冲突，导致巴阿关系恶化。在联合国大会表决批准巴基斯坦加入联合国时，唯独阿富汗投票反对。1955 年、1961 年巴阿两次断交，后于 1963 年 5 月复交。阿富汗查希尔王朝被推翻后，阿富汗共和国第一任国家元首达乌德在其首次正式讲演中，称巴基斯坦为与阿富汗存在分歧的唯一国家。他公开鼓励巴基斯坦的普什图人进行自决，并多次在国际会议上重提“普什图尼斯坦”问题。1974 年 7 月 19 日，“普什图尼斯坦”地下电台开始播音，喀布尔当局每天也频频提及“被占领的普什图尼斯坦”。1975 年，巴阿之间发生规模最大的武装冲突。巴基斯坦指责阿富汗训练了 1.5 万名普什图和俾路支游击战士，并把他们派到巴基斯坦。但在中东产油国的压力和伊朗的斡旋下，1976 年以后，巴阿关系明显改善，两国停止了宣传战，两国首脑还实现了互访。1976 年 6 月，巴基斯坦总理访问阿富汗，巴基斯坦第一次公开承认两国存在分歧，阿富汗表示有权关心“杜兰线”以东和以南普什图人的命运。双方同意本着互相尊重领土完整等五项原则的精神解决有关分歧。这在巴阿关系史上是一次突破。1978 年 3 月，达乌德访问巴基斯坦，阿富汗同意遣返境内的普什图和俾路支政治难民，巴阿关系进一步发展。

但是，由于苏联入侵阿富汗，卡尔迈勒上台执政，巴阿关系再度紧张。喀布尔当局在苏联支持下，不仅重提普什图尼斯坦问题，而且经常在巴基斯坦边境地区进行军事挑衅。阿富汗飞机经常侵入巴基斯坦领空，轰炸、扫射巴基斯坦村庄，阿富汗军队还侵入巴领土，对巴基斯坦边境地区居民的生活、安全乃至生命造成严重威胁。为此，巴基斯坦政府曾多次向阿富汗政府提出强烈抗议。

在阿富汗问题上，巴基斯坦恪守联合国大会和伊斯兰国家首脑及外长会议关于阿富汗问题的决议，坚持苏联必须从阿撤军，保证阿成为独立、中立和不结盟国家，保证阿人民有选择自己的政府的权利，让阿富汗难民体面、安全地返回阿富汗。巴基斯坦政府拒绝与当时的阿富汗政权直接对话，表示愿意通过联合国进行间接接触。1982 年 3 月 21 日，巴基斯坦外长雅各布·汗发表声明，表示巴基斯坦将继续支持国际社会为政治解决阿富汗问题所做的一切努力，欢迎联合国秘书长的私人代表科多维斯（Diego Cocdovez Zegers）访问巴基斯坦，希望通过他的努力推动阿富汗问题的解决。后虽经科多维斯在巴基斯坦、阿富汗、伊朗穿梭活动，但由于在苏联从阿富汗撤军的时间表和执行协议问题上，双方分歧很大，两国间的间接谈判亦无进展。

在联合国主持下，巴基斯坦和阿富汗先后在日内瓦举行了 7 轮会谈，1988 年 4 月，巴基斯坦、阿富汗、美国、苏联 4 国外长分别在《日内瓦协议》有关文件上签字。1989 年 2 月，苏军全部撤出阿富汗。但是，由于《日内瓦协议》没有为阿富汗的政党前途做出妥善安排，抵抗力量也不承认这一协议，加之美、苏又承担了继续援助阿富汗交战双方的义务，苏军撤出后，阿富汗的抗苏战争演变为一场新的内战。

在阿富汗旷日持久的内战中，周边国家及美俄从自身利益出发，分别支持忠于自己的派别，其中巴基斯坦对阿富汗内战的影响最大。巴基斯坦支持普什图族的希克马蒂亚尔（Gulbuddin Hokmatyar）的伊斯兰党，美国通过巴基斯坦给阿富汗“伊斯兰圣战者组织”提供的武器大多落到希克马蒂亚尔手里。巴基斯坦支持希克马蒂亚尔的主要原因是希望阿富汗公开承认由英国人杜兰划定的巴阿边界线（杜兰线），这条边界线曾多次引发两国间的纷争，阿富汗历届政府均不承认这条边界线。此外，巴基斯坦境内的普什图族政党伊斯兰促进会也大力支持希克马蒂亚尔。

在阿富汗内战中，巴基斯坦伊斯兰贤哲会控制下的宗教学校和巴境内的阿富汗难民营的塔利班学生组织迅速崛起。不久塔利班就控制了大半个阿富汗。塔利班的崛起离不开巴基斯坦提供的军事和物资援助。

“9·11”事件后，巴基斯坦参与国际反恐，打击塔利班和“基地”组织，努力发展与卡尔扎伊政府的关系，积极援助阿富汗重建。2003 年以来，美巴联合在巴阿边境地区反恐，阿富汗政府指责巴基斯坦军队入侵阿边境，巴、阿多次发生小规模冲突，致使巴基斯坦驻阿富汗使馆被砸。8 月，巴基斯坦外长卡苏里访阿，双方再次确认巴阿友好和互惠互利原则，同意加强反恐合作，由此两国的紧张关系有所缓和。

两国在经济贸易领域取得了重要进展。双方达成“阿富汗转口贸易协议”。该协议禁止商品清单中取消 8 种商品；将巴基斯坦国际航空公司飞往阿富汗的航班从每周两班增加到六班；改进阿富汗转口商品准入条件；降低铁路运输费用；每年召开三次巴阿部长级会议等。

新取消限制的 8 种商品包括棉纱、聚酯纤维、滚珠轴承、定时器、录音机、玻璃器皿/餐具、榨汁器/搅拌器、录像机/放像机。这 8 种商品将被允许通过转口贸易方式对阿富汗出口。另外，双方还讨论了对出口到巴基斯坦的商品征收关税和在阿富汗举办巴基斯坦商品展的问题。双方决定每年召开三次部长级联席会议是一个重要的转折点，表明两国都在为更进一步的经济联系敞开大门。据估计，巴阿转口贸易会因此增长 50%，整个贸易能增长 100%。

两国间的航班将从目前的每周两班增加到六班，从伊斯兰堡和开伯尔-普赫图赫瓦省省会白沙瓦各飞三班。俾路支省省会奎达与坎大哈的航空联系接下来也将讨论。对于阿富汗进口的货物，巴境内相关路段的铁路运费将下降 22%。卡拉奇港和卡希姆港都可以处理转口阿富汗的商品进港，清关手续也会改进。

两国希望将瓜达尔港作为阿富汗和中亚各共和国进口落货口岸。阿富汗政府对通过瓜达尔港进口货物表示了极大兴趣，因为如果道路修好的话，货物从瓜达尔港到查曼口岸仅需6小时，这对阿富汗和中亚各国是非常重要的机会。

巴基斯坦积极支持阿富汗的重建。援助领域还包括教育、医疗、对警察和银行系统培训的技术支持、邮政系统建设和小型农户贷款等。

根据巴基斯坦中央税收委员会公布的数字，2001/2002财年前9个月，巴基斯坦通过与阿富汗转口贸易的进口额增长了56%，从2000/2001财年同期的74.29亿卢比增加到116.02亿卢比，净增41.73亿卢比。整个转口贸易额也比2000/2001财年同期的89.03亿卢比增长30%。有官员表示，将8种商品从总共24种转口贸易限制商品清单中取消以及下调铁路运费，将使巴基斯坦从阿富汗转口贸易项下的进口大幅增加。

2010年美国宣布撤军计划后，巴基斯坦一改不愿为和谈牵线的态度，开始积极推动阿富汗和解进程。2010年，巴基斯坦在国际会议上公开表示希望成为阿塔和阿富汗政府谈判的中间人，这一想法得到美国、国际社会和阿富汗的支持。同年，阿、巴两国开始通过制度化的政府间合作来推动和解进程。2011年1月，阿富汗前总统拉巴尼率领高级和平委员会代表团访问伊斯兰堡，巴阿双方同意建立一个联合和平委员会，旨在与阿富汗塔利班和阿富汗其他反叛组织和解，但9月拉巴尼在巴基斯坦遇刺身亡导致两国外交关系再度紧张。

2013年和2014年，巴阿首脑实现互访，双方就政治、经济、安全、和谈等共同关心的问题进行了深入会谈，签署了一系列贸易和能源协定，巴基斯坦还将对阿富汗的援助提高到5亿美元，并向阿富汗国家安全部队提供2000万美元的训练费，每年向阿富汗学生提供3000个全额奖学金进修名额，以促进双方人员交流。2015年5月，巴基斯坦三军情报局与阿富汗国家安全局签署谅解备忘录，允许三军情报局训练和装备阿富汗国家安全局人员，并与其共同审讯后者逮捕的叛乱分子。此外，根据该备忘录，阿巴两国情报机构不得与敌对国家合作。虽然阿富汗国内存在反巴情绪，“杜兰线”及普什图族问题也依旧没有得到解决，阿巴边界之间也经常发生交火事件，但阿、巴在安全领域利益的需求将使双方力图不使事态升级，并共同推进阿富汗和解进程。

参考文献

一　外文文献

Pakistan 2003: Statistical Pocket Book, Statistics Division Government of Pakistan.

Statistical Bulletin, State Bank of Pakistan Statistics Department.

K. K. Aziz, *A History of the Idea of Pakistan* (Vanguard Books Ltd., 1987).

B. Tetley, *Pakistan: From Mountain to Sea* (Camerapix Publishers International, 1994).

Attar Rabbani, "Jammu & Kashmir and the Armed Forces Special Powors Act," *South Asian Suvbuey*, Vol. 18, No. 2, 2011.

二　外文网站

"Pakistan Not To Join Arms Race; Cognizant of Defending Its Sovereighty: PM," http://www.app.com.pa/ew –/index.php? optron = com – content&task = view&id – 2725218. Itemid = 1, March 20, 2014.

"Ministry Seeks Increase in Defence Budget," http://www.dewn.com/ners/1107408/ministry – seeks – increase – in – defence – budget, May 20, 2014.

三　中文文献

杨翠柏、李德昌编著《当代巴基斯坦》，四川人民出版社，1999。

李德昌：《巴基斯坦经济发展》，四川大学出版社，1992。

李德昌：《巴基斯坦的政治发展（1947～1987）》，四川大学出版社，1989。

刘乐声、王士录：《巴基斯坦》，上海辞书出版社，1988。

李克强主编、包红霞副主编《巴基斯坦经济》，中国经济出版社，2016。

闫丽君主编《巴基斯坦商务环境》，对外经济贸易大学出版社，2015。

〔英〕伊夫提哈尔·H. 马里克著《巴基斯坦史》，张文涛译，中国大百科全书出版社，2010。

陈继东、晏世经编著《巴基斯坦报告（2012 年）》，云南大学出版社，2012。

四川大学南亚研究所，http：//www. isas. net. cn/。

中华人民共和国驻巴基斯坦伊斯兰共和国大使经济商务参赞处网站，http：//pk. mofcom. gov. cn/。

中华人民共和国驻巴基斯坦伊斯兰共和国大使馆网站，http：//pk. chineseembassy. org/chn/。

张超哲：《2014 年的印巴关系：改而不善》，《印度洋经济体研究》2015 年第 3 期。

邓红英：《论印度在印控制克什米尔的治理政策及其问题》，《南亚研究》2015 年第 3 期。

大事纪年

公元前 2500 年	哈拉巴文化形成
公元前 1500 年	雅利安人移居次大陆
公元前 519 年	波斯皇帝居鲁士征服印度河流域
公元前 486 年	佛陀去世
公元前 468 年	耆那教创始人大雄去世
公元前 327 ~ 前 325 年	亚历山大征服印度河流域
公元前 321 年	孔雀王朝创建者旃陀罗笈多即位
公元前 268 ~ 前 231 年	阿育王统治时期
50 年	使徒圣·托马斯进入呾叉始罗
78 年	贵霜帝国国王迦腻色迦即位
320 年	旃陀罗笈多一世即位，建立笈多王朝
405 ~ 411 年	中国学者法显来访
500 年	匈奴人入侵
606 ~ 647 年	戒日王统治巴基斯坦
712 年	穆罕默德·伊本·卡西姆征服信德
997 ~ 1030 年	加兹尼的马哈茂德人入侵次大陆
1206 年	库特人 - 乌德 - 丁·艾巴克自立为苏丹，在德里建立奴隶王朝
1288 ~ 1293 年	马可·波罗访问印度南部
1325 ~ 1351 年	伊本·拔图塔访问印度
1325 ~ 1352 年	维查耶纳伽尔帝国建立

1347 年	巴摩尼苏丹国建立
1499 年	那纳克在旁遮普创立锡克教
1526 年	莫卧儿帝国皇帝巴布尔在班尼帕特击败洛提王朝军队
1600 年	东印度公司在伦敦成立
1707 年	莫卧儿帝国皇帝奥朗则布去世
1757 年	东印度公司击败孟加拉的纳瓦布
1799 年	提普苏丹（Tipu Sultan）在迈索尔遇害
1857 年	反抗东印度公司的起义爆发
1858 年	英国王室接管印度
1885 年	印度国大党在孟买成立
1906 年	全印伊斯兰联盟在达卡成立
1913 年	真纳加入伊斯兰联盟
1930 年	穆罕穆德·伊克巴尔在阿拉哈巴德发表演说
1940 年	伊斯兰联盟大会通过“拉合尔决议”
1947 年	印度和巴基斯坦独立分治
1948 年	真纳去世，克什米尔问题引发第一次印巴战争
1958 年	阿尤布·汗将军发动军事政变
1965 年	第二次印巴战争爆发
1969	叶海亚·汗将军发动军事政变
1971 年	东巴基斯坦（孟加拉国）脱离巴基斯坦独立
1973 年	巴基斯坦宪法获得通过
1977 年	阿里·布托政府被齐亚·哈克将军推翻
1988 年	齐亚·哈克总统空难身亡
1988～1999 年	贝娜齐尔·布托和纳瓦兹·谢里夫当政
1998 年	巴基斯坦进行核试验
1999 年	穆沙拉夫将军通过政变上台
2002 年	巴基斯坦举行大选，穆沙拉夫成为总统
2005 年	巴基斯坦北部和自由克什米尔发生地震

2007 年	穆沙拉夫与首席大法官以及市民发生争执
2007 年 10 月 18 日	贝娜齐尔·布托从流亡中返回巴基斯坦
2007 年 11 月 3 日	穆沙拉夫实施紧急状态法，通过修改宪法获得更大权力
2007 年 12 月 27 日	贝娜齐尔·布托在拉瓦尔品第的选举集会中遇刺身亡，其 19 岁的儿子比拉瓦尔·布托成为巴基斯坦人民党领导人
2008 年 1 月	穆沙拉夫访问布鲁塞尔、巴黎和伦敦，展开外交活动
2008 年 2 月 18 日	巴基斯坦举行国民议会选举
2008 年 3 月 25 日	赛义德·优素福·拉扎·吉拉尼宣誓就任总理
2013 年 5 月	谢里夫领导的伊斯兰联盟（谢里夫派）积极开展竞选活动，获得议会 342 个议席中的 186 席，谢里夫第三次当选总理
2015 年 3 月	巴基斯坦举行参议院改选，执政党穆盟（谢派）在此选举中赢得 48 个席位中的 18 个，巴基斯坦人民党赢得 8 个席位。

索　引

新版《列国志》总书目

亚洲

阿富汗
阿拉伯联合酋长国
阿曼
阿塞拜疆
巴基斯坦
巴勒斯坦
巴林
不丹
朝鲜
东帝汶
菲律宾
格鲁吉亚
哈萨克斯坦
韩国
吉尔吉斯斯坦
柬埔寨
卡塔尔
科威特
老挝
黎巴嫩
马尔代夫
马来西亚
蒙古国
孟加拉国
缅甸
尼泊尔
日本
沙特阿拉伯
斯里兰卡
塔吉克斯坦
泰国
土耳其
土库曼斯坦
文莱
乌兹别克斯坦
新加坡
叙利亚
亚美尼亚
也门
伊拉克
伊朗
以色列
印度
印度尼西亚
约旦
越南

非洲

阿尔及利亚
埃及
埃塞俄比亚
安哥拉
贝宁
博茨瓦纳
布基纳法索
布隆迪
赤道几内亚
多哥
厄立特里亚
佛得角
冈比亚
刚果
刚果民主共和国
吉布提
几内亚
几内亚比绍
加纳
加蓬
津巴布韦
喀麦隆
科摩罗
科特迪瓦
肯尼亚
莱索托
利比里亚
利比亚
卢旺达
马达加斯加
马拉维
马里
毛里求斯
毛里塔尼亚
摩洛哥
莫桑比克
纳米比亚
南非
南苏丹
尼日尔
尼日利亚
塞拉利昂
塞内加尔
塞舌尔
圣多美和普林西比
斯威士兰
苏丹
索马里
坦桑尼亚
突尼斯
乌干达
赞比亚
乍得
中非

欧洲

阿尔巴尼亚
爱尔兰
爱沙尼亚
安道尔

奥地利
白俄罗斯
保加利亚
北马其顿
比利时
冰岛
波兰
波斯尼亚和黑塞哥维那
丹麦
德国
俄罗斯
法国
梵蒂冈
芬兰
荷兰
黑山
捷克
克罗地亚
拉脱维亚
立陶宛
列支敦士登
卢森堡
罗马尼亚
马耳他
摩尔多瓦
摩纳哥
挪威
葡萄牙
瑞典
瑞士
塞尔维亚
塞浦路斯
圣马力诺
斯洛伐克
斯洛文尼亚
乌克兰
西班牙
希腊
匈牙利
意大利
英国

美洲

阿根廷
安提瓜和巴布达
巴巴多斯
巴哈马
巴拉圭
巴拿马
巴西
秘鲁
玻利维亚
伯利兹
多米尼加
多米尼克
厄瓜多尔
哥伦比亚
哥斯达黎加
格林纳达
古巴
圭亚那
海地
洪都拉斯
加拿大
美国
墨西哥

尼加拉瓜
萨尔瓦多
圣基茨和尼维斯
圣卢西亚
圣文森特和格林纳丁斯
苏里南
特立尼达和多巴哥
危地马拉
委内瑞拉
乌拉圭
牙买加
智利

大洋洲

澳大利亚
巴布亚新几内亚
斐济
基里巴斯
库克群岛
马绍尔群岛
密克罗尼西亚
瑙鲁
纽埃
帕劳
萨摩亚
所罗门群岛
汤加
图瓦卢
瓦努阿图
新西兰

国别区域与全球治理数据平台

www.crggcn.com

“国别区域与全球治理数据平台”（Countries，Regions and Global Governance，CRGG）是社会科学文献出版社重点打造的学术型数字产品，对接国别区域这一重点新兴学科，围绕国别研究、区域研究、国际组织、全球智库等领域，全方位整合基础信息、一手资料、科研成果，文献量达30余万篇。该产品已建设成为国别区域与全球治理数据资源与研究成果整合发布平台，可提供包括资源获取、科研技术服务、成果发布与传播等在内的多层次、全方位的学术服务。

从国别区域和全球治理研究角度出发，“国别区域与全球治理数据平台”下设国别研究数据库、区域研究数据库、国际组织数据库、全球智库数据库、学术专题数据库和学术资讯数据库6大数据库。在资源类型方面，除专题图书、智库报告和学术论文外，平台还包括数据图表、档案文件和学术资讯。在文献检索方面，平台支持全文检索、高级检索，并可按照相关度和出版时间进行排序。

“国别区域与全球治理数据平台”应用广泛。针对高校及国别区域科研机构，平台可提供专业的知识服务，通过丰富的研究参考资料和学术服务推动国别区域研究的学科建设与发展，提升智库学术科研及政策建言能力；针对政府及外事机构，平台可提供资政参考，为相关国际事务决策提供理论依据与资讯支持，切实服务国家对外战略。

数据库体验卡服务指南

※100元数据库体验卡，可在“国别区域与全球治理数据平台”充值和使用

充值卡使用说明：

第1步 刮开附赠充值卡的涂层；

第2步 登录国别区域与全球治理数据平台（www.crggcn.com），注册账号；

第3步 登录并进入“会员中心”→“在线充值”→“充值卡充值”，充值成功后即可使用。

声明

最终解释权归社会科学文献出版社所有

客服QQ：671079496

客服邮箱：crgg@ssap.cn

欢迎登录社会科学文献出版社官网（www.ssap.com.cn）和国别区域与全球治理数据平台（www.crggcn.com）了解更多信息

图书在版编目(CIP)数据

巴基斯坦 / 杨翠柏，胡柳映，刘成琼编著. --2 版
. --北京：社会科学文献出版社，2018.1（2022.3 重印）
（列国志：新版）
ISBN 978-7-5201-1673-2

Ⅰ.①巴… Ⅱ.①杨… ②胡… ③刘… Ⅲ.①巴基斯坦-概况 Ⅳ.①K935.3

中国版本图书馆 CIP 数据核字（2017）第 260764 号

·列国志（新版）·
巴基斯坦（Pakistan）

编　　著 / 杨翠柏　胡柳映　刘成琼

出 版 人 / 王利民
项目统筹 / 张晓莉
责任编辑 / 李海瑞　叶　娟　肖世伟
责任印制 / 王京美

出　　版 / 社会科学文献出版社·国别区域分社（010）59367078
地址：北京市北三环中路甲 29 号院华龙大厦　邮编：100029
网址：www.ssap.com.cn
发　　行 / 社会科学文献出版社（010）59367028
印　　装 / 三河市尚艺印装有限公司

规　　格 / 开　本：787mm × 1092mm　1/16
印　张：19　插　页：1　字　数：277 千字
版　　次 / 2018 年 1 月第 2 版　2022 年 3 月第 3 次印刷
书　　号 / ISBN 978-7-5201-1673-2
定　　价 / 79.00 元

读者服务电话：4008918866